*Wer heute, gegen den Strom, jenen Ort aufsucht,
da man das alte Buch aufschlägt,
dem darf man etwas zumuten.
Der Kirchgänger ist anspruchsvoll.
Er erwartet ... ›lebensnahe‹,
das heißt dem Osterleben nahe
Auslegungspredigt
mit klarem, christlichem Lehrgehalt.*

Walter Lüthi

*Der ernste Beruf des Predigers
fordert alles und das allerbeste,
was ein Mensch geben kann.*

C.H. Spurgeon

INHALTSVERZEICHNIS

VORWORT

Dieses Buch will zur Auslegungspredigt aufrufen und anleiten. Denn vollmächtige Predigt – und das heißt: lebensnahe Auslegung der Bibel in der Kraft des Heiligen Geistes – tut unseren Gemeinden not wie kaum etwas anderes.

Was hier geschrieben ist, richtet sich nicht nur an Theologen. Es will gerade auch demjenigen, der die Bibel nicht in ihren Grundsprachen erforschen kann, Hilfestellung zu gründlicher Bibelauslegung und schriftgemäßer Predigt geben. Zugleich sind Theologiestudenten und Pastoren eingeladen, mit dem Autor zu bedenken, was ›Auslegungspredigt‹ – im Unterschied zu manchen anderen Predigtansätzen – bedeutet.

Daß der mittlere Teil des Buches, in dem es um »Textauslegung« (bzw. Auslegungsmethodik) geht, relativ umfangreich geraten ist, hat seinen Grund. Darstellungen der exegetischen Auslegungsschritte liegen auf deutsch bisher nur mit historisch-kritischer Ausrichtung und auf der Basis des hebräischen und griechischen Grundtextes vor. Es wird hier nun versucht, in bibeltreuer Weise für den Leser des deutschen Bibeltextes einen Weg zu gründlicher Schriftauslegung zu zeigen.

Innerhalb des Buches sind Abschnitte, die eher den Charakter von Fachdiskussionen tragen, in Kleindruck gesetzt. Der Leser, der sich für diese Abschnitte nicht interessiert, kann sie überspringen, ohne daß ihm dadurch der Zusammenhang des Buches verloren geht.

Danken möchte ich vor allem meinen ehemaligen Schülern an den Bibelschulen Brake und Wiedenest sowie meinen Studenten an der Freien Theologischen Akademie Gießen, an denen ich manche Gedanken dieses Buches erstmals ›ausprobieren‹ konnte. Mein Kollege Dr. Hans Bayer an der Freien Theologischen Akademie Gießen las den Teil über Texterarbeitung in einer früheren Fassung. Danken möchte ich ihm, wie auch Wolfgang Klippert, Dozent an der Bibelschule Wiedenest, und Siegfried Liebschner, Dozent am Theologischen Seminar Hamburg, die das Manuskript kritisch lasen und wertvolle Hinweise gaben. Die Schuld für Mängel des Inhalts trifft natürlich den Autor allein. Meine Sekretärin, Frau Elisabeth Passarge, hat Teile des Manuskripts wiederholt getippt, wofür ich ihr danke.

Zum Schluß noch dies: Ich wünsche mir viele Leser, die aus Liebe zum Wort Gottes leidenschaftliche Prediger werden!

Gießen, im Herbst 1989   Helge Stadelmann

1. Was Auslegungspredigt ist – und nicht ist

1.1 Not und Chancen der Predigt heute

Martyn Lloyd-Jones, einer der größten Prediger dieses Jahrhunderts, schrieb vor einigen Jahren: »Für mich ist die Arbeit des Predigens die höchste und größte und herrlichste Berufung, zu der jemand überhaupt berufen werden kann!«[1] Aus solchen Worten spricht Predigtfreude und Predigtüberzeugung. Und diese Freude muß ansteckend gewirkt haben. Als ich vor einigen Jahren die Predigtstätte von Lloyd-Jones, die Westminster Chapel in London, besuchte, fand ich dort begeisterte Predigthörer vor, für die die Predigten des Wochenendes das Zentralereignis der Woche waren. Und das, obwohl Lloyd-Jones († 1981), der von seiner Ausbildung her Arzt und nicht Theologe war, vor seinen 1000 bis 2000 Zuhörern jeweils runde 45 Minuten sprach und drei Predigten pro Woche hielt: freitags eine gründliche lehrmäßige Bibelarbeit, sonntagmorgens eine praktisch-erbauliche Predigt und sonntagabends eine evangelistische Ansprache.[2]

Für die Predigtsituation in unserem Land dürften Nachrichten dieser Art allerdings kaum typisch sein. Auch wenn nach wie vor sonntäglich über eine Million Menschen evangelische Gottesdienste besuchen, ist doch zu sehen, daß der landeskirchliche Predigtbesuch tatsächlich nur zwischen durchschnittlich 9,3 % (Württemberg) und 2,2 % (Berlin) der Kirchenmitglieder liegt. Durch Massenmedien wie das Fernsehen, das mit hochentwikkelten Kommunikationstechniken arbeitet, hat die Predigt in ihrer jahrhundertealten Monologform Konkurrenz bekommen. Manche meinen, in einer von Bildern und abwechslungsreichen Kurzprogrammen geprägten Zeit habe sich die Predigt als Mittel der Verkündigung überlebt.

In der Tat ist die Art der Predigten, die man zu hören be-

---

[1] M. Lloyd-Jones, *Preaching and Preachers*, London 1971, S. 9.
[2] Der erste Teil einer Biographie erschien 1982: I. H. Murray, *D. Martyn Lloyd-Jones: The First Forty Years*, Edinburgh 1982. Auf Deutsch erschien u. a. M. Lloyd-Jones, *Vollmacht*, Marburg 1984.

kommt, oft nicht dazu angetan, solche Bedenken zu zerstreuen. Ulrich Parzany berichtet: »In einer Kirche schrieb vor einiger Zeit ein Gottesdienstbesucher mit Kugelschreiber an die Wand: ›Hier starb ich vor Langeweile‹. Der Küster muß wohl Mitgefühl gehabt haben. Er ließ diese Feststellung eines kirchlichen Todesfalles zwei Wochen lang an der Wand stehen.«[3] Und in einem Gemeindeblatt[4] fand sich vor einiger Zeit folgende Dokumentation eines Predigtmißerfolgs: Laut Umfrage konnten von 100 Kirchenbesuchern nach Schluß des Gottesdienstes nur 4 inhaltlich präzise wiedergeben, was in der Predigt gesagt worden war; 28 hatten das Gesagte noch oberflächlich im Gedächtnis, 32 hatten die Ausführungen falsch verstanden und 36 wußten gar nichts zu sagen. Welcher Prediger könnte sich mit solchen, vielleicht nicht einmal so ungewöhnlichen Resultaten zufrieden geben?

Wenn Predigten nicht gelingen und keine Wirkung erzielen, kann das an der Predigt liegen, am Prediger oder am Predigthörer. Predigten können nach Form und Inhalt mißraten. Es ist wichtig, daß die Predigt in Aufbau, Darbietung und Länge aus Liebe zum Hörer so gestaltet wird, daß dieser gut und gerne folgen kann. Gerade in einem Zeitalter effektiver Massenkommunikation sollten Predigten nicht ausgerechnet durch lieblos langweilende Darbietungsformen auffallen. Und doch scheint mir, daß die eigentliche Predigtnot heute nicht im Formalen begründet liegt. Würde überall in Predigten das Wort Gottes »unter Beweisung des Geistes und der Kraft« (1.Kor 2,4) ausgelegt und prophetisch auf das Leben der Hörer bezogen, würden gewiß manche Mängel in der Form verziehen. Die Apostel – Fischer von Beruf – hatten gewiß keinen Kurs in griechischer Rhetorik besucht, aber sie sagten das Wort Gottes »mit freimütiger Gewißheit« und »mit großer Kraft« (Apg 4,31.33).

Eine Ursache für die Predigtnot unserer Tage ist zweifellos, daß viele Prediger auf Grund ihrer theologischen Ausbildung geistlich verarmt und verunsichert sind. Auf diesen Zusammenhang hat K. H. Michel zu Recht hingewiesen:

---

[3] U. Parzany, »Müssen Predigten langweilig sein?«, *Schritte,* 2(1978), S. 7.
[4] *Kasseler Abreißkalender,* vom 5. 1. 1980.

»Die Predigtnot unserer Tage resultiert, so möchte ich behaupten, auch aus einer theologischen Not: aus einer theologischen Verarmung. Die Konkretheit, Lebensnähe und Fülle biblischen Redens ist der Theologie in erschreckendem Maß verlorengegangen.«[5]

Schon in den 60er Jahren hatte Rudolf Bohren, Professor für Praktische Theologie, diese Krisenwirkung einer kritischen Theologie auf die Praxis der Predigt festgestellt. Er schrieb:

»Gegenüber dem Pathos, mit dem die historisch-kritische Methode geübt und die Theologie als Hermeneutik betrieben wird, erschüttert die Lahmheit angesichts der Predigt: War man kühn im Aufstellen exegetischer Hypothesen, so gibt man sich jetzt wohltemperiert kirchlich, bleibt merkwürdig fern aller Modernität, verharrt ängstlich in müder Richtigkeit und kultiviert einen säuerlichen Hang zur Gesetzlichkeit. – Damit stellt sich die Frage, woher es komme, daß die junge Generation zwar eine Leidenschaft hat für exegetische Fragen, daß aber diese Leidenschaft nicht bis zur Predigt durchhält.

»Am Anfang unserer Behandlung steht zunächst eine schonungslose Diagnose.«

[5] K. H. Michel, *Sehen und Glauben: Schriftauslegung in der Auseinandersetzung mit Kerygmatheologie und historisch-kritischer Forschung*, Wuppertal 1982, S. 5.

Vielfach ist es gerade der intelligente Student, der im Seminar als Neurotiker ankommt.«[6]

Und dann stellt Bohren die Diagnose für jene von der Theologie Rudolf Bultmanns geprägte Zeit:

»Das Unglück sehe ich nun darin, daß die historisch-kritische Methode den Prediger mit dem Text ungut allein läßt und von ihm im Grunde ein Mirakel verlangt. Nachdem er den Text historisch-kritisch beerdigt hat, soll er ihn existential wieder auferwecken. Kein Wunder, wenn der Prediger hier verzweifelt und in vielen Fällen entweder das Predigen oder die Methode läßt.«[7]

Was Rudolf Bohren als Theologieprofessor für den Bereich der Universität bemerkt, wird von Pfarrer Parzany für die kirchliche Praxis bestätigt:

»Ich meine, die Predigtnot hat eine . . . Wurzel in dem gebrochenen Verhältnis vieler Prediger zur Bibel. Die Bibelkritik, die jeder Theologe in seinem Studium gelernt hat, verunsichert. Da muß er nun mit Legenden und mit angeblichen Worten Jesu zurechtkommen, von denen er gehört hat, daß sie gar nicht historisch echt, sondern Bildungen der Gemeinde sind. Da liest er in den Kommentaren zur Bibel die gegensätzlichsten Theorien über Quellen, aus denen der Bibeltext entstanden ist. Wer will sich da noch hinstellen und sagen: ›So spricht der Herr!‹?«[8]

Nun wäre es allerdings falsch, in der modernen Theologie die alleinige Ursache für alle Predigtnöte zu suchen. Predigtkrisen gibt es auch in evangelikalen Kreisen! Es läßt sich beobachten, daß durchaus ›orthodoxe‹ Prediger in konservativen Gemeinden formvollendete Kanzelreden halten – die doch ohne Wirkung bleiben. Warum? Die Ursachen der Not sehe ich im Predigtansatz, in der Person des Predigers, in der geistlichen Situation der Gemeinde oder in einer Kombination dieser Faktoren.

Zum Predigtansatz: Man bekennt sich theoretisch zwar zur Bibel, tatsächlich aber benutzt man das Bibelwort nur als ›Auf-

---

[6] R. Bohren, *Dem Worte folgen*, München/Hamburg 1969, S. 65f.
[7] AaO., S. 73.
[8] U. Parzany, »Müssen Predigten langweilig sein?«, S. 9.

hänger‹ für seine Ausführungen und bringt in der Predigt statt Auslegung des Wortes Gottes geistreiche und erbauliche eigene Gedanken. Wir werden auf diese Problematik weiter unten noch ausführlich eingehen (Abschn. 1.3.1).

Aber auch Probleme in der Person des Predigers wiegen schwer. So kann die Predigtkrise einer Gemeinde darin begründet liegen, daß der Prediger – weil nicht von Gott zu diesem Dienst berufen – schlichtweg die nötige Begabung zum Predigen vermissen läßt (vgl. Abschn. 1.2.2/1.2.3). Ebenso könnte es sein, daß der Prediger sich zwar mit den Lippen zu biblischer Rechtgläubigkeit bekennt – und dies vielleicht sogar in sehr beredter Weise –, daß er aber mit dem Leben dem widerspricht, was er sagt. Vollmachtslose Predigt ist das Resultat! Denn das lebendige Reden Gottes zu den Hörern ist dem Prediger nicht verfügbar, auch wenn er formal richtig das Wort Gottes auslegt. Gott kann ihm sozusagen ›das Wort‹ entziehen. Wer das verkündigte Wort nicht zuerst für sich selbst gelten läßt, macht sich und seine Botschaft unglaubwürdig und riskiert als Gericht das Schweigen Gottes.

Die Forderung nach einem der biblischen Verkündigung entsprechenden Lebenswandel des Verkündigers hat nichts mit billiger Werkgerechtigkeit zu tun. Sie ergibt sich vielmehr aus dem biblisch-paulinischen Anliegen, »nicht anderen zu predigen und selbst verwerflich zu werden« (1.Kor 9,27). Wenn heute gelegentlich im Namen ›reformatorischer Gesinnung‹ gefordert wird, daß Lebensführung und Predigtamt des Pfarrers getrennt zu betrachten seien, erhebt sich die Gefahr, daß aus dem teuren ein billiges Evangelium gemacht wird. Übersehen wird dann, daß schon Jesus nicht den Worten, sondern den ›Früchten‹ der Propheten entscheidende Bedeutung zugemessen hat (Mt 7,15-20), daß es für Paulus einen untrennbaren Zusammenhang von Rechtfertigung und Heiligung gibt (Rö 3-8), und der Zusammenhang von Glauben und Werken (Jak 2,14ff) – auch für evangelische Christen! – nicht ohne Schaden aus dem Neuen Testament wegdiskutiert werden kann.

Der moderne Praktische Theologe Dietrich Stollberg sieht das allerdings anders. Er beschäftigt sich mit dem Fall eines evangelischen Pfarrers, der wegen wiederholten Ehebruchs mit verschiedenen Frauen seiner Gemeinde von der Disziplinarkammer seiner Kirchenleitung vom Dienst beurlaubt wurde, weil seine ehebrecherischen Verhältnisse im Widerspruch zu seinem Verkündigungsauftrag stünden. Dieses Urteil ist in den Augen Stollbergs »massive theologische Irrlehre«[9], und er stellt die Gegenthese auf:

>»1. ist es der *Normalfall*, daß der Pfarrer predigt, was er selber durch seine Existenz nur bruchstückhaft abzudecken vermag, 2. kommt das daher, daß er nicht das Gesetz, sondern das Evangelium zu predigen hat, welches eben die Unfähigkeit *aller* Glieder der Gemeinde voraussetzt, dem Gesetz zu entsprechen, 3. predigt deshalb der Pfarrer stets auch sich selber. Eine Kirche, die meint, das Gesetz predigen zu müssen und dieser Predigt auch noch durch ein den Geboten entsprechendes Leben der Heiligung ihrer Glieder Glaubwürdigkeit verschaffen will, frönt der Grundsünde der Werkgerechtigkeit.«[10]

Hier ist das Evangelium zur billigen Gnade und zur Rechtfertigung der Sünde (statt des Sünders) verflacht. Unbußfertigkeit provoziert im Neuen Testament Gemeindezucht, nicht aber den zudeckenden Trost eines psychologisierten Evangeliumsverschnitts. Nicht die Unvollkommenheit, wohl aber die Unbußfertigkeit und ein vorsätzliches und fortgesetztes In-der-Sünde-Leben, das dokumentiert, daß der Prediger die Autorität des Wortes Gottes für sich selbst nicht ernst nimmt, raubt dem Verkündiger die Vollmacht. Sein Leben redet dann so laut, daß die Gemeinde nicht mehr hört, was er von der Bibel her sagt. So gilt immer noch das paulinische »achte auf Dich selbst und auf die Lehre!« (1.Tim 4,16).

Diese Wahrheit von der Notwendigkeit eines gehorsamen Lebens des Verkündigers gilt genauso wie die andere Wahrheit, daß das biblische Wort auch abgesehen vom Verkündiger Gottes Wort ist und bleibt, durch das Gott nach seinem Wohlgefallen wirkt. Insofern hat Luther recht, wenn er schreibt:

>»Wer dem Wort glaubt, der achtet nicht auf die Person, die das Wort sagt, und ehret auch nicht das Wort um der Person willen; sondern das Gegenteil, die Person ehret er um des Wortes willen, stellt die Person immer unter das Wort. Und ob die Person unterginge oder gleich vom Glauben abfiele und anders predigte, so läßt er eher die Person als das Wort fahren, bleibt bei dem, was er gehört hat. Es sei die Person, es komme die Person, es gehe die Person, wie und wann es mag und will.«[11]

Beide genannten Wahrheiten ergänzen sich dialektisch und keine darf um der anderen willen aufgegeben werden.

---

[9] D. Stollberg, *Predigt praktisch*, Göttingen 1979, S. 41.
[10] AaO., S. 43.
[11] M. Luther, *WA* 10, I, 129.

Predigtkrisen können aber nicht nur im Prediger und seinem Predigtansatz begründet liegen, sondern auch in der Hörerschaft. Es kann geschehen, daß der Prediger als treuer Bote Gottes die Schrift auslegt – und trotzdem Predigt um Predigt scheinbar wie eine Seifenblase ins Nichts zerplatzt. Die beste Predigt verpufft im Raum, wenn sie auf taube Ohren stößt. Wo der Verkündiger vor einer Gemeinde steht, deren Ohren und Gewissen gegen geistliche Wahrheiten bereits abgehärtet sind, die aus Gewohnheit zum Gottesdienst kommt und die Predigt mehr oder weniger teilnahmslos über sich ergehen läßt, kann schon der Eindruck entstehen, er predige gegen eine Wand. Wo unbereinigte Sünde – etwa Uneinigkeit in der Gemeinde – das Hören auf Gottes Wort verhindert, wo man gehetzt zum Gottesdienst kommt und in den Gedanken bereits bei anderen Aktivitäten ist, wird die Predigt kaum fruchten. Auch in diesen Fällen haben wir es mit einer Predigtnot zu tun. Der Predigt fehlt die Resonanz im Hörer. Sie verhallt ungehört und wird in ihrem Ungehörtsein zum Gerichtswort.

Und doch liegen in schriftgemäßer Predigt so viele Chancen! Chancen, die es lohnend erscheinen lassen, an der Überwindung aller Predigthindernisse zu arbeiten.[12] Gott will durch sein verkündigtes Wort Glauben wecken, Neugeburt schenken, zur Umkehr rufen, Maßstäbe setzen, Weisung geben für das Leben und die Fülle seiner geoffenbarten Gedanken entfalten. Kaum je entstand eine Erweckung ohne vollmächtige Predigt. Und dauerhaftes, gesundes Gemeindewachstum ist ohne schriftgemäße Verkündigung nicht denkbar.

Eine Gemeinde in New Jersey/USA, die innerhalb von 10 Jahren von 300 auf 1200 Gemeindeglieder gewachsen war, entwarf

---

[12] G. Ebeling schrieb einmal in seinen ›Fundamentaltheologische(n) Erwägungen zur Predigt‹: »Das Beste, was man in Bezug auf die Predigt tun kann, besteht sicher immer noch darin, die Chance der Predigt mit äußerster Hingabe an deren Vollzug wahrzunehmen.« (Zitiert nach *Homiletisches Lesebuch*, hg. A. Beutel, V. Drehsen, H. M. Müller, 1986, S. 70.) Gewiß wird solche Hingabe ihren Beitrag zur Überwindung der Predigtkrise leisten. Doch wird es zutiefst nicht ohne einen Neuansatz im Verständnis von Exegese und Predigt und nicht ohne die nötigen Voraussetzungen im Blick auf die geistliche Vollmacht des Predigers sowie eine lebendige Predigtdarbietung gehen.

zur sorgfältigen Planung künftiger Gemeindeprioritäten einen Fragebogen. Dabei ging es um zwei Fragen.[13]

Erstens: »Was waren die beiden Hauptfaktoren, die Sie veranlaßten, erstmals in diese Gemeinde zu kommen?« 900 Gemeindeglieder beantworteten diese Frage, und zwar mit folgendem Ergebnis (in der Reihenfolge der Häufigkeit der Antworten):

1. Die persönliche Einladung durch einen Freund oder Nachbarn.
2. Das Mitgenommenwerden durch Eltern oder Verwandte.
3. Ein mehr zufälliges Kennenlernen der Gemeinde.
4. Kontakt zur Gemeinde durch die eigenen Kinder.

Es zeigt sich, daß die persönliche Einladung noch immer die beste Werbung für eine Gemeinde ist – und nicht etwa die Anzeige in der Tageszeitung oder der Ruhm des Predigers.

Zweitens wurde gefragt: »Was hat Sie veranlaßt, nach Ihrem ersten Besuch weiterhin regelmäßig in unsere Gemeinde zu kommen?« Auf dem Fragebogen wurden nun eine Reihe von Faktoren und Programmpunkten aufgezählt, die zum Gemeindeleben gehören; und die Gemeindeglieder hatten die Gelegenheit, diese auf einer 5-Punkte-Skala nach der jeweiligen persönlichen Bedeutung zu werten. Die Antworten, von denen wir im Folgenden die wichtigsten nennen, ergeben ein Bild, das die Chancen guter Predigt deutlich werden läßt. Denn zu dem Entschluß, regelmäßig die Gemeinde zu besuchen, trugen bei:

1. Die Predigten	4,0 Punkte
2. Die freundliche Atmosphäre	3,2 Punkte
3. Chorgesang und Gemeindemusik	2,7 Punkte
4. Bekannte und Freunde dort	2,6 Punkte
5. Die Gemeindebibelschulgruppe[14]	2,4 Punkte
6. Gemeinschaftsaktivitäten	2,1 Punkte
7. Besuch durch Gemeindemitarbeiter	1,5 Punkte

[13] E. V. Comfort, »Is the Pulpit a Factor in Church Growth?«, *Bibliotheca Sacra*, 140(1983), S. 64-70.

[14] In den USA ist es üblich, daß sich die Gemeinde eine Stunde vor dem Gottesdienst in Gruppen trifft und dort unter Anleitung eines Gesprächsleiters mit Hilfe von Arbeitsmaterial fortlaufend biblische Bücher erarbeitet. Seit Beginn der 70er Jahre breitet sich der Gemeindebibelschul-Gedanke (»GBS«) auch in deutschen Gemeinden aus; vgl. G. Wieske, *Betrifft: Gemeinde-Bibelschule*, Wuppertal/Kassel/Witten 1977, 96 S.

Eines wird hier ganz deutlich: Gute Predigt trägt wie kaum etwas anderes dazu bei, daß Menschen gern in eine Gemeinde kommen. Daß es sich in dem vorliegenden Fall um schriftgemäße Predigt handelt, geht im übrigen aus dem Bericht über jene Gemeinde in New Jersey hervor. Der Prediger bekennt sich zur Autorität der Bibel und vertritt die Grundsätze gründlicher Auslegungspredigt (›expository preaching‹). Persönlicher evangelistischer Einladedienst und eine lebendige biblische Verkündigung gehen Hand in Hand, wenn es um gesundes Gemeindewachstum geht.

Für den Erfolg der Verkündigung hängt (menschlich gesehen) viel vom Prediger und vom rechten Predigtverständnis ab. Deshalb wollen wir uns im folgenden den biblischen Grundlagen im Blick auf den Prediger und seinen Dienst zuwenden.

1.2 Biblische Grundlagen für den Predigtdienst

Im Blick auf die biblischen Grundlagen für den Predigtdienst wollen wir uns mit folgenden drei Themen befassen: 1) dem biblischen Predigtauftrag; 2) der Berufung des Verkündigers; und 3) der Begabung des Verkündigers.

1.2.1 Der biblische Predigtauftrag

Seit der Reformation bildet die Predigt das Kernstück des Gottesdienstes. Für ein evangelisches Verständnis gemeindlichen Handelns ist die Predigt zentral. Umso wichtiger ist es, daß wir als evangelische Christen uns Gedanken machen über ein biblisch verantwortetes Predigtverständnis.

(a) Die Vielfalt der biblischen Predigtbegriffe
Unser Wort ›Predigen‹ kommt von dem lateinischen Begriff *praedicare,* was »öffentlich bekanntmachen, laut ankündigen, preisen« heißt. Erst im Lauf der Zeit, vor allem durch Luthers Bibelübersetzung, wurde es zum Fachwort für die kirchliche Verkündigung. Dieses allgemeine Wort ›Predigen‹ kann allein aber kaum einen Eindruck von der ganzen Fülle dessen vermitteln,

was in den vielfältigen biblischen Begriffen für die Verkündigung der biblischen Botschaft mitschwingt. Heiko Krimmer stellt fest: »Im NT wird das öffentliche Zeugnis des Evangeliums mit mehr als 30 griechischen Begriffen ausgedrückt.«[15] Wir können hier nur einige beispielhaft nennen.

Ganz ähnliche Bedeutung wie das lateinische *praedicare* (s.o.) hat das griechische Wort *kerysso*. Es bedeutet »durch Herold bekanntmachen (›herolden‹), laut bzw. öffentlich verkündigen«. So werden die großen Taten Gottes, aber auch sein offenbarter Wille im Namen und in der Autorität Gottes öffentlich bekanntgemacht.

Ein anderes Wort ist *euangelizo*, »die gute Nachricht (vom Sieg) ansagen, frohe Botschaft verkündigen, evangelisieren«. Die Nachricht von der Erlösung in Christus weiterzusagen, sein Heil, seinen Sieg – aber auch das Gericht – anzusagen, gehört zum neutestamentlichen Evangelisationsauftrag.

Wichtig ist auch das schlichte Wort *martyreo*, »bezeugen, Zeugnis ablegen«. Es macht einen unverzichtbaren Aspekt biblischer Verkündigung deutlich, nämlich, daß der Prediger für seine Botschaft aufgrund von deren Zuverlässigkeit als wahr und zugleich als persönlich erfahrbar und erprobt eintreten kann.

Fast einhundertmal kommt das Wort *didasko*, »lehren«, vor. Es zeigt, daß neutestamentliche Predigt ganz wesentlich auch Vermittlung von Erkenntnis ist. Sie will Verständnis bewirken und dem Hörer Einblick in den geoffenbarten Ratschluß Gottes geben. Predigt zielt damit auf die Erkenntnis – und durch Änderung der Erkenntnis auf ein verändertes Leben.

Ein sehr wesentlicher Aspekt der apostolischen Predigt war das seelsorgliche »Ermahnen« und »Ermuntern«, griechisch *parakaleo*, das von seinem biblisch-hebräischen Hintergrund her die Aspekte des Erbarmens, der Zuwendung, des Aufatmen-Lassens enthält (hebr. *nacham*). Die neutestamentlichen Briefe, die im Grunde ein Extrakt der apostolischen Verkündigung darstellen, sind voll von ›Paraklese‹, d. h. dem seelsorglichen Mühen um den Einzelnen und um die Gemeinde angesichts von konkreten

---

[15] H. Krimmer, »Predigen / Verkündigen«, *Brockhaus Biblisches Wörterbuch*, Wuppertal 1982, S. 282.

Problemen. Seelsorgerliche Verkündigung ist, neutestamentlich gesehen, nie nur Mahnwort oder nur Zuspruch. Sie ist beides. Und dieses seelsorgliche Element in der Predigt, das tröstet, aufrichtet, ausrichtet und den Einzelnen in seinen Problemen anspricht und abholt, ist unverzichtbar. Parakletische Predigt, die nicht moralischer Appell bleibt, hilft und baut auf. Lloyd-Jones war sogar der Überzeugung, daß Gemeindeseelsorge weithin durch die Predigt geschehen kann.[16]

Es ließen sich noch manche anderen Begriffe anführen. Doch wird eines bereits deutlich: Schriftgemäße Predigt hat vielfältige Akzente, auch wenn ihr das eine Wesensmerkmal immer zu eigen ist, daß sie ein Wort der Bibel auslegt und allein in diesem Wort gründet. Schriftgemäße Predigt kann Lehrpredigt oder Evangelisation sein, sie kann Freuden- und Gerichtsbotschaft vermitteln, sie bezeugt, kündigt an, spricht autoritativ im Namen Gottes, belehrt, tröstet und weist zurecht. Der Fülle des Inhalts der Bibel muß die Predigt in ihren Ausdrucksformen entsprechen.

(b) Der Ausgangspunkt der Predigt heute

Die Ausgangssituation all unseres Predigens, hinter die wir nicht zurück können und die wir nicht verleugnen dürfen, ist diese: »Gott hat vorzeiten vielfach und auf vielerlei Weise durch die Propheten zu den Vätern geredet, zuletzt aber hat er zu uns geredet durch seinen Sohn« (Hebr 1,1). Gott hat geredet – und zwar vielfältig und endgültig! Hier muß unser Predigtverständnis ansetzen, und nirgends sonst. Nicht an dem, was der Prediger persönlich gerne sagen möchte; auch nicht an dem, was der Hörer gerne hört und scheinbar braucht. Diese Dinge werden in der Predigtvorbereitung an ihrem Ort zwar eingehend mit bedacht werden müssen, aber sie sind nicht die Basis.

Unsere Verkündigung setzt immer das geschehene Wort Gottes voraus und setzt bei diesem Wort ein. Sie hat nichts anderes und nichts Neues zu sagen. Sie kennt keine andere Autorität und

---

[16] M. Lloyd-Jones, *Preaching and Preachers*, S. 17f und 36ff. – Einen umfassenden homiletischen Entwurf zur seelsorglichen Verkündigung bietet Chr. Möller, *Seelsorglich predigen*, Göttingen 1983.

keine andere Offenbarung als die, die ein für allemal geschehen ist und uns im Wort der Bibel vorliegt.

Schon die Propheten des Alten Bundes waren Prediger. Und ihre Bücher, die wir im Alten Testament finden, sind zum Teil niedergeschriebene ›Predigten‹. Aber ihre Predigt unterscheidet sich wesenhaft von der unseren. Unmittelbar von Gott angesprochen, verkündigten sie Offenbarung direkt von Gott her.[17] Ähnlich verkündigten Jesus und – in geistgewirkter Deutung seiner Sendung – die Apostel Gottes Wort als unmittelbare Offenbarung (vgl. 1.Thess 2,13; 1.Kor 2,6-13).[18] Dieses Offenbarungsreden geschah ein für allemal und ist grundlegend für alle künftige Predigt. In Christus ist uns die unüberbietbare, nicht mehr ergänzungsbedürftige und damit letztgültige Offenbarung Gottes gegeben, die uns durch die erwählten Boten der apostolischen Generation übermittelt und erschlossen wurde (Hebr 1,1ff; 2,2-4; vgl. Joh 15,26f; 16,13). Seit der apostolischen Generation kann kein weiteres authentisches Christuszeugnis beigebracht werden. Im Neuen Testament ist uns die neue, für die gesamte Gemeindezeit gültige Offenbarung abschließend gegeben. Alle künftigen Generationen in der Kirchengeschichte haben auf dem Fundament aufzubauen, das durch die neutestamentlichen Apostel und Propheten ein für allemal gelegt ist und wo Christus der ›Eckstein‹ ist (Eph 2,20; vgl. Rö 16,25f).

Unsere Verkündigung heute ist also nicht mehr unmittelbares

---

[17] S. dazu J. Stott, *Der Verkündiger: Neutestamentliche Studien zum Wesen und Auftrag des Verkündigers*, Witten 1979, S. 9ff. – Die Orthodoxie bezeichnete diesen unmittelbaren Offenbarungsvorgang als *revelatio immediata*, im Unterschied zu der uns im Wort vermittelten Offenbarung, der *revelatio mediata*.

[18] Von diesem autoritativen Offenbarungswort, das Mose und die Propheten, Jesus und seine Apostel brachten, ist die nicht-autoritative charismatische Prophetie (vgl. 4. Mo 12,6-8) bzw. die neutestamentliche Gemeindeprophetie (vgl. 1. Kor 14) zu unterscheiden. Letztere kann nicht mit autoritativem Anspruch auftreten; sie ist subjektiv und bedarf der Prüfung am autoritativen Wort. Sie ist damit etwas anderes – und in gewisser Weise weniger – als biblische Predigt. Vgl. dazu P. Jones, »Y a-t-il deux Types de Propheties dans le Nouveau Testament?«, *La Revue Reformee*, 31(1980), S. 303-317; sowie W. Grudem, *The Gift of Prophecy in 1 Corinthians*, Lanham/MD: University Press of America, 1982, 358 S.

Offenbarungsgeschehen, sondern sie setzt das geschehene Offenbarungswort voraus und setzt dieses in unsere Zeit hinein. Vom alttestamentlichen Vergleich her gesprochen, entspricht unsere Predigt weniger der Tätigkeit der inspirierten Propheten – wobei wir allerdings noch auf einen gewissen ›prophetischen‹ Aspekt in unserem Predigen zu sprechen kommen müssen –, als vielmehr dem Lehr- und Verkündigungsauftrag der Priester und priesterlichen Schriftgelehrten[19], die die Schrift auszulegen hatten (5.Mo 33,9b-10; Mal 2,7; 2.Chron 17,7-9; Neh 8,1ff). Und vom Neuen Testament her gilt: Während die Apostel inspirierte Zeugen des fleischgewordenen Wortes waren, sind die Lehrer und Prediger der Gemeinde Jesu seither Ausleger und bevollmächtigte Verkündiger des geschriebenen Wortes.

Wer daher heute in seiner Predigt, ohne von der Bibel her zu sprechen, unter Berufung auf den Heiligen Geist direkte Offenbarungsrede für sich beansprucht, oder unter dem Vorwand geistgeleiteter Einsicht Dinge aus der Schrift herausliest, die dem klaren Wortsinn nicht entsprechen, setzt sich dem Vorwuf der Schwärmerei aus. Der Geist bindet sich an das Wort, das er selbst eingegeben hat. In diesem Zusammenhang hat Luther schon zu Recht darauf bestanden,

> »daß Gott niemand seinen Geist oder Gnade gibt, ohne durch oder mit dem vorhergehenden äußerlichen Wort. Damit wir uns bewahren vor den Enthusiasten, das ist, Geistern, so sich rühmen ohne und vor dem Wort den Geist zu haben, und dadurch die Schrift ... richten, deuten und dehnen nach ihrem Gefallen; ... die zwischen dem Geist und Buchstaben scharfe Richter sein wollen, und wissen nicht, was sie sagen oder setzen.«[20]

Die Basis und der Ausgangspunkt schriftgemäßer Predigt ist das biblische Wort – und sonst nichts. In diesem Sinne müssen wir jeder schwärmerischen Unabhängigkeit von der Schrift im Predigtverständnis wehren.

Zugleich muß aber auch jeder säkular bestimmten Unabhän-

---

[19] Zum Lehr- und Verkündigungsauftrag der Priester in Israel vgl. H. Stadelmann, *Ben Sira als Schriftgelehrter*, Tübingen 1980, S. 21ff.

[20] M. Luther, *Schmalkaldische Artikel*, 3. Teil, Art. VIII.

gigkeit von der Schrift gewehrt werden. Gemeint ist damit ein Verständnis von Predigt, das nicht mehr fest im Wort der Bibel wurzelt.

Ein Beispiel für solch eine säkular bestimmte Unabhängigkeit von der Schrift ist die rhetorische Homiletik von Gert Otto. Sein Predigtverständnis geht schlicht von der Problematik aus, daß zwar noch erstaunlich viele Menschen Sonntag für Sonntag zur Predigt gehen, die Predigt aber in Verruf gekommen ist, weil sie teils nicht begriffen wird, teils zu wenig überzeugend wirkt und als blutarmes Geschwätz empfunden wird. Diese Beobachtungen sind für G.Otto grundlegend: »Ihr Gewicht liegt allen steilen theologischen, dogmatischen Aussagen, was eine Predigt sei und was sie nicht sein dürfe, weit voraus. Diese anspruchsvolle wie verpflichtende Ausgangssituation ist so ernst zu nehmen, daß sie die beliebte Frage, wodurch sich eine Predigt von einer weltlichen Rede unterscheide, eindeutig an die zweite Stelle verweisen muß.«[21] Otto zieht daraus die Konsequenz, daß man die Predigt – im Interesse der Predigt! – von der Rhetorik her verstehen und entwickeln müsse. ›Rhetorik‹ ist für ihn dabei nicht nur Redetechnik, sondern der Versuch, in einer gegebenen Situation zu erkennen, was Wahrheit ist, sowie die Mitteilung dieser Wahrheit an die Zeitgenossen in geeigneter Weise. Für die Homiletik bedeutet das, daß der Predigt die Wahrheit nicht schon vorgegeben ist im Wort der Heiligen Schrift, sondern daß die zu verkündigende ›Wahrheit‹ erst im Dialog mit der konkreten Situation gefunden werden muß bzw. in diesem Dialog entsteht.[22] Und gerade das wird als Teil des neuen rhetorischen Bemühens um die Predigt verstanden. Es ist klar, daß von daher auch die Bedeutung der biblischen Basis und der theologisch-exegetischen Vorarbeit für die Predigt

---

[21] G. Otto, *Predigt als rhetorische Aufgabe: Homiletische Perspektiven*, Neukirchen-Vluyn 1987, S. 13.

[22] Vgl. G. Otto, aaO., S. 14: »Wahrheit ist nicht eine ›Substanz‹, die ich gleichsam lupenrein, losgelöst von ihren Bedingungen, von Raum und Zeit, haben könnte. Ich kann von ihr die Situation und die Form ihrer Verbreitung nicht abtrennen. Mit dieser Zusammengehörigkeit hat es Rhetorik zu tun! . . . Es gibt keine unvermittelte Wahrheit, sondern sie ist nur vermittelt zu haben, vermittelt durch einen Prozeß gemeinsamer Suchbemühungen, in dem die einzelnen durch gemeinsame Mit-Teilung miteinander verbunden werden. Wahrheit wird also nicht erst gefunden und dann mitgeteilt, sondern *durch* Mitteilung gefunden.« Vgl. auch Ottos Thesen zum ›Stellenwert biblischer Texte für die Predigt‹, aaO., S. 22.

relativiert werden muß.[23] Sie tritt in der Predigtvorbereitung nur noch als ein Gesprächspartner neben anderen bei der Wahrheitsfindung und -verteidigung auf: neben den gleichgewichtigen Fragen nach der angemessenen Form des Weitersagens heute, nach den sozialen Umständen, die zeigen, wie das damals Gesagte in konkreten Situationen jetzt zu sehen und zu sagen ist, sowie neben weiteren psychologischen und profanhistorisch-politischen Erwägungen. Fazit:

»Was Theologie jeweils zu bedenken hat, was der Glaube jeweils sagen kann, als sein Wort in der Zeit, das ergibt sich nicht allein aus der Konzentration auf innertheologische Überlieferung und ihre möglichst wortgetreue Wiederholung, sondern genau umgekehrt ist es: Was heute notwendige Theologie oder die notwendige Aussage des Glaubens ist, das ergibt sich immer erst, wenn ich mich mit der Überlieferung auf die Situation der Zeit einlasse. Oder noch konkreter, und darin streng rhetorisch gedacht: Was ich zu sagen habe, etwa als

»Ich bitte Sie, erschrecken Sie nicht über das Wort, das ich Ihnen zum Schluß unserer Feier einige Sekunden lang zeigen werde.«

[23] Bei G. Otto gerät die Heilige Schrift für die Predigt zu einem Materiallieferanten neben anderen, und das herangezogene Schriftwort wird für die Predigt tiefgreifenden Veränderungen unterzogen: »So sehr der, der allsonntäglich predigen muß, auf Anregungen und Material und also zum Beispiel auf das ›Potential‹ biblischer Überlieferung angewiesen ist, so sehr ist vor einer Bindung der Predigt an den ›Text‹ zu warnen, die so beschaffen ist, daß sie unfrei oder den Prediger zum Rezitator von Tradition statt zum lebendigen Redner in einer konkreten Situation macht. Wo immer biblische Texte die Predigt mitbestimmen, da gilt: Predigt schmilzt den Bibeltext ein, schmilzt ihn um in Wort, Vorstellung, Problematik, Leben gegenwärtiger Hörer. Das Bild vom Einschmelzen sagt deutlich genug, daß biblische Texte in der Predigt unkenntlich, unerkennbar werden können.« G. Otto, aaO., S. 49.

Prediger, wird allererst vernehmbar in der Hinwendung zum redenden und hörenden Menschen in seiner, meiner jeweiligen konkreten
Situation. Theologie, die sich auf Rhetorik einläßt, kennt also den
Glauben nicht als fertige, situationslose Substanz, sondern erfährt
ihn in vielfältigen Dialogen, die über die Mauern der Theologie hin-
ausführen.«[24]
Der konkrete Umgang mit dem Bibeltext im Blick auf die Predigt sieht
dann so aus:

>»– Ich entnehme dem Text einen (komplexen) Begriff, der mir geeig-
> net erscheint, außerhalb des Textes, in der Situation meiner
> Hörer weiterverfolgt zu werden.
> – Oder: Der Text bietet mir . . . ein Bild, das mich inspiriert.
> – Oder: Ein Wort, vielleicht ein nebensächliches, oder ein Gedanke,
> vielleicht ein am Rande liegender, weckt Assoziationen, denen ich
> folge.
> – Oder: Zu einer aus der Situation vorgegebenen Thematik fällt mir
> ein Gedanke, ein Bild, eine sprachliche Wendung aus einem bibli-
> schen Text ein, die ich aufnehme und weiterverwende.
> – Oder auch: Ich exegesiere einen Text und entwerfe vom Skopus,
> vom Textwillen her unter notwendiger Verwendung weiterer
> Materialien eine Predigt.«[25]

Was Gert Otto hier schreibt, ist so ziemlich genau das Gegenteil von
dem, was in diesem gesamten Buch vertreten wird. Es ist im Grunde die
Absage an eine evangelische Theologie, die in der Reformation einmal
angetreten war, um gegründet auf das Wort allein (*sola scriptura*) den
Traditionen der Menschen und den Phantasien der Schwärmer den Ab-
schied zu geben und vollmächtig zu sagen, was Gott selbst geoffenbart
hat. Vermutlich wären Thomas Müntzer und seine Gesinnungsgenos-
sen in der Reformationszeit mit einem Theologieprofessor dieser Cou-
leur besser klargekommen als mit dem Wittenberger Reformator! Natürlich steht hinter Gert Ottos moderner Predigtkonzeption eine historisch-kritische Hermeneutik, die das Vertrauen in die Bibel als Gottes
Wort längst verloren hat. Man möchte sich angesichts dessen an die
Klage Gottes durch den Mund des Propheten Jeremia erinnern: »Mein
Volk tut eine zwiefache Sünde: mich, die lebendige Quelle, verlassen sie
und machen sich Zisternen, die doch rissig sind und kein Wasser geben«
(Jer 2,13).

---

[24] G. Otto, aaO., S. 16.
[25] G. Otto, aaO., S. 50.

(c) Der Auftrag zu biblischer Predigt

In 2.Tim 3,16-4,3 findet sich eine geradezu klassische Stelle für den biblischen Predigtauftrag. Angesichts drohender Irrlehren in der Gemeinde sowie gesellschaftlicher Auflösungserscheinungen erhält Timotheus folgende apostolische Weisung:

»Die ganze (Heilige) Schrift ist von Gott gehaucht und nützlich zur Lehre, zur Überführung, zur Neuausrichtung, zur Erziehung in der Gerechtigkeit, damit ein Gottesmensch zubereitet werde, zu jedem guten Werk voll ausgerüstet. Ich beschwöre Dich vor Gott . . .: Predige das Wort! Stehe dazu zur Zeit und zur Unzeit. Überführe, tadele, gib Zuspruch – mit aller Ausdauer und Lehre!«

In brenzliger Situation wird Timotheus hier an die Heilige Schrift (Alten Testaments) als seinen Verkündigungstext gewiesen. Diese Schrift stammt in ihrer Ganzheit von Gott und vermag daher allein die notwendige Belehrung, Veränderung und geistliche Zurüstung zu geben. Nur von diesem Wort her ist Hilfe zu erwarten. Umso wichtiger ist es, daß nichts anderes und nichts weniger als eben diese geistliche Kraftquelle in Anspruch genommen wird: »Ich beschwöre Dich . . .: Predige das Wort!« Darin liegt ein Appell zur Konzentration auf das Eine, das nottut. Das Wort, das ganze Wort und nichts als das Wort ist die Botschaft, die dem Verkündiger aufgetragen ist. Schriftgemäße Predigt hat Auslegung des Wortes Gottes zu sein, wie es uns in der Bibel dargeboten ist. An diesem Maßstab wird sich die Qualität einer jeden Predigt messen lassen müssen, ob sie wirklich »das Wort« verkündet – so, wie Gott es eingegeben hat in seinem ursprünglichen und allein maßgeblichen Sinn.

Und dieses gepredigte Wort will erstens »überführen« (griech.: *elencheo*), d. h., es will Sünde aufdecken und den Menschen in das Licht Gottes stellen. Vollmächtige Wortverkündigung ist geistliche Röntgendurchleuchtung im Dienst der inneren Gesundheit. Zweitens wird das Wort »tadeln« (griech.: *epitimao*), d. h., es wird – wo es uns durchleuchtet hat – auch konkret deutlich machen, wo sich etwas ändern muß. Drittens will das Wort dann seelsorglich weiterhelfen (griech.: *parakaleo*, was den ermahnenden wie auch den ermunternden Zuspruch meint). Gott stellt nicht nur die Diagnose im Vollzug biblischer Predigt, sondern wirkt auch die geistliche Therapie. Die biblische Botschaft, recht verkündigt, wirkt zutiefst seelsorglich.

Die Früchte der Predigt zeigen sich allerdings nicht immer sofort; und manchmal stößt die Auslegung des Wortes Gottes auf Widerstand. Da gilt es, »mit Ausdauer« – zur Zeit und zur Unzeit – das Wort unerschrocken zu lehren. Es gibt kein geistliches Wundermittel, das schnellen Erfolg garantiert. Nein, die gesunde biblische »Lehre« will in geduldigem Warten auf Gottes Erntezeit verkündigt sein. Erfolgshaschende Kanzelrede, die das bringt, »wonach den Leuten die Ohren jücken« (V. 3), führt nicht zum Ziel.

»Predige das Wort!« ist das Motto, um das es geht. »Predige das Wort!« ist der göttliche Auftrag, der die Mühe um ein gründliches und genaues Erarbeiten des Bibeltextes rechtfertigt. »Predige das Wort!« ist der Maßstab, an dem sich unser eigenes Predigen und alles, was sich als Predigt ausgibt, immer neu zu messen hat. Das geoffenbarte Wort des lebendigen Gottes gilt es zu verkündigen – nicht mehr und (möge Gott es schenken!) nicht weniger.

1.2.2 Die Berufung des Predigers

Ob es zu vollmächtiger schriftgemäßer Verkündigung kommt, entscheidet sich allerdings nicht erst in der konkreten Predigtvorbereitung und Predigtdarbietung, sondern auch schon an der Frage, ob der Verkündiger ein von Gott berufener und begabter Mann ist. Otto S. von Bibra schreibt zu Recht:

»Jurist, Techniker, Lehrer, Handwerker, Bauer kann man ohne weiteres werden kraft des eigenen Entschlusses – ›Theologe‹ auch! Aber Diener am Wort im neutestamentlichen Sinn wird man nur durch göttliche Einsetzung; wo diese fehlt, läßt sie sich auch durch die Ordination nicht ersetzen.«[26]

Im Alten wie im Neuen Testament konnten Menschen nur dann im Namen Gottes sprechen, wenn sie von ihm gesandt waren.

---

[26] O. S. von Bibra, *Die Bevollmächtigten des Christus*, 8. Aufl., Stuttgart 1969, S. 12. Vgl. auch zu diesem Thema Th. Sorg, *Berufung und Vollmacht*, 2. Aufl., Gießen 1985, S. 56.

»Wie sollen sie predigen, wenn sie nicht gesandt sind?«, fragt Paulus (Rö 10,15). »Ich habe sie nicht gesandt, und doch sind sie so geschäftig. Ich habe ihnen keinen Auftrag gegeben, und doch reden sie in meinem Namen. Hätten sie wirklich in meinem Rat gestanden, so würden sie mein Volk ... von seinem bösen Wandel und seinem gottlosen Tun zur Umkehr bringen«, lautet die Gottesklage durch seinen Propheten (Jer 23,21ff; vgl. 5.Mo 18,20). Nach Eph 4,11 hat Christus »selbst die einen als Apostel, die andern als Propheten, die nächsten als Evangelisten, als Hirten und Lehrer eingesetzt« (vgl. Gal 1,1).

Diese Berufung geschah schon zu biblischen Zeiten ganz unterschiedlich. Mose und Jesaja erlebten Gott in einer ganz außergewöhnlichen Weise (2.Mo 3; Jes 6). Jeremia wurde durch ein Wort Gottes angesprochen (Jer 1,4ff). Elisa und Timotheus wurden durch bevollmächtigte Gottesmänner in ihren Dienst geführt (1.Kö 19,19ff; Apg 16,1-3); ähnlich die Apostel durch Jesus (Mk 3,13ff). Paulus und Barnabas erhielten die Weisung des Heiligen Geistes durch die sendende Gemeinde (Apg 13,1-3). Gewiß ließen sich noch andere Berufungsvorgänge nennen. Es kommt nicht so sehr darauf an, wie die göttliche Berufung im einzelnen erfolgt, sondern daß sie erfolgt!

Wen Gott berufen hat, der weiß um diesen Ruf. Er wird ihm zu einer göttlichen Lebensbürde, zu einem ›inneren Muß‹. »Wir können es ja nicht lassen, von dem zu reden, was wir gesehen und gehört haben«, sagen die Apostel (Apg 4,20). Und Paulus bekennt: »Wenn ich evangelisiere, so bleibt für mich kein Ruhm, denn eine Notwendigkeit liegt auf mir. Wehe mir, wenn ich meine evangelistische Botschaft nicht ausrichten würde!« (1.Kor 9,16; vgl. Apg 26, 15ff). Er kann dies sagen, weil er sich als ein nach Gottes erwählendem Willen von Mutterleib ›ausgesonderter‹ und zu einem bestimmten Dienst ›berufener‹ Diener Gottes versteht (Rö 1,1; Gal 1,1.15f; 1.Tim 1,1).

Diese göttliche Berufung ist nun nicht einfach identisch mit einer menschlichen ›Ordination‹ bzw. der Berufung (Vokation) durch eine Gemeinde. Es könnte sein, daß ein von einer Kirche oder Gemeinde ordentlich Berufener (›rite vocatus‹ – ein Wort, das in der Reformationszeit Bedeutung erlangte) doch die allein entscheidende göttliche Berufung nicht hat. Erinnern wir uns:

Christus ist es, der sich in seiner Gemeinde Apostel, Evangelisten, Seelsorger und Lehrer beruft und einsetzt (Eph 4,11; 1.Kor 12,28; Gal 1,1.15f; Apg 13,1). Und diese Dienste sollen dann von den von Gott bestimmten Personen in geordneter Weise ausgeübt werden.

Was ist nun die Aufgabe der Gemeinde? Wie kann der Gefahr selbstberufener Prediger und ›Apostel‹ begegnet werden? Das Neue Testament macht deutlich, daß die Gemeinde niemanden eigenmächtig zum Dienst wählen oder berufen darf. Ihre Aufgabe ist allein, 1) unter der Führung des Heiligen Geistes und unter Berücksichtigung notwendiger biblischer Eignungskriterien zu erkennen, wen Christus für einen bestimmten Dienst berufen und zubereitet hat, und 2) ihn dann im Gehorsam unter Handauflegung in den Dienst einzusetzen bzw. zu senden.[27]

Wichtig für das Erkennen einer Berufung ist nicht zuletzt, daß Gott in seinem Wort gewisse Normen gesetzt hat, die als Voraussetzung für bestimmte Dienste gelten müssen. Und da Gott sich nicht widerspricht, ist mit göttlicher Berufung (noch) nicht zu rechnen, wo ein Mensch außerhalb jenes Normbereichs lebt.[28] Beispielhaft wollen wir einige Maßstäbe dieser Art nennen.

Es ist wohl kaum damit zu rechnen, daß jemand zum Zeugen Jesu Christi und Botschafter des Evangeliums berufen ist, der Christus nicht im Glauben als seinen Herrn und Retter erfahren

---

[27] Die Diensteinsetzung erfolgt nach 1. Tim 4,14 1.) »durch Prophetie« (= geistgeleitetes Erkennen der Gabe) und 2.) »unter Handauflegung der Ältestenschaft« (= gemeindliche Identifizierung mit dem von Gott gegebenen Dienstauftrag des Betreffenden). Vgl. auch Apg 6,3-6: 1.) »Seht euch um nach . . . Männern von gutem Zeugnis, voll Geist und Weisheit«, 2.) »damit wir sie einsetzen zu diesem Dienst. . .«, 3.) »Und sie wählten aus Stephanus (usw.). . .«; 4.) »Diese stellten sie vor die Apostel, und als sie gebetet hatten, legten sie ihnen die Hände auf.« (Die hier angeführten Punkte 2. und 4. beziehen sich auf die gleiche Sache.) – Zum Vorgang des Wählens vgl. noch Apg 14,23; 2. Kor 8,18f; zur Diensteinsetzung Apg 13,3; 1. Tim 5,22; Tit 1,5.

[28] Gewiß, Gott ist allmächtig und kann auch einmal durch jemanden wirken, der kein berufener Diener Christi ist. So sprach er selbst durch Bileams Esel – sowie durch den heidnischen Besitzer dieses merkwürdigen Tiers (4. Mo 22-24). Doch sollte man daraus keine Regeln ableiten – außer vielleicht der (wohl auf Luther zurückgehenden) Einsicht, daß »Gott auch einmal durch einen krummen Stecken einen geraden Schlag versetzen« kann.

hat. Wer die Rechtfertigung aus Glauben nur als einen theologischen Lehrsatz kennt, kann kein berufener Zeuge des Evangeliums sein. Paulus kann es ganz persönlich sagen: »Der Gott, der sagte: ›Licht leuchte aus der Finsternis hervor!‹, der hat es in unseren Herzen aufleuchten lassen, damit durch uns Erleuchtung entstünde, die von der Kenntnis der Herrlichkeit Gottes auf dem Angesicht Christi kommt« (2.Kor 4,6). Der Verkündiger des Evangeliums spricht nicht vom Licht wie ein Blinder, sondern als einer, der durch Gottes neuschaffendes Handeln sehend geworden ist.

Weiter nennt die Bibel gewisse geistlich-ethische Maßstäbe für berufene Mitarbeiter in der Gemeinde. Schon Diakone mußten Männer sein, die »einen guten Ruf haben, voll Heiligen Geistes und Weisheit sind« (Apg 6,3; vgl. 1.Tim 3,8ff). Und für die Einsetzung in das gemeindliche Lehr- und Leitungsamt, das der Aufgabe eines Pastors heute entspricht, werden eine ganze Reihe ethischer, familiärer und begabungsmäßiger Kriterien genannt, anhand derer die Gemeinde berufene und von Gott zubereitete Männer erkennen soll. Diese Hirten und Lehrer müssen unbescholten sein und einen guten Ruf haben; familiär gesehen soll-

»Er soll einfach ein Bischof für alle sein.«

ten sie weder in ehelicher Untreue, noch in der Vielehe, noch in einer zweiten Ehe nach einer Scheidung leben, sollten ihrer Familie gut vorstehen, gehorsame Kinder haben und gastfreundlich sein; charakterlich sollen es nüchterne, besonnene, taktvolle, beherrschte Personen sein, die weder einer Sucht noch den Versuchungen des Geldes verfallen sind; geistlich sollten sie sich im Glauben bereits bewährt haben und Begabung zum Lehren aufweisen (1.Tim 3,1-7). Nur wo jemand diesen Maßstäben entspricht, kann die Gemeinde den Betreffenden in den Dienst einsetzen. Bedauerlich ist, wenn heute mancherorts Maßstäbe dieser Art aus dem Blickfeld zu geraten drohen.[29]

Ich möchte noch einen Maßstab nennen, der heute in der Frage nach der Berufung zum Verkündigungsdienst besonders umstritten ist. Das Neue Testament schließt das Lehr- und Leitungsamt der Frau in der Gemeinde ausdrücklich aus (1.Tim 2,12; 1.Kor 14,33-35). Bis in unser Jahrhundert hinein hat man sich in allen Kirchen – ob katholisch, evangelisch, landes- oder freikirchlich – auch an diese Willenssetzung Gottes für seine Gemeinde gehalten. In einer Zeit, die neben einer – biblisch auch voll berechtigten – Wiederherstellung der schöpfungsmäßigen Würde der Frau doch auch von feministischen Emanzipationsideologien bestimmt wurde und wird, kam es aber zu theologischen Umdeutungen, bibelkritischen Abwertungen und pragmatischen Gegenargumentationen zu diesen Aussagen der Heiligen Schrift. Es sollte aber nicht vergessen werden, daß die Gemeinde *Gottes* Gemeinde ist, in der er *seine* mannigfache Weisheit demonstrieren will (Eph 3,10). Wer sind da wir, daß wir in

---

[29] So kann man nur mit Sorge beobachten, daß die kirchliche Praxis die Frage nach geistlicher Berufung, persönlichem Glauben und Christusnachfolge im Zuge ihrer Pastorenausbildung weitgehend ausklammert. Ohnehin wird die Ausbildung des geistlichen Nachwuchses den Universitäten übertragen, deren Theologische Fakultäten als alleinige Zugangsvoraussetzung das Abiturzeugnis verlangen. Immerhin hat Professor J. Wirsching, »Über die Eignung zum Theologiestudium«, *Deutsches Pfarrerblatt,* 82(1982), S. 463-466, angeregt, bei Theologiestudenten und angehenden Pfarrern die Frage nach der »geistlichen Kompetenz« und nach »Verhaltensweisen, die aus dem Glauben fließen«, bewußter zu stellen. Der Landeskonventsvorstand angehender Theologen hat dieses Ansinnen aber im *Deutschen Pfarrerblatt,* 82(1982), S. 605f, sogleich als diskriminierend zurückgewiesen.

eigener, dem Wechsel der Zeiten unterworfener Weisheit Gottes Ordnungen als überholt beiseite schieben? Ich meine daher, daß von der Bibel her mit einer göttlichen Berufung zum Frauenpastorat eindeutig nicht zu rechnen ist.[30] Allerdings gibt es andere Bereiche, innerhalb derer auch eine Frau die biblische Botschaft bezeugen kann (Tit 2,3f; Apg 18,26; 21,9; 1.Kor 11,5; vgl. Rö 16,1-16).

Weiter ist wichtig, daß ein berufener Diener Gottes seiner Berufung gemäß lebt. Paulus wollte nicht »anderen predigen und selbst verwerflich werden« (1.Kor 9,27). In der Lehre wie im Leben soll sich ein Verkündiger des Evangeliums bewähren (1.Tim 4,12-16). Dazu gehört auch die innere Freiheit des Predigers gegenüber dem Urteil der Menschen: »Wenn ich mich noch um das Wohlgefallen der Menschen bewürbe, wäre ich Christi Knecht nicht« (Gal 1,10). ›Diener am Wort‹ sind Berufene des Christus, die ihrem Herrn in ihrem ganzen Leben und Dienst gefallen sollen.

Nun müssen wir aber noch ein weiteres Problem aufgreifen. Manche meinen, ›Berufung‹ zum Verkündigungsdienst bedeute notwendigerweise, daß man zur hauptberuflichen Ausübung der Predigeraufgabe oder des Pfarramts bestimmt sei. Berufung und Beruf werden dabei unauflösbar verquickt. Die Frage ist nun, ob das biblisch gesehen so sein muß. Soweit ich es sehe, ist vom Neuen Testament her noch keineswegs ausgemacht, in welcher Form, unter welchen Umständen und an welchem Ort eine Berufung zum Verkündigungsdienst auszuüben ist. Diese Punkte haben weniger mit der Berufung, als vielmehr mit der persönlichen Führung des Berufenen durch den Heiligen Geist zu tun. Und solche Führung mag zu unterschiedlichen Zeiten des Lebens auch ganz verschieden aussehen. In neutestamentlicher Zeit

---

[30] Vgl. zu dieser Thematik W. Neuer, *Mann und Frau in christlicher Sicht*, Gießen 1981, S. 161-167, sowie G. Lauche, »Die Stellung der Frau in der neutestamentlichen Gemeinde«, *Fundierte Theologische Abhandlungen*, 5(1987), S. 36-76. Grundlegend wichtig ist auch die katholische Münchener Dissertation von M. Hauke, *Die Problematik um das Frauenpriestertum vor dem Hintergrund der Schöpfungs- und Erlösungsordnung*, Paderborn 1982, S. 496, die gründlich exegetisch, kirchengeschichtlich, dogmatisch, religions- und humanwissenschaftlich argumentiert.

wird in der örtlichen Gemeinde der nebenberufliche Verkündigungsdienst die Regel gewesen sein. Entsprechend sollte dieses Element in lebendigen Gemeinden auch ganz selbstverständlich zum Dienst gehören. Daneben finden wir im Neuen Testament auch Mitarbeiter, die ganz oder teilweise von der Gemeinde finanziert werden. In der Regel trifft das auf den Apostel mit seinen überörtlich-missionarischen aber auch örtlich gemeindeleitenden Aufgaben zu (1.Kor 9,4-14). Allein Paulus hat es für sich als richtig angesehen, diesen apostolischen Dienst neben einer handwerklichen Erwerbstätigkeit auszuüben (1.Kor 9,6.15.17f; Apg 18,1-3; 20,33f). Je nach Bedarf werden aber auch die Hirten und Lehrer der örtlichen Gemeinden zumindest teilweise von den übrigen Gemeindegliedern ›mitfinanziert‹ worden sein (Gal 6,6; 1.Tim 5,17f; vgl. 2.Tim 2,3-7). In einer Zeit, in der ein Handwerker sechs Tage in der Woche von früh bis spät arbeiten mußte, um seine Familie zu ernähren, wäre ein Hirten- und Lehrdienst in der Gemeinde ohne diese Beihilfe gar nicht möglich gewesen.[31] Und wo die Gemeinde es von ihrer Größe und Aufgabenfülle her verlangte – wie etwa die Jerusalemer Urgemeinde –, konnte es geschehen, daß sogar mehrere Personen vollzeitlich im Verkündigungsdienst tätig sein mußten (vgl. Apg 6,2ff). Nie jedoch würde es der neutestamentlichen Gaben- und Dienstvielfalt entsprochen haben, den Dienst am Wort auf ein ›Ein-Mann-System‹ verkümmern zu lassen. Geistliche Ergänzung war gefragt.[32]

---

[31] Auch die jüdische Synagoge kannte Vor- und Nachteile des nebenberuflichen und vollzeitlichen Dienstes an der Torah; vgl. H. Stadelmann, *Ben Sira als Schriftgelehrter*, Tübingen 1980, S. 291f.

[32] R. Bohren, *Dem Worte folgen*, München/Hamburg 1969, S. 37f, weist sogar auf folgendes hin: »Zunächst ist zu beachten, daß im ganzen Neuen Testament die Regel aus dem altisraelitischen Zeugenrecht gilt: ›auf die Aussage von zwei oder drei Zeugen soll eine Sache gültig sein‹ (5. Mose 19,15). Zu zweit werden die Jünger ausgesandt (Mark. 6,7) . . . Wenn Petrus im Tempel predigt, steht Johannes neben ihm. Apg. 3,12 heißt es, daß Petrus zum Volke zu reden anfing. 4,1 steht: ›während sie aber zum Volke redeten‹. . . Im Neuen Testament wird also immer und immer wieder von zwei oder dreien zusammen gepredigt . . . Wird der biblische Fundamentalsatz über das Zeugnis wieder ernst genommen, so sprengt dieser das verdammte Einmannsystem gründlich.«

Wenn es also um den Verkündigungsdienst geht, ist das Entscheidende die Berufung. Ob diese dann in einem vollzeitlichen oder teilzeitlichen, örtlichen oder überörtlichen Dienst ausgeübt wird, ist eine Frage der persönlichen Führung durch den Heiligen Geist, angesichts der jeweiligen Bedürfnisse und Möglichkeiten. Als evangelische Christen haben wir gerade an dieser Stelle noch manche Hypotheken eines unflexiblen Klerikaldenkens zu überwinden.

1.2.3 Die Begabung des Predigers

Ein wichtiges Merkmal der Berufung ist die Begabung oder Bevollmächtigung zum Dienst. Die Begabung ist Folgewirkung und Kennzeichen einer Berufung. In der Begabung mit geistlichen Dienstgaben (Charismen) manifestiert sich der souveräne Erwählungswille Gottes zu bestimmten Aufgaben. Er gibt die Gaben, wie er will (1.Kor 12,6.11.18.28). Und ohne diese nötige Zurüstung sendet der Herr keinen Arbeiter in den Dienst (Mk 6,7; Joh 20,21ff; Apg 1,8).

Es ist nun allerdings wichtig zu bemerken, daß Predigtbegabung nicht einfach mit Beredsamkeit verwechselt werden darf. Bevollmächtigte Verkündigung ist eine Gabe des Heiligen Geistes, die geistliche Wirkungen hervorruft, und nicht einfach rhetorische Brillianz, die Ohrenkitzel bewirkt. Wenn es nur um Rhetorik (= Redekunst) ginge, wäre Paulus wohl ein schlechter Verkündiger gewesen. Und doch steckte hinter seiner Predigt eine lebensverändernde göttliche Kraft (1.Kor 2,1-4).

Zur Predigtbegabung gehört immer ein Stück Charisma der Erkenntnis und Lehre; denn der Prediger hat seinen Hörern ja Gottes Wort aufzuschließen. Dazu kommt eine seelsorgliche (parakletische) Gabe, das erkannte Wort ermunternd und ermahnend auf die Lebenssituation des einzelnen Hörers zu beziehen. Entsprechend der individuellen Ausprägung der Predigtgabe wird der ›Lehrer‹ der Gemeinde mehr die Gabe brauchen, biblische Zusammenhänge verständlich darzustellen und einen biblischen Text tiefgründig, aber lebendig zu erschließen, während der ›Evangelist‹ ganz ausgeprägt die Gabe braucht, das Evangelium geradezu elementarisierend wiederzugeben und in die Sprache und Vorstellungswelt des Außenstehenden zu übersetzen. Gewiß wird man bei jedem Prediger auch eine mehr oder weniger ausgeprägte Redebegabung erwarten dürfen, sowie die geistige Fähigkeit, die Fragen sowie Denk- und Existenznöte der Zuhörer zu verstehen und von der Bibel her zu beantworten. Dies allein genügt jedoch nicht. Das nötige Charisma ist mehr.

Oftmals wird die Begabung nicht schon bei den ersten Predigtversuchen deutlich. Als Dozent für Homiletik (= Predigtlehre) habe ich so manchen Schüler und Studenten erlebt, dessen erste Versuche recht kläglich klangen – und der sich im Lauf der Zeit doch als begabter Prediger erwies. Wichtig ist nur, daß es in Gemeinden die Möglichkeit zu kleinen Anfängen gibt: sei es in der Jugendstunde, in kleinen Beiträgen innerhalb der Bibelstunde oder im Rahmen einer Andacht. Für manchen war der allererste Schritt in den Verkündigungsdienst die Möglichkeit, im Gottesdienst die Schriftlesung zu übernehmen oder bei den Abkündigungen mitwirken zu dürfen. Wo sich im Kleinen Begabungen zeigen, kann man diese beobachten und gegebenenfalls fördern.

Durch Predigtlehrgänge und Rhetorikkurse entsteht geistliche Begabung zur Verkündigung nicht. Sie muß schon von Gott gegeben sein. Wo solch ein geistliches Charisma aber vorliegt, muß es gefördert und entfaltet werden. Man kann eine Begabung auch verkommen lassen und gottgegebene Talente vergraben! Paulus ermahnt seinen Schüler Timotheus: »Entfache die Gnadengabe, die in dir ist . . ., zu voller Flamme!« (2.Tim 1,6). Und in diesem Zusammenhang kann eine entsprechende Ausbildung sehr hilfreich sein, wenngleich sie keinesfalls unabdingbar ist.

Charles H. Spurgeon (1834-1892) war einer der größten Prediger der Christenheit. Und doch hat er nie eine theologische Schule besucht. Als er mit 18 Jahren ein Theologiestudium erwog, kam das geplante Vorstellungsgespräch nicht zustande. Spurgeon sah darin Gottes Führung und verzichtete auf die Ausbildung. Dafür lernte er im Selbststudium in kurzer Zeit Hebräisch und Griechisch und war in theologischer Literatur (besonders Calvin) bewandert. Er machte seine persönliche Lebensführung allerdings nicht zur Norm für andere. Im Gegenteil: Später gründete er ein Predigerseminar zur Ausbildung angehender Verkündiger.

Zu allen Zeiten hat Gott sich Boten berufen, die für ihren Dienst nicht speziell geschult waren, auch schon zu alt- und neutestamentlicher Zeit. Andererseits gab es schon im alten Israel die Einrichtung der Schule und das Lehrer-Schüler-Verhältnis bei den Propheten.[33] Die Apostel galten zwar als ›ungelehrte Leute‹ (Apg 4,13) in den Augen der langjährig ausgebildeten Schriftgelehrten; man sollte aber nicht vergessen, daß sie drei Jahre lang von Jesus wie die Schüler eines Rabbi ausgebildet worden waren. Auch Timotheus war Schüler des Paulus und erhielt seinerseits den Auftrag, andere zu schulen (2.Tim 2,2).

Kurzum: Innergemeindliche Schulungen oder eine theologische Ausbildung können der Weiterentwicklung vorhandener Begabungen dienen. Umgekehrt aber kann die beste Schulung – einschließlich Abitur und theologischer Diplome – eine fehlende geistliche Begabung nicht ersetzen.

Eine vorhandene Begabung darf nun auch kein Ruhekissen werden, auf dem man sich geistlich ausruht. Der begabte Prediger, der sich auf sein Talent verläßt und nicht mehr aus der geistlichen Dimension des Umgangs mit Wort und Gebet schöpft, vergräbt sein Talent. Vielleicht müssen wir als Prediger in diesem Zusammenhang wieder neu das Prinzip der Kraft aus der Stille entdecken. Immer wieder hat Gott seine Diener in der Wüste, in der Stille, wo nur noch Sein Reden zu hören war, und in der Anfechtung für den Dienst am Wort vorbereitet. Das war bei Mose so wie auch bei David oder Paulus. Jesus »kam in der Kraft des Geistes« (Lk 4,14) aus der Stille und der Anfechtung der Wüste; und er suchte immer wieder die Wüste, um Kraft zu schöpfen aus der Stille des Gebets (Lk 5,16; Mk 1,35). Nur so kann das Charisma des Berufenen eine hell brennende Flamme bleiben.[34]

---

[33] R. Riesner, *Jesus als Lehrer*, Tübingen 1981, S. 153ff und 277ff.

[34] Vgl. R. Bohren, *Dem Worte folgen*, Siebenstern, 1969, S. 28: »Die Wüste ist also der Ort, wo Gott zu seinem Volk redet, der Ort, wo man betet. Die Wüste ist zweitens der Ort der Dämonen, der Ort des Teufels, der Ort, wo man stirbt und umkommt. An diesem Ort müssen wir stehen, da wo wir ganz arm und hungrig sind, mit der Frage, die wir lieben, mit der Frage nach dem Geist. Wenn wir da stehen, haben wir den Geist noch nicht, aber die sichere Verheißung, daß die Bitte um den Geist erhört werde. Und vielleicht ist das die Not, daß wir nicht in die Wüste wollen und als Ungestorbene auf der Kanzel stehen.«

Eines müssen wir in seinem ganzen Ernst sehen: Ein Prediger ohne Begabung ist sich selbst und der Gemeinde eine Last. Gewiß, die Bibel warnt vor jenen angenehmen Predigern, die vollmachtlos – aber unterhaltsam! – predigen, wonach den Leuten »die Ohren jücken« (2.Tim 4,3). Das heißt aber nicht, daß sie jene befürwortet, die so reden, daß den Hörern die Augen zufallen, das Hören vergeht und ihre Herzen kalt und unbewegt bleiben. Wer ohne die nötige Begabung und Bevollmächtigung predigt, wird leicht an der Gemeinde schuldig. Durch sein unberufenes Reden raubt er die Freude am Wort.

Von daher ist allen, die predigen wollen, dringend zur Prüfung zu raten: Liegt eine Berufung vor? Und zeigt sich diese Berufung auch an der Begabung zu vollmächtiger Predigt? Ist dies auf Dauer nicht zu erkennen, sollte man den Kelch des Predigermartyriums an sich und der Gemeinde vorübergehen lassen.

1.3 Das Wesen der Auslegungspredigt

Nicht alles, was unter dem Namen ›Predigt‹ läuft, muß deswegen auch schon schriftgemäße Predigt sein. Eine Rede – auch eine religiöse Rede! – wird nicht schon deshalb schriftgemäße Predigt sein, weil sie sonntagmorgens zwischen 10 und 11 Uhr gehalten wurde. Wo der Prediger um sein Bibelwort kreist wie die Katze um den heißen Brei und doch nie zur Sache kommt, wo die Darbietungen in die Breite des weltpolitischen Tagesgeschehens und sozialpolitischen Engagements führen, aber nicht in die Tiefe des biblischen Wortes, ist von Auslegungspredigt nicht zu sprechen. Solche Predigten bleiben geistlich flach.

Es wird nun gewiß nicht immer an der mangelnden Begabung oder Berufung der Verkündiger liegen, wenn seichte, wenig schriftbezogene und folglich vollmachtlose Predigten zu hören sind. Vielfach liegt die Ursache in einem verkehrten Verständnis dessen, was Predigt eigentlich ist oder sein soll.

Es mag hilfreich sein, hier zunächst einmal zu versuchen, in einer Definition (= Begriffsbestimmung) Rechenschaft davon zu geben, was in diesem Buch unter ›Predigt‹ verstanden wird. Mir ist dabei bewußt, daß es in der heutigen Situation durchaus umstritten ist, ob eine angemessene theologische Predigtdefinition überhaupt möglich und nützlich ist.

Soll eine Definition nur rein praktisch beschreiben, was beim Predigen geschieht bzw. geschehen soll? Oder soll systematisch-theologisch – und damit von der Bibel her – definiert werden, was rechte Predigt von ihrem Wesen her ausmacht? Der jüngere Karl Barth hat in seinem homiletischen Seminar 1932/33 in einer Doppeldefinition noch beides versucht:

>1. Die Predigt ist Gottes Wort, gesprochen von ihm selbst unter Inanspruchnahme des Dienstes der in freier Rede stattfindenden, Menschen der Gegenwart angehenden Erklärung eines biblischen Textes durch einen in der ihrem Auftrag gehorsamen Kirche dazu Berufenen. 2. Die Predigt ist der der Kirche befohlene Versuch, dem Worte Gottes selbst durch einen dazu Berufenen so zu dienen, daß ein biblischer Text Menschen der Gegenwart als gerade sie angehend in freier Rede erklärt wird als Ankündigung dessen, was sie von Gott selbst zu hören haben.«[35]

Später, in der ›Kirchlichen Dogmatik‹, formuliert Barth relativ pragmatisch:

>Predigt ist im Lauschen auf die Aussage der Schrift *selbständig* vollzogene Aussage und Erklärung des Evangeliums, *selbständig* gewag-

≫ Gewiß, Fußball ist nur eine Nebensache. Man sollte aber nicht allem tatenlos zusehen. ≪

[35] K. Barth, *Homiletik: Wesen und Vorbereitung der Predigt*, Zürich 1966, S. 30.

ter *evangelischer* Anruf: insofern nicht mehr, nicht etwas Besseres, aber deutlich etwas *Anderes* als einfach Schriftauslegung.«[36]

Der Barth-Schüler Rudolf Bohren hat in seiner Predigtlehre ganz auf eine Definition verzichtet. Eine Definition würde für ihn von vornherein das Wunder der unzählbaren Sagensweisen des Wortes begrenzen und kanalisieren. Und das faktische Predigtgeschehen könne nur im Einzelfall beschrieben oder grundsätzlich rühmend ›besungen‹ werden.[37] Immerhin möchte er die reformatorische Formel »Die Verkündigung des Wortes Gottes ist Gottes Wort« im Auge behalten und in seiner von der Pneumatologie (= Lehre vom Heiligen Geist) her entworfenen Homiletik entfalten, wie jenes »Ist« – und damit das Wunder der Predigt – zu verstehen sei.

Ernst Lange, schließlich, lehnt eine theologische Definition der Predigt ganz ab. Sie trägt seines Ermessens für den Vollzug der Predigt nichts ein:

»Der Predigtbegriff, der dabei zustande kommt, ist als solcher für die Praktische Theologie, für die Homiletik, untauglich. Denn er entsteht, wie er auch aussieht, angesichts der Frage nach der *Verheißung*, die die Kirche mit ihrem Predigtauftrag hat, ohne ihn sich – das steckt schon im Begriff der Verheißung – selbst erfüllen zu können.«[38]

Demgegenüber befürchte ich eher, daß sich der Verzicht auf eine theologische Predigtbestimmung negativ auf die Predigtpraxis auswirken wird und zur Beliebigkeit führt. Eine an der Grundlage und dem Auftrag des Predigens orientierte Predigtdefinition wird dagegen keineswegs die Verheißung der Predigt beeinträchtigen, vielmehr dazu beitragen, daß die dem Wort Gottes in seiner geoffenbarten und verkündigten Form gegebene Zusage in Erfüllung geht. Ein biblisch-theologisch verantwortetes Predigtverständnis mindert nicht das Wirken des Geistes im Predigtvollzug, es wehrt aber dem homiletischen Wildwuchs.

---

[36] K. Barth, *Kirchliche Dogmatik*, Bd. IV. 3, Zürich/Zollikon 1959, S. 996. – Fragen an diese Definition sind etwa: a) Ist nur *das Evangelium* Gegenstand der Verkündigung? Ist die ganze zu predigende Schrift so angemessen beschrieben? b) Wie wird die hier betonte ›Selbständigkeit‹ im Sinne der nötigen Schriftgemäßheit der Predigt begrenzt? c) Ist die Predigt wirklich nur »etwas Anderes« als Schriftauslegung? Muß sie nicht ganz wesentlich auch diese sein? Und – wenn letzteres stimmt: Woran würde dann trotzdem die Differenz zur ›Exegese‹ festgemacht werden müssen?

[37] R. Bohren, *Predigtlehre*, München 1972, S. 48-52.

[38] E. Lange, »Zur Theorie und Praxis der Predigtarbeit«, in: ders., *Predigen als Beruf*, München 1982, S. 19.

Als Definition schriftgemäßer Auslegungspredigt möchte ich folgenden Grund-Satz anbieten:
Auslegungspredigt ist
die autoritative und motivierende Entfaltung
einer biblischen Aussage,
die in Beugung unter das Wort durch eine genaue Auslegung des Textes erarbeitet wurde
und durch den Heiligen Geist auf den Prediger
sowie durch ihn auf seine Hörer angewandt wird.
Diesen Satz gilt es im folgenden näher zu erläutern und zu entfalten.

1.3.1 Die Predigt als Entfaltung einer biblischen Aussage

»Predige das Wort . . .!«, so hatte der Apostel es seinem Schüler befohlen. Was anders sollte Predigt auch sein als Verkündigung des biblischen Wortes? Und so hört es sich in der Theorie auch ganz selbstverständlich an: »Auslegungspredigt ist die . . . Entfaltung einer biblischen Aussage«. So selbstverständlich klingt der Satz, daß man ihn nur allzu schnell überliest und das Programmatische seines Inhalts immer schon als etwas Gegebenes – und nicht als Maßstab, als Herausforderung – hinnimmt. Dabei wird dann übersehen, daß Predigten immer wieder in der Gefahr stehen, etwas anderes oder weniger zu sein als »die Entfaltung einer biblischen Aussage«. Weder dem Prediger noch seinem Hörer ist das immer bewußt; denn vielfach gibt man sich schon zufrieden, wenn die sonntägliche Ansprache an der Bibel anknüpft und gewisse Bezugnahmen auf den verlesenen Text Heiliger Schrift aufweist.

In der Homiletik war es sogar immer wieder umstritten, ob der Predigt ein konkreter Bibeltext zugrunde gelegt werden müsse. Nach Friedrich Daniel Schleiermacher (1768-1834) darf zwar »der Text nicht verschwinden, weil er die äußere Gewährleistung für die Kirchlichkeit der Rede liefert«[39]; und doch prägt nicht der Text die Predigt, vielmehr spricht in der wahren Kirche der von der freien Regung des Geistes be-

---

[39] Friedrich Schleiermachers sämtliche Werke, Erste Abt. : Zur Theologie, Bd. 13, hg. J. Frerichs, Berlin 1850, S. 233.

wegte Virtuose der Religiosität das gemeinsame religiöse Gefühl aus: »Er tritt hervor, um seine eigne Anschauung hinzustellen, als Objekt für die Übrigen, sie hinzuführen in die Gegend der Religion, wo er heimisch ist, und seine heiligen Gefühle ihnen einzuimpfen: er spricht das Universum aus, und im heiligen Schweigen folgt die Gemeine seiner begeisterten Rede.«[40] Selbst A. Tholuck wollte die »Unmöglichkeitserklärung einer Predigt ohne biblischen Text« nicht akzeptieren und meinte: ». . . die Einrede, daß ihr dann der Name Predigt nicht gebühre, möchte auf bloßen Wortstreit hinauslaufen«.[41] Gegenüber diesen Tendenzen des 19. Jahrhunderts kam es im Zuge der ›Dialektischen Theologie‹ (K. Barth) zu einer erneuten Textbindung der Predigt. So betont K. Fezer:

> »Gewiß! ein Vortrag über religiöse Fragen, ja eine religiöse Ansprache ist selbstverständlich möglich auch ohne Text. Aber eine Predigt, die zur Aufgabe hat, die Gemeinde vor den lebendigen Gott zu stellen, gibt es nicht ohne das Wort, in dem der lebendige Gott uns seine Gemeinschaft schenkt, ohne den Text. Hier ersetzen unsere schönsten, unsere christlichsten Gedanken das Wort nicht, das nicht von uns, sondern von ihm stammt.«[42]

Diese Bindung an den Text der Heiligen Schrift erscheint uns unerläßlich. Denn aus diesem Wort schöpft die Predigt ihre Kraft und ihre Legitimation.

Die Frage könnte auch gestellt werden, ob Predigt – selbst wenn sie es wollte! – im wesentlichen überhaupt die textgemäße Entfaltung eines biblischen Wortes sein *kann*. Gert Otto weist darauf hin, daß der Ausleger in seine Beschäftigung mit Text und Predigt eine ganze Reihe subjektiver Faktoren mit einbringt – seine psychisch-emotionale Struktur, seine Biographie, seine theologischen Positionen und politischen Einstellungen, sein Verständnis von Kirche und Pfarramt, aktuelle Ereignisse in Familie, Politik und Kirche sowie sein Verhältnis zur Gemeinde – und er folgert daraus:

> »Alle diese Bedingungen und Faktoren, und viele andere dazu, mischen sich in die Auseinandersetzung mit einem Predigttext, formulieren sozusagen an der Predigt mit und lassen es überhaupt nicht zur vermeintlich geradlinigen Entwicklung einer Predigt aus einem Text kommen. Daher ist es gar nicht verwunderlich, sondern beinahe

---

[40] Fr. Schleiermacher, *Über die Religion: Reden an die Gebildeten unter ihren Verächtern*, hg. M. Rade, Berlin o. J., S. 148f.

[41] A. Tholuck, »Was besitzen wir an den neuesten Werken über Homiletik und Pastoralik und was fehlt uns noch?«, *Literarischer Anzeiger* (1835), S. 508.

[42] K. Fezer, *Das Wort Gottes und die Predigt*, Stuttgart 1925, S. 99.

selbstverständlich, wenn der Außenstehende, der Predigthörer also, oftmals nicht einsehen kann, was gerade dieser Text und eben jene Predigt, vor der er verlesen wurde, miteinander zu tun haben sollen.«[43]

Die Gefahr, auf die Otto hier hinweist, ist durchaus real. Die Frage ist nur, ob es einfach als etwas Gegebenes hinzunehmen ist, daß der Predigttext zu einer bloßen Stimme unter vielen im Konzert all der anderen Faktoren gerät! Gewiß, der Ausleger bringt mancherlei Prägungen mit, wenn er sich an die Arbeit der Exegese und Predigtvorbereitung begibt. Seine Aufgabe ist nun aber nicht die, all diese Faktoren lediglich mit dem Text ›ins Gespräch‹ zu bringen und so zu einer Bedeutungssynthese zu gelangen. Vielmehr muß er sich in einem hermeneutischen Annäherungsverfahren (›Hermeneutische Spirale‹) der ursprünglich vom Bibelautor beabsichtigten Textbedeutung annähern, bis er sie so klar wie möglich herausgearbeitet hat. Und dann ist es seine Aufgabe, diese normative Textaussage in sinngetreuer Weise in aktuelle Situationen hineinzusprechen und sie so sachgemäß anzuwenden. Tatsächlich entscheidet sich genau an diesem Punkt, ob es zur Auslegungspredigt oder nur zu einer religiösen Rede kommt.

Ich möchte im folgenden einige Predigttypen nennen, die meines Ermessens weniger sind als schriftgemäße ›Auslegungspredigt‹ und damit weniger als »die Entfaltung einer biblischen Aussage«.

(a) Die ›Kanzelreden‹

Eine erste Not sind jene Kanzelreden, die die Predigt in ein Forum für tages- und kirchenpolitische Stellungnahmen umfunktionieren oder sie schlicht zur Plattform für Meinungsäußerungen und irgendwelche geistreichen Darlegungen machen. Hier werden Bibel und Zeitgeist allzu leicht in eine unheilige Verbindung gebracht, und ich fürchte, daß dabei die Bibel in der Gefahr steht, vom Zeitgeist überfremdet zu werden.[44] Dabei verkommt

---

[43] G. Otto, *Predigt als rhetorische Aufgabe*, S. 31.

[44] Vgl. dazu R. Roessler, »Predigen nach Tschernobyl: Text und Zeitgeist in der Verkündigung des Pfarrers«, *Lutherische Monatshefte*, 25(1986), S. 506: »»Text‹ und ›Zeitgeist‹ – die beiden führen in der Predigt so etwas wie eine wilde Ehe. Sie hängen aneinander und liegen doch ständig im Streit. Sie zeugen Kinder, denen man ein legitimes Kindschaftsverhältnis häufig abspricht. Sie sind so ungleiche Partner, daß man sich fragt, wie sie überhaupt zusammenpassen.«

die zeitgemäße Verkündigung des biblischen Wortes Gottes zu einem zeitgeistgemäßen Aufguß konventioneller oder alternativer Meinungen. Aber die Predigt ist keine Tagesschau! Zu Recht hat Hans von Keler als Bischof vor einer Synode seiner Württembergischen Landeskirche darauf hingewiesen, daß »die Predigt als Kernstück des Gottesdienstes Auslegung des Wortes Gottes« sein müsse, und nicht eine »kommentierende Zusammenfassung der Wochen- und Zeitereignisse, keine Wiedergabe subjektiver Impressionen und keine Gelegenheit zu ›persönlichen Erklärungen‹«.[45]

In ›Kanzelreden‹ fehlt es zwar meist nicht an quasi-prophetischem Pathos, aber die Vollmacht des ausgelegten Gotteswortes wird gegen die Relativität menschlicher Einsichten und Meinungen eingetauscht. Nun steht es ja jedem frei, in Reden oder Vorträgen seine Meinung zu sagen. Nur sollte man solchen Verlautbarungen nicht das Autoritätsmäntelchen biblischer ›Predigt‹ umhängen! Dem Prediger ist aufgetragen, das Wort Gottes zu sagen. Von diesem Wort hat er auszugehen, und dieses Wort hat er nun allerdings unverfälscht in konkrete Situationen hineinzusprechen.

Wenn die Predigt nicht im Menschlichen verflachen soll, muß das Wort Gottes Inhalt der Predigt bleiben. Man kann über Martin Luther, die Aufstellung von Mittelstrecken- oder die Abrüstung aller Interkontinentalraketen Reden halten, man kann sich in Fachvorträgen über die Vor- und Nachteile dieses oder jenes Wirtschaftssystems an die breite Öffentlichkeit wenden, man kann sich als Bürger für diese oder jene Partei engagieren – aber man kann über diese Themen keine *Predigten* halten! Ich meine, es sei das Gebot der Stunde, daß Verkündiger erneut und vertieft von der Bibel her zu predigen lernen. Wer nur Kanzelreden hält, hat sich in seiner Verkündigung von der Quelle geistlicher Vollmacht entfernt.

(b) Der ›meditative‹ Predigtstil
Ist die oben geschilderte ›Kanzelrede‹ eher in progressiven kirchlichen Kreisen zuhause, findet sich der ›meditative Predigtstil‹

---

[45] Nach *idea-Spektrum,* Nr. 47(1982), S. 1.

»Auch wenn's nicht leicht ist:
Ein Pfarrer muß für alle da sein.«

meist dort, wo es fromm-beschaulich zugeht. Ulrich Parzany
schildert einfühlsam das Wesen dieser Predigt-Species:
»Ich meine fast, daß dies typisch für die Predigten in Deutschland ist: Der Pfarrer redet gedanklich um den Predigttext krei-
send. Wunderschöne, nachdenkliche Formulierungen und
Anspielungen sollen den Hörer in versenkendes Betrachten
leiten. Ein klarer Gedankenfortschritt ist nicht erkennbar.«[46]
Wenn es nun aber beim Predigen darum geht, das Bibelwort auszulegen und dieses Wort in ganz konkrete Situationen hinein zu
verkündigen, genügt solch ein beschauliches Kreisen um den
Text nicht. Auslegungspredigt ist mehr. Sie geht – bildlich gesprochen – mit dem Hörer durch den Text, sie umkreist ihn nicht
nur.

---

[46] U. Parzany, »Müssen Predigten langweilig sein?«, S. 10.

Beim ›meditativen Predigtstil‹ schwebt der Prediger ständig über dem Text, berührt ihn auch immer wieder andeutungsweise, erklärt und erschließt ihn aber nicht im einzelnen und in seiner Gesamtbotschaft. Als ich vor einiger Zeit solch eine Predigt hörte, kam mir ein Vergleich in den Sinn. Ich erinnerte mich an zwei ganz verschiedene Überfahrten über den Ärmelkanal nach England. Das eine Mal fuhr ich mit dem Luftkissenfahrzeug. In schneller Fahrt schwebte das Gefährt – weder Schiff noch Flugzeug! – flach über die Wasseroberfläche dahin. Nur hin und wieder setzte es für einen flüchtigen Augenblick auf einer Welle auf. Das andere Mal setzte ich im Fährschiff über. Tief pflügte der Bug die Wassermassen; geradlinig bahnte sich der Riese seinen Weg durch die Flut und hinterließ lange sichtbare Spuren. So hätte ich mir eigentlich die Predigt gewünscht: tiefgreifend durch den Text ›pflügend‹ und langanhaltende Spuren hinterlassend! Doch die meditative Predigt, der ich gerade lauschte, hatte mehr die Art der Luftkissenfahrt. Der Prediger ›schwebte‹ beständig über dem Text, nur hin und wieder setzte er einmal auf einem Vers kurz auf – und relativ flott war er ›am anderen Ufer‹. Der Hörer war zwar zur Besinnlichkeit geleitet, aber ich hatte den Eindruck: ins Wort Gottes war er nicht recht hineingeführt worden.

(c) Die ›Anekdoten-Predigten‹

Sehr beliebt bei manchen reisenden Predigern und Evangelisten sind die Anekdoten-Predigten. Meist findet sich für diese Art der Verkündigung auch ein dankbares Publikum. Es gibt nämlich kaum eine unterhaltsamere und kurzweiligere Predigtart. Von der Einleitung bis zum »Amen« reiht sich Geschichte an Geschichte. Ist der Redner dabei noch ein Virtuose des Erzählens, ist sein Erfolg gesichert.

Es soll nun gar nicht bestritten werden, daß solch eine Verkündigung sehr praktisch, motivierend und belebend sein kann. Der Wert solcher Ansprachen entspricht dem geistlicher Biographien, die ja auch Vorbilder vor Augen stellen und so zur Nachfolge motivieren. Nur, sind es wirklich ›Predigten‹? Ich meine, wo persönlich Erlebtes zum eigentlichen Thema wird und biblische Aussagen lediglich als das nötige Quäntchen Salz in der

44

Suppe mit herangezogen werden, sollte man von ›Vorträgen‹, nicht aber von ›Predigten‹ sprechen.[47]

Im Gegenzug zur streng textbezogenen Predigt der Dialektischen Theologie macht sich heute in der Homiletik teilweise die Tendenz bemerkbar, den Prediger mit seinen Empfindungen, Überzeugungen und Erfahrungen in den Mittelpunkt zu rücken. Ein neueres Homiletikbuch stellt die Thesen auf: »Der anschaulichste Teil der Predigt bin ich selbst«[48]; und: »Persönlich predigen heißt: Ich sage . . .«, sowie: »Ich vertraue darauf, daß mein Glaube es wert ist, anderen mitgeteilt zu werden«.[49] Die Gefahr ist, daß dabei der Mensch anstelle des Wortes Gottes ins Zentrum rückt. Christian Möller sieht in solchen Betonungen sogar das Produkt »einer gegenwärtig verbreiteten Tendenz zum Narzißmus«[50] (d.h. zur Selbstverliebtheit).

Mit alledem soll keineswegs etwas gegen veranschaulichende Erzählungen und Illustrationen gesagt sein. Sie sind für die Predigt unverzichtbar. So wahr Jesus selbst gleichnishaft und in Bildern sprach, haben Beispiele und Anekdoten ihr Recht und ihren Platz in schriftgemäßer Verkündigung – vorausgesetzt, daß sie dienende Funktion haben. Sie sollen das, was der Text sagt, jeweils veranschaulichen. Sie dürfen nicht zum Thema der Predigt werden. Wir haben nicht – wie Jesus in seinen Gleichnissen – in bildhafter Erzählung neue Erkenntnisse und Offenbarungen zu bringen, sondern uns ist sein Wort anvertraut, das wir in praktisch-anschaulicher Weise auszulegen haben. Die Botschaft des Bibelwortes muß das Zentrum bleiben. Paulus sagt: »Wir verkündigen nicht uns selbst, sondern Christus als den Herrn!«

---

[47] Vgl. C. H. Spurgeon, *Die Kunst der Illustration*, Kassel 1903, S. 4+5: »Während wir so Illustrationen zum notwendigen Gebrauch empfehlen, müssen wir uns daran erinnern, daß sie ebenso wenig die Stärke einer Predigt sind, wie das Fenster die Stärke eines Hauses ist; und aus diesem Grunde, unter anderem, sollten sie nicht zu zahlreich sein. . . Illustrieren Sie ja, aber lassen Sie nicht die Predigt lauter Illustrationen sein, sonst wird sie sich nur für eine Versammlung von Einfaltspinseln eignen. . . Unser Haus sollte gebaut werden aus dem starken Mauerwerk der Lehre, auf der tiefen Grundlage der Inspiration; seine Säulen sollten aus festen Schriftbeweisen bestehen und jeder Stein der Wahrheit sorgfältig an seinen Platz gelegt werden; und dann sollten die Fenster in gehöriger Ordnung eingesetzt werden. . .«

[48] A. Denecke, *Persönlich Predigen*, Gütersloh 1979, S. 12.

[49] Ebd., S. 47.

[50] Chr. Möller, *Seelsorglich predigen*, S. 82.

(2.Kor 4,5). Wie schnell ist unser geistlicher Vorrat erschöpft, wenn wir selbst mit unseren Erlebnissen zum Thema unserer Predigten werden! Reiseprediger, die den Anekdotenstil benutzen, können ihre besten Geschichten von Ort zu Ort wiedererzählen. Wie schnell aber wäre der Gemeindepastor, der so reden wollte, mit seinen Geschichten am Ende, würde sich wiederholen und die Gemeinde geistlich nicht weiterführen können. Wer aber gelernt hat, als Verkündiger im biblischen Wort zu graben, wird aus diesem Schatz des Wortes immer neu schöpfen können.

(d) Die ›Sprungbrett-Predigt‹

Wo Prediger in ihrer Vorbereitung der gründlichen Texterarbeitung zu wenig Aufmerksamkeit widmen oder das Erarbeitete nicht recht in die Predigt überführen können, entstehen leicht sogenannte ›Sprungbrett-Predigten‹. Das Bild vom Sprungbrett ist ja bekannt. Ein Sprungbrett wird benutzt, um darauf zu federn – und dann beschwingt im freien Flug davon abzuheben. So dient manchem Prediger auch der verlesene Predigttext mehr oder weniger als ›Sprungbrett‹. Er wippt eingangs einige Male auf dem lediglich als Aufhänger gebrauchten Text, bevor er in den Bereich seiner eigenen Gedanken und geistreichen Ausführungen abhebt.

Im schlimmsten Fall, wenn der Bibeltext wirklich nur als Stichwortlieferant für den Predigteinstieg dienen durfte, wird sich der Prediger, nachdem er erst einmal von seinem Predigttext abgehoben hat, bis zum ›Amen‹ auf textfernen gedanklichen Höhen- oder Tiefflügen bewegen. Bei manchen Verkündigern dauert das ›Wippen auf dem Text‹ durchaus auch etwas länger. Und trotzdem kann der Hörer sicher sein: egal, welcher Text verlesen wurde, der Prediger wird nach einiger Zeit zu seinem Lieblingsthema kommen! Der Text mag wechseln, das Thema bleibt. Es geht dann – wenn ich dies in Form einer Anekdote einfügen darf – leicht einmal zu wie bei jenen beiden Pastorenkindern, die miteinander in eine Diskussion gerieten. Sagt der eine zum anderen: »Mein Papa kann über einen einzigen Text ganz viele Predigten halten!« Der andere zeigt sich wenig beeindruckt und trumpht seinerseits auf: »Und mein Papa hält über ganz viele Texte immer die gleiche Predigt!«

Die Themen, auf die hin in der Sprungbrett-Predigt abgehoben wird, wechseln häufig mit dem Zeitgeist. In der kirchlichen Predigt der letzten 25 Jahre läßt sich zeigen, daß man in den 60er Jahren noch gern von jedem Text in die Welt existentialer Begrifflichkeit sprang; es ging dann um Angst, Sorge, Weltverfallenheit und Entscheidung zu eigentlicher Existenz. Seit den 70er Jahren springt man gerne in psychologische Kategorien und weist – von welchem Text auch immer – Wege zur Selbstfindung und Selbstverwirklichung auf.[51]

Burkhard Affeld berichtet von einer jungen Theologin, die über den Text aus Rö 8,38-39 predigte: »Denn ich bin gewiß, daß weder Tod noch Leben . . . uns scheiden kann von der Liebe Gottes, die in Christus Jesus ist, unserem Herrn«. Er erzählt:

»Die Predigerin hielt sich nun sehr lange an den ersten drei Worten auf: ›Denn ich bin‹. Dabei führte sie auf, wie schön das sei, wenn man sagen könne: ›Ich bin‹. Sie nahm ihre Zuhörer mit in die Schöpfung und gab ihnen die Anweisung, doch einmal daran zu denken, daß sie ein Teil der Schöpfung seien. In unserer modernen Welt sei es schon sehr schwer nur zu sagen: ›Ich bin‹. Sie kam zu dem ›gewiß‹ nur insoweit, daß sich der Mensch darin gewiß sein solle, daß er Mensch und vor allen Dingen Gottes Mensch sei. Von der Gewißheit des Glaubens kam in dieser Andacht überhaupt nichts vor.«[52]

Die Konsequenz eines solchen Wegspringens vom Text ist, daß es in der neueren kirchlichen Predigtpraxis mehr um philosophisch oder humanwissenschaftlich motivierte *Lebenshilfe*, als um biblisch begründete *Glaubenshilfe* geht. Die Chance einer aus der Bibel geschöpften Glaubenshilfe, die ihrerseits zur umfassenden Lebenshilfe wird, hat man damit vertan.

Das Wegspringen vom Text ist allerdings nicht nur bei zeitgeistbewegten Predigern zu finden. Auch evangelikale Biblizi-

---

[51] Chr. Möller, *Seelsorglich Predigen*, S. 29, kommentiert: »Bei dieser Entwicklung . . . fällt auf, wie der biblische Text immer mehr in den Hintergrund tritt und immer weniger ein Widerstand für den Prediger ist, oft nur noch Gedankenanreger für ›Assoziationen‹ oder Spielmaterial für ›kreative Selbsterfahrung‹ wird.«

[52] B. Affeld, »Psychoboom und leere Kirchen«, *Protokoll der LXVIII. Tagung der Arbeitsgemeinschaft für Gegenwartsfragen des Johanniter-Ordens in Norddeutschland*, Ratzeburg 1986, S. 14.

sten und Pietisten haben ihre Sprungbrett-Tendenz. Vielleicht sind es weniger die Themen des Zeitgeistes, auf die sie zielen. Dafür aber locken umso mehr biblische Spezialthemen, die von jedweder Textbasis aus immer wieder angepeilt werden.

Manche beherrschen sogar die hohe Kunst, ›Sprungbrett-Predigten‹ in Form einer Homilie (d. h. einer Predigt, die Vers für Vers durch den Text geht) zu halten. Auf den ersten Blick sind diese gar nicht leicht als ›Sprungbrett-Predigten‹ zu erkennen. Vielmehr scheinen sie dem oberflächlichen Beobachter sehr biblisch zu sein. Der Prediger behandelt den Text ja Vers für Vers! Und erst bei genauem Hinsehen zeigt sich, daß das, was dasteht, gar nicht wirklich im Zusammenhang erklärt und in seiner fortschreitenden Gedankenentfaltung ausgelegt wird. Vielmehr liefert jeder einzelne Vers lediglich ein ›Stichwort‹, von dem aus der Prediger dann in seine (im Grunde textunabhängigen) Ausführungen abhebt. Hat er schließlich einen Gedankengang abgeschlossen, ›landet‹ er auf dem nächsten Vers, berührt diesen kurz und nimmt ihn zum Aufhänger für weitere, vielleicht sogar erbauliche Gedanken, die manches bieten mögen, nur eben nicht eine konkrete Auslegung und Anwendung dessen, was dasteht. Wer so predigt, könnte im Grunde auch auf den Bibeltext verzichten. Die gedankliche Füllung seiner Ausführungen nimmt er ohnehin von anderswo her – vielleicht sogar aus der Bibel!

Als Karikatur dieser so beliebten ›Sprungbrett‹-Methode sei im folgenden in der Hoffnung auf das Verständnis des Lesers für Humor eine Predigt über »Hänschen klein« geboten. Dabei gehe ich – bewußt überzeichnend – mit dem »Hänschen-Klein«-Text so um, wie mancher ›Sprungbrett-Prediger‹ mit seinem Bibeltext. Nun also zur »Hänschen-Klein«-Predigt:

Liebe Gemeinde!

Den Text für unsere heutige Predigt finden wir in unserem Volksliederbuch:

»Hänschen klein ging allein in die weite Welt hinein. Stock und Hut steh'n ihm gut, ist gar wohlgemut. Aber Mutter weinet sehr, hat ja nun kein Hänschen mehr: Da besinnt sich das Kind, läuft nach Haus geschwind.«

Soweit unser Text!

Wie wir sehen, geht es hier um einen Menschen wie Du und ich. Es geht um »Hänschen«. Wir wissen alle, daß das Wort »Hänschen« von

»Hans« kommt, und »Hans« kommt von »Johannes«. Und wenn wir jetzt noch etwas weiter graben, merken wir, daß »Johannes« vom hebräischen Grundtext her »Jochanan« heißt – und das bedeutet: »Gott ist gnädig«! Dies eine steht also von Anfang an über dem Leben unseres »Hänschen«: Gott ist gnädig. Und genau so steht die Verheißung über dem Leben eines jeden Menschen, der auf diese Welt kommt, und damit auch über uns: Gott ist gnädig!

Dieses Hänschen ist noch »klein«. Vielleicht weiß er noch gar nichts von der Gnade, die über seinem Leben waltet. Aber er hat diese Gnade bereits nötig. Denn wir wissen: So klein ein Mensch auch sein mag, so gewiß ist doch auch er schon ein sündiges Wesen. Und das wird in unserem Text auch unübersehbar klar. Hier heißt es: Er »ging allein«. Und genau das ist das Problem. Hänschen geht seinen Lebensweg »allein«, ohne Gott – meint, sein Leben noch selbst in die Hände nehmen und gestalten zu können. Und solch ein eigener Weg hat immer nur ein Ziel: »In die weite Welt hinein«! Der Weg »allein«, ohne Gott, führt schnurstracks »in die Welt«.

Das Leben in der »Welt« ist das traurige Gegenstück zu einem Leben mit Gott. Und was prägt dieses weltliche Leben? Unser Text nennt uns zwei Merkmale. 1) Da ist zunächst einmal die Eitelkeit, die das Leben in der Welt prägt. »Stock und Hut steh'n ihm gut . . .«, so steht es hier. Diese äußeren Dinge wie »Stock« und »Hut« treten plötzlich in den Vordergrund, ganz so, als ob solche Eitelkeiten ins Zentrum unseres Lebens gehörten. 2) Und zweitens ist das Leben in der Welt gekennzeichnet durch vergängliche Freude: ». . . ist gar wohlgemut«, so lesen wir. Wir müssen ja nicht glauben, den Menschen in der Welt ginge es immer schlecht! Ganz im Gegenteil. Wir wissen doch schon aus den Psalmen, daß es dem Gottlosen oft sehr gut geht. Er genießt die Welt und ist »gar wohlgemut«. Daß diese Freude vergänglich ist, steht auf einem anderen Blatt.

Und nun kommt die große Wende. »Aber«, so heißt es: »Aber Mutter . . .«! Was haben doch gläubige Mütter nicht schon alles für ihre verlorenen Söhne getan, die draußen in der »Welt« waren! So ist es auch bei der »Mutter« hier. Da ist von Tränen die Rede: Mutter »weinet sehr«. Und der Grund ist jener tief empfundene Verlust, den jeder Gläubige spürt, wenn liebe Menschen eine ganz andere, weltliche Lebensrichtung einschlagen: »hat ja nun kein Hänschen mehr«. Aber das Wunder geschieht. Das Kind kommt zur Umkehr: »Da besinnt sich das Kind«. Es kommt zu einer Wende um 180 Grad, zu einem radikalen Umdenken, einer Neubesinnung! Ging bisher der Weg immer tiefer in »die Welt hinein«, so wird jetzt genau die entgegengesetzte Richtung eingeschlagen. Das Hänschen besinnt sich auf das Vaterhaus. Es »läuft nach Haus geschwind«.

Liebe Gemeinde, wenn heute jemand hier ist, der noch nicht daheim ist beim himmlischen Vater, den möchte ich doch dringend bitten: Komm zurück »nach Haus«. Schiebe die Entscheidung nicht auf! Ich möchte Sie einladen: Machen Sie es wie Hänschen, kommen Sie noch heute – »geschwind«! Amen.

Eine Bekehrungspredigt auf der Basis von »Hänschen-Klein« – das war gewiß eine arge Karikatur. Und doch gehen Sonntag für Sonntag Menschen so mit der Bibel um. Da wird über alle möglichen – durchaus auch frommen – Dinge gepredigt, die der Verkündiger in seinen Gedanken hat. Das Problem ist nur: Was er sagt, geht nicht aus dem Text – im Zusammenhang ausgelegt – hervor; es ist an den Text herangetragen.

Bei der ›Sprungbrett-Predigt‹ liefert der Text nur die Stichworte, die wie leere Gefäße behandelt und mit beliebigem Inhalt gefüllt werden. Ihre Bedeutung im Zusammenhang bleibt unberücksichtigt.

Wer so predigt, gibt dem Wort Gottes nicht seine Ehre. Er nimmt die eigenen (mitgebrachten) Gedanken und Erkenntnisse wichtiger als das konkret vorliegende Gotteswort. Der Bibeltext darf nicht sagen, was er sagen will. Denn der Prediger weiß bereits vorher, was er zu sagen gedenkt bzw. es fällt ihm während der Predigt ein. Dem biblischen Anspruch: »Predige das Wort!« – und das heißt, homiletisch gesprochen: das vorliegende Bibelwort, den konkreten Predigttext! – wird so nicht mehr genügt. Es muß meiner Ansicht nach in aller Klarheit gesagt werden: Der schriftgemäße Charakter einer Predigt entscheidet sich an der einfachen Frage, ob der Prediger seinen Gedankengang von der Schrift bestimmen läßt, oder ob er die Schrift nur braucht, um seine eigenen Gedankengänge zu unterstützen. Ob eine Predigt ›schriftgemäß‹ ist, ist mithin eine andere Frage als die, ob ihr Inhalt allgemein biblisch, ›evangelikal‹ und rechtgläubig ist.

Der Auslegungspredigt geht es demgegenüber um die konkrete Umsetzung der biblischen Weisung, »das Wort« zu predigen (2.Tim 4,2). Uns ist von Gott her aufgetragen, das biblische Wort zu entfalten. Dieses Wort ist wichtiger – und wirkungsvoller! – als eigene Gedanken. Dieses »Wort« ist nicht zu reduzieren auf eine Kernbotschaft der Bibel, so, als wäre nur die unser Heil betreffende ›Mitte der Schrift‹, das Evangelium (im engeren Sinne), Gottes Wort, das es auszulegen und zu proklamieren gälte. Die »ganze Schrift« (2.Tim 3,16) ist das auszulegende und zu verkündigende Wort Gottes! Wo das nicht gesehen wird, geschieht leicht zweierlei: 1) Nicht mehr die ganze Bibel, sondern nur ihre auf das Heil bezogenen Kernpassagen werden zur Verkündigungsbasis, die dem Prediger seine Botschaft liefern; und hat er 2) diese Botschaft erst gefunden, kann er sie textunabhängig, also nicht unbedingt mehr anhand konkreter Bibelauslegung, sondern im Zusammenhang eines Themas oder auf der Grundlage eines Katechismus- oder Liedtextes, als lebendiges »Wort Gottes« verkündigen.[53] So werden vielleicht noch biblische Wahrheiten verkündet, letztlich aber weniger als »das Wort« im Sinn der »ganzen Schrift« gepredigt. Die Gefahr ist dann groß, daß biblische und eigene Gedanken Seite an Seite zu stehen kommen. Und dem Hörer ist nicht mehr deutlich, kraft welcher Autorität jeweils gesprochen wird, denn die biblische Basis, aus der jeder Gedanke abgeleitet sein müßte, entschwindet ihm aus dem Blickfeld.

Demgegenüber bindet sich die Auslegungspredigt an das Wort der Heiligen Schrift. Sie erschließt den Gedankengang des biblischen Autors, macht dessen Thema (Skopus) zur zentralen Botschaft der Predigt und zeigt, wie sich das Thema des Textes in seinen Einzelaussagen entfaltet. Sie bindet sich in der Auslegung an die vom biblischen Autor beabsichtigte Bedeutung der einzelnen Worte, wie sie sich aus dem Zusammenhang ergibt, und ver-

---

[53] Vgl. dazu G. Hennig, »Predigen mit äußerster Hingabe: Wort und Wirklichkeit in der Predigt«, *ThBeitr*, 18(1987), S. 194f. Nach ihm ist es »nicht reduzierende, sondern konzentrierende Betrachtung der Bibel: ihre ›Mitte‹ in den Worten und Textsorten zu entdecken, die einen promissionalen Sprachkern haben« (194). In diesen »zentralen« Stellen findet er die *viva vox evangelii* (= die lebendige Stimme des Evangeliums). Die Verkündigung des Evangeliums ist für ihn nun einerseits »mehr als Auslegung: mehr als Textauslegung« (194) – wobei unter ›Auslegung‹ offenbar menschliche Erklärungsbemühungen gemeint sind. Vielmehr ist sie »lebendig Wort‹, in das sich Gott selbst durch die Worte des Predigers begibt« (195). Andererseits ist diese von Hennig vertretene Predigtart möglicherweise aber auch weniger als biblische Textauslegung. Sie gibt sich mit anderen Grundlagen zufrieden, solange auf ihrer Basis lebendig Evangelium gepredigt werden kann: »Jede Predigt, auch eine, die – wie etwa eine ›Themen‹ –, eine Lied- oder eine Katechismuspredigt – zunächst nicht von einem bestimmten Bibeltext ausgeht, hat sich an dieser ›Mitte der Schrift‹ auszurichten« (195).

sucht die Textaussage so zu erklären, zu veranschaulichen und anzuwenden, daß der Hörer dem Text und seiner aktuellen Botschaft begegnet.

Martyn Lloyd-Jones hat einmal versucht, zu veranschaulichen, worum es bei der Predigt als Textauslegung geht. Auslegungspredigten (›Expository Sermons‹), so schreibt er zugespitzt im Vorwort des 1. Bandes seiner Römerbriefauslegung, sind

»nicht Vorlesungen oder ein durchgehender Kommentar zu Versen oder Abschnitten. Sie sind Schriftauslegung, die die Form der Predigt annimmt . . . (Es ist dabei) wesentlich für uns zu verstehen, daß ein Brief wie dieser nur eine Zusammenfassung dessen ist, was der Apostel Paulus verkündigte. Er macht das selbst in Kap. 1,11-15 deutlich. Er schrieb den Brief, weil er nicht in der Lage war, sie in Rom aufzusuchen. Wäre er bei ihnen gewesen, hätte er ihnen nicht nur das gegeben, was er im Brief sagt, denn dieser ist eine Art Zusammenschau. Er würde vielmehr eine endlose Reihe von Predigten gehalten haben, wie er es täglich in der Schule des Tyrannus tat (Apg 19,9) . . . Die Aufgabe des Predigers und Lehrers ist es nun, zu erschließen und zu entfalten, was der Apostel hier in Zusammenfassung darbietet. Und nicht nur das. Wir müssen immer daran denken, daß die Wahrheit Gottes zwar zunächst auf unser Verstehen zielt, aber ebenso die ganze Person erfassen und beeinflussen will. Wahrheit muß immer angewendet werden . . .«[54]

Nach diesem Verständnis ist Auslegungspredigt eine lebendige Entfaltung eben dessen, was uns in der Schrift als ›geistliches Konzentrat‹ gegeben ist. Dabei bindet sich die Predigt an das geoffenbarte Wort. Sie läßt sich in ihrem Inhalt und in der Regel bis hinein in ihren Aufbau vom Bibelwort selbst bestimmen. Sie möchte erklärend und aktuell anwendend eben das sagen, was Gottes Wort sagt.[55]

---

[54] M. Lloyd-Jones, *Romans*, Bd. I, Edinburgh 1970, S. XII (Übersetzung des Zitats: HSt).

[55] Ein ähnliches Predigtverständnis, wie es hier entfaltet wurde, findet sich bei H. W. Robinson, *Biblical Preaching: The Development and Delivery of Expository Messages*, 3. Aufl., Grand Rapids 1981 (1. Aufl. 1980), S. 230, das ich für eines der praktischsten Homiletikbücher überhaupt halte.

Vielleicht sollte auf einen Gedanken noch hingewiesen werden. Der Protestantismus trat in der Reformation als eine Bewegung an, die das Schriftprinzip und das Allgemeine Priestertum aller Gläubigen auf ihre Fahnen geschrieben hatte. Eine Predigtweise, die sich nicht konsequent an das Wort der Bibel bindet, verrät beide Prinzipien: Sie errichtet neue Autoritäten neben dem Bibelwort und sie erzieht den Hörer zu der Gutgläubigkeit, daß der Mann im Talar, der dort auf der Kanzel seine geistreichen (politischen, ideologischen oder auch frommen) Erkenntnisse formuliert und autoritativ verkündet, schon seine Gründe haben wird für das, was er predigt. Demgegenüber lebt die Auslegungspredigt im evangelischen Prinzip. Sie entfaltet die Aussage der Bibel und sie verweist in ihrer nachvollziehbaren Schriftauslegung den Hörer auf die Autorität der Heiligen Schrift, so daß er selbst das Wort Gottes in die Hand nehmen und verfolgen kann, »ob es sich also verhielte« (Apg 17,11).

1.3.2 Die Predigt als Produkt genauer Textauslegung

Predigt wird als vollmächtige Entfaltung einer biblischen Aussage nie gelingen können, wenn sie nicht auf genauer Textauslegung fußt. Wird in der Predigtvorbereitung die gründliche Texterarbeitung (Exegese) vernachlässigt, muß man sich nicht wundern, wenn das Ergebnis den Maßstäben schriftgemäßer Auslegungspredigt nicht genügt.

Auslegungspredigt, so sagten wir, ist »die . . . Entfaltung einer biblischen Aussage, *die in Beugung unter das Wort durch eine genaue Auslegung des Textes erarbeitet wurde* . . .«

Gründliche Auslegungsarbeit, die für die Predigt Frucht tragen soll, muß »in Beugung unter das Wort« geschehen. Unser Umgang mit dem biblischen Wort muß dem Wesen dieses Wortes Rechnung tragen. Die Bibel ist das inspirierte und autoritative Offenbarungswort Gottes an uns. Von berufenen Menschen in konkreten geschichtlichen Situationen in deren natürlicher Sprache abgefaßt, ist sie doch ganz Gottes wahres, zuverlässiges, eine heilsgeschichtliche Einheit darstellendes Wort und als solches einzigartig.[56]

Wer in einer Haltung kritischer Distanz zum Wort der Bibel steht, wer seine begrenzte Vernunft zum kritischen Maßstab für die Bibel macht und zu sortieren beginnt, was er darin noch als verbindlich und was als unverbindlich ansehen will, beraubt sich des Wortes, das er verkündigen soll. Er hat die Autorität des Wortes Gottes preisgegeben. Er wird verunsichert und verliert die Predigtfreude. Vielleicht sieht er sich auch einfach nach neuen Predigtinhalten um, die nicht in der Schrift wurzeln. Möglicherweise zeigt er auch ›Stärke‹ und entschließt sich, ›gegen den Text‹ zu predigen bzw. den Text ›gegen den Strich zu bürsten‹, wie das heute oft geschieht. Oder er vernachlässigt, um überhaupt noch predigen zu können, den exegetischen Umgang mit der Bibel, der ihn (angesichts seiner kritischen Prämissen) dem Bibelwort entfremdet.

Selbst bei einem als nur ›gemäßigt-kritisch‹ zu bezeichnenden Theologen wie Landesbischof Horst Hirschler kann es aufgrund des bibelkritischen Ansatzes dazu kommen, daß Schriftmitte oder Erfahrung sachkritisch gegen die Heilige Schrift gewandt werden. Für ihn »gibt es manche Texte der Bibel, gegen die der Prediger von der Mitte der Schrift her predigen müßte (Psalm 137,6, 2. Könige 2,23-25).«[57] Und zum andern ist für ihn eine ›wichtige Frage‹: »was tut der Prediger, wenn ihm aus einem Text Neuen oder Alten Testaments eine Gotteserfahrung entgegenspringt, für die er nach bestem Wissen und Gewissen kein Verständnis haben will? Was tue ich, wenn meine Lebens- und Glaubenserfahrungen der im Text erkennbar werdenden Glaubenserfahrung widerstreiten? Antwort: Dann müssen der Prediger und die Predigerin sich in den Streit begeben. In den Streit mit sich selbst und in den Streit mit dem Text. Man wird zusehen müssen, wer obsiegt.«[58] Man bedenke: Solche Aussagen stehen in einem Buch, das gerade neu dazu Mut machen will, ›biblisch‹ zu predigen!

Wo der Umgang mit der Bibel nicht in demütiger Beugung unter das Wort geschieht, kommt es leicht zu jener Schizophre-

---

[56] Vgl. H. Stadelmann, *Grundlinien eines bibeltreuen Schriftverständnisses*, Wuppertal 1985, S. 68f.

[57] H. Hirschler, *Biblisch predigen*, 2. Aufl., Hannover 1988, S. 41

[58] H. Hirschler, aaO., S. 199.

nie, die Walter Lüthi einmal in Erinnerung an seine eigene liberale Studienzeit so beschreibt:

»Wir Studenten wurden damals von unseren Lehrern mit den geschliffenen Instrumenten ›strenger Wissenschaftlichkeit‹ blutig rasiert. Man redete noch nicht von ›Entmythologisierung‹, betrieb diese faktisch aber mit so viel Munterkeit und Eifer, daß einem normalen Studenten der Theologie schon damals vor dem Übertritt ins praktische Predigtamt graute. Ein älterer Amtsbruder konnte damals den Anfänger mit den Worten trösten, Theologie studieren heiße: Zuerst bis auf die Haut ausgezogen werden, um dann am Sonntag zwischen 9 und 10 Uhr vor der Gemeinde zu rühmen, wie warm man es habe.«[59]

Nun gibt es allerdings auch Prediger, die ein überzeugtes Lippenbekenntnis zur Autorität der Bibel ablegen, in der Vorbereitung auf die Predigt aber der Heiligen Schrift nicht die Ehre antun, sich gründlich mit ihr zu beschäftigen. Vielleicht wird die Bequemlichkeit im Umgang mit der Bibel dann auch noch dadurch geistlich kaschiert, daß man die mangelnde Vorbereitung mit dem Hinweis begründet, man vertraue ganz auf die Leitung des Heiligen Geistes bei der Verkündigung des Wortes Gottes. Die weiten Ärmel so mancher Predigertalare könnten dann leicht zum Berufssymbol eines Predigerstandes werden, der sich durch allzu viele aus dem Ärmel geschüttelte Stegreifpredigten auszeichnet.

Es gibt noch ein weiteres Problem. Nicht immer ist es Nachlässigkeit in der exegetischen Predigtvorbereitung, die zu mangelnder auslegerischer Fundierung von Predigten führt. Es gibt Prediger, die sich durchaus exegetisch mit ihrem Predigttext beschäftigen, es aber es nicht vermögen, die Ergebnisse ihrer Exegese in die Predigt zu überführen. Teils mag dies mit der Art ihrer Ausbildung zusammenhängen. In manchen theologischen Ausbildungsstätten wird dem Studenten der Brückenschlag zwischen Exegese und Predigt zu wenig klar aufgezeigt. Er studiert mit Eifer das Alte und Neue Testament, lernt vielleicht sogar Hebräisch und Griechisch, hört viel über Geschichte, übt sich im

---

[59] W. Lüthi, *Das Lukasevangelium – ausgelegt für die Gemeinde*, Basel o. J., S. 5f.

Umgang mit theologischen Wörterbüchern und Kommentaren, kennt dogmatische Lehrzusammenhänge samt ihrer theologiegeschichtlichen Entwicklung, ist schließlich in der Lage, eine geschliffene Examensexegese zu schreiben – aber bei all diesem Mühen ist ihm selten gezeigt worden, wie das alles nun fruchtbar werden soll für die Predigt. Gewiß, da gab es noch den Homiletikkurs: dort hörte man, daß nach der Exegese eine ›Predigtmeditation‹ anzufertigen sei – was immer man darunter auch zu verstehen habe! – und daß aus dieser die Predigt hervorwachse. Man hat vielleicht auch einmal eine Übungspredigt angefertigt. Aber angesichts der unglücklichen Trennung der exegetischen Fächer von der Predigtlehre blieb in der theologischen Ausbildung eine Kluft zwischen Exegese und Predigt. Und beim samstäglichen Sprung über diesen garstigen Graben fällt in der Vorbereitung auf die Sonntagspredigt nun regelmäßig viel biblischer Inhalt in den Abgrund zwischen Exegese und Predigt. Und so entstehen – trotz bester Absichten – ›Sprungbrett-Predigten‹ und andere magere Predigtkarikaturen.

Es wird ein Anliegen dieses Buches sein, auch für den Leser, der die biblischen Grundsprachen Hebräisch und Griechisch nicht beherrscht, Einzelschritte für genaue Textauslegung aufzuzeigen und Punkt für Punkt deutlich zu machen, wie die Ergebnisse der Textauslegung für die Predigt fruchtbar gemacht werden können.

Die Exegese muß zum genauen Verstehen eines Textes führen. Sie hat das Ziel, die ursprüngliche, vom biblischen Autor beabsichtigte Textbedeutung genau zu erschließen. Dazu ist es wichtig, die Bedeutung der einzelnen Worte in ihrem sprachlichen Zusammenhang, die logische Struktur der Sätze und den daraus resultierenden Skopus (= das Thema oder die alles zusammenfassende Zielaussage) eines Bibeltextes herauszuarbeiten. Daraus ergeben sich dann Skopus und Aufbau der Predigt sowie die lebendige Auslegung und Anwendung der einzelnen Textaussagen.[60] Auslegungspredigt ist ohne die Vorarbeit ge

---

[60] Nähere Ausführungen zu Aufgabe und Ziel biblischer Exegese finden sich in H. Stadelmann, *Grundlinien eines bibeltreuen Schriftverständnisses*, S. 97-104.

nauer Textauslegung und die sorgfältige Überführung dieser exegetischen Ergebnisse in die Form der Predigt nicht denkbar.

Der Predigttypus, auf den wir mit diesem Vorverständnis zugehen, liegt jenseits dessen, was die gängige Predigttheorie als
›Homilie‹ (= fortlaufende Vers-für-Vers-Auslegung) und ›Themapredigt‹ (= Behandlung biblischer Texte in Korrespondenz zu
einem vorgefaßten Thema) bezeichnet. Der hier vertretene Predigttypus verbindet die Anliegen von Homilie und Themapredigt in der Weise, daß das Thema strikt von der Gesamtaussage
des Textes her gewonnen und in fortlaufender Auslegung des
Textes entfaltet wird. Es geht um eine Textpredigt mit klarem
Thema, die sich in Skopus und Entfaltung streng am Bibeltext
orientiert.[61]

1.3.3 Die Predigt als Herausforderung an Prediger und Gemeinde

Auslegungspredigt ist die Entfaltung einer biblischen Aussage.
Sie ist jedoch nicht einfach ein fortlaufender exegetischer Kommentar oder ein trockener theologischer Vortrag. Deshalb hatten wir definiert, Auslegungspredigt sei »*die autoritative und motivierende Entfaltung* einer biblischen Aussage, die ... *durch den
Heiligen Geist auf den Prediger sowie durch ihn auf seine Hörer angewandt wird*«.

(a) Die Autorität der Predigt

Das Wort der Predigt beansprucht Autorität. Predigt – recht verstanden (und recht gehalten!) – ist nicht einfach ein Sonntag für
Sonntag wiederkehrendes Ereignis, bei dem ein Mensch seine
Mitmenschen über seine persönlichen und religiösen Einsichten
informiert. Predigt als Proklamation des Wortes Gottes hat eine
ganz andere geistliche bzw. theologische Dimension. Der Prediger ist ein Haushalter, dem die Verwaltung der in der Heiligen
Schrift vorgegebenen Offenbarung Gottes anvertraut ist. Er weiß
um den Auftrag: »Wenn jemand redet, daß er's rede als Gottes
Wort!« (1.Ptr 4,10f; vgl. Apg 6,2.7; 13,46; Hebr 13,7). Sein Leit-

---

[61] Ein modifiziertes Verständnis von ›Themapredigt‹ wird zusätzlich in Abschnitt 3. 5. 4 vorgestellt.

wort muß sein: »Predige das Wort!« Sein Anliegen ist es, die Gemeinde in das Wort Gottes hineinzuführen; seine Freude ist es, wenn die Hörer ihre Bibeln mitbringen und aufmerksam verfolgen, wie ihnen erkenntnis- und lebensmäßig der Text erschlossen wird.

Insofern die Predigt dem biblischen Wort entspricht, ist sie Gottes eigenes Wort an die Gemeinde. Der Schweizer Reformator Heinrich Bullinger hat das im Zweiten Helvetischen Bekenntnis auf die präzise Formel gebracht: »*praedicatio verbi divini est verbum divinum*«, d. h.: »Die Predigt des göttlichen Wortes ist Gottes Wort«.[62] Die Predigt ist das allerdings nicht automatisch aus sich heraus. Sie besitzt nicht schon an sich Wort-Gottes-Qualität.[63] Das verkündigte Wort hat seine Norm an der Bibel. Nur soweit es schrift- und damit christusgemäß ist, kann es Gottes autoritatives Wort an die Gemeinde sein.

Aus diesen Ausführungen wird bereits deutlich, daß nach unserem Verständnis a) die Bibel Gottes Wort ist und b) die Predigt zum verkündigten Wort Gottes wird, insoweit sie mit dem geoffenbarten Wort der Heiligen Schrift übereinstimmt. Welche Rolle für beides der Heilige Geist spielt, werden wir gleich noch bedenken müssen. Mit diesem Ansatz stehen wir der modernen Auffassung distanziert gegenüber, die

---

[62] Diese reformatorische Einsicht in das Wesen der Predigt war im neueren Protestantismus lange verschüttet. Die einen verstanden Predigt noch als Ausdruck des gemeinsamen religiösen Besitzes der Gemeinde durch den sie repräsentierenden Prediger (Schleiermacher); die anderen – sie gingen mehr von der geistlichen Armut der Gemeinde aus – als Gelegenheit, die Gemeinde religiös zu belehren. Erst die Wort-Gottes-Theologie im Umfeld Karl Barths hat neu entdeckt, daß es in der Predigt vor allem darum geht, daß Gott redet und Gemeinschaft mit sich schenkt – und daß es nicht genügt, daß in der Predigt menschliche Gedanken ›über Gott‹ gesagt werden. Vgl. K. Fezer, *Das Wort Gottes und die Predigt*, Stuttgart 1925, bes. S. 75-104.

[63] Keinesfalls wird man die Lehre von den drei Gestalten des Wortes Gottes dahingehend mißverstehen dürfen, daß die Predigt immer auch schon das lebendige bzw. verkündigte Wort Gottes wäre. Die drei Gestalten des Wortes Gottes sind streng als zusammengehörig und aufeinander bezogen zu betrachten: 1.) Christus als das geschehene Wort; 2.) die Bibel als das geschriebene Wort; und 3.) die Predigt als das je aktual verkündigte Wort. Das ›verkündigte Wort‹ darf in keiner Weise die Bezogenheit auf das ›geschriebene Wort‹ verlieren, in dem allein wiederum normativ das ›geschehene Wort‹ bezeugt wird.

von einem sogenannt ›dynamischen‹ Schriftverständnis ausgeht und meint, ›Wort Gottes‹ könne nur in der lebendigen Anrede Gottes an mich gegeben sein, nicht im vermeintlich toten Buchstaben der Heiligen Schrift. Vgl. dazu die Fragen und Antworten von Horst Hirschler[64]: »Wie wird der biblische Text für uns Wort Gottes? ... Zunächst nur so viel: Wort Gottes meint immer das mich ansprechende, mich treffende, meine Existenz bestimmende Wort Gottes. Die schriftlich vorliegenden Texte, die ich mit verobjektivierenden wissenschaftlichen Mitteln analysieren kann, sind nicht Wort Gottes. ... Wie wird so ein Text Wort Gottes? Er wird es nur im Kontext gegenwärtiger Gotteserfahrung.«

Die Autorität der Predigt gründet im biblischen Gotteswort, nicht in der persönlichen Autorität des Predigers. Der Mensch ist nur Werkzeug, durch das Gottes eigenes Wort zur Sprache kommen will.[65] Dem Verkündiger ist ein göttliches Wort anvertraut, das er unverkürzt weiterzusagen hat. Wird dieses Wort verfälscht, fällt damit die Autorität der Verkündigung. Es ist dann der redende Mensch auf dem Plan – Gott aber schweigt. Hans-Joachim Iwand hat diese tiefste Predigtnot empfunden und in die Worte gefaßt:

»Es könnte sein, daß Gott schweigt und unser Reden und Beten ins Leere geht, es könnte sein, daß ihm unser Auslegen und Reden nicht gefällt, weil er *Sein* Wort, das Wort, dessen Subjekt *Er* ist, nicht wiederfindet in dem, was wir sagen, weil unter unseren Händen Sein Wort aufgehört hat, Sein Wort zu sein. Das ist die tiefste Not und eigentliche Sorge, die uns bewegt.«[66]

Dieses Gotteswort will nun nicht erst für die Gemeinde, sondern schon für den Prediger Autorität sein. Er selbst ist gefordert, sich der biblischen Autorität zu stellen. Seine Bitte zu Gott muß es sein, daß der Heilige Geist durch diesen Text zunächst in sein eigenes Leben hineinsprechen möge. Der Prediger, der das bibli-

---

[64] H. Hirschler, *biblisch predigen*, S. 36f.
[65] Vgl. Th. Sorg, »Von Wesen und Auftrag christlicher Verkündigung«, *ThBeitr*, 10(1979), S. 222: »(Die) Predigt soll nicht menschliches Können darstellen, sie darf auch nicht die Person des Predigers in den Mittelpunkt rücken. Gott selbst will durch das Wort des Verkündigers Menschen treffen und bewegen.«
[66] H. J. Iwand, *Predigt-Meditationen*, Göttingen 1963, S. 196.

sche Wort nicht zu allererst auf sich anwendet, verleugnet vielleicht nicht theoretisch, dafür aber praktisch die Autorität der Schrift. Die Gemeinde wird das früher oder später spüren. Sie wird sich von einer Predigt, unter die sich der Prediger nicht auch selbst stellt, ›abgekanzelt‹ fühlen und sie ihm nicht abnehmen. Nur wer das Wort auf sich persönlich angewendet hat, kann es in der richtigen Haltung auf andere anwenden. Es muß immer klar bleiben, daß nicht der Prediger über der Gemeinde steht, sondern daß beide – Prediger wie Gemeinde – unter dem Wort stehen. Predigtautorität erwächst nicht aus menschlicher Größe, sondern aus der Beugung unter das göttliche Wort. Ein Text, an dem der Prediger nicht zuerst ›gestorben‹ ist, wird kaum die Gemeinde zum Leben erwecken. Gottes Wort ist die verbindliche Autorität für Redner und Hörer.

Wird in dieser Haltung die Bibel ausgelegt, darf der Prediger aber auch wissen, daß er als »Botschafter an Christi statt« (2.Kor 5,20) auf der Kanzel steht. Das muß zwar kein besonderes *Selbst*bewußtsein bewirken, aber es sollte für den Mann auf der Kanzel ein ganz starkes *Gottes*bewußtsein mit sich bringen. Als von Gott Berufener und mit seinem Wort Betrauter hat er die entscheidende Botschaft auszurichten. Was er zu sagen hat, wird nicht durch sein eigenes Wissen oder seine eigene Persönlichkeitsautorität autorisiert, sondern durch Gottes Offenbarung. Dieses Wissen um die Autorität der Gabe des Wortes Gottes müßte das Ende aller schüchternen, sich versteckenden, nicht überzeugten und daher nicht überzeugenden Verkündigung sein – und der Anfang einer sendungsgewissen Predigtautorität, die aus der ehrfürchtigen Beugung lebt.

(b) Der motivierende Charakter der Predigt
Zugleich enthält schriftgemäße Verkündigung auch immer Motivation. Die biblische Botschaft hat lebensverändernden Machtcharakter. Gottes Wort ist nicht absichtslos von Gott gegeben. Vielmehr möchte das Evangelium Menschen verändern: ihre Einsichten, ihre Wertmaßstäbe, ihr Verhalten, ihr Leben. Die Predigt der Apostel hat bei den Hörern Veränderung oder aber Verhärtung hervorgerufen; sie ließ die Menschen nicht unbeteiligt (z. B. Apg 13,45-48). Und das konnte auch gar nicht anders

sein; denn das Wort, das sie zu verkündigen hatten, enthielt Herausforderung und Angebot. Es will, daß der Mensch sich auf Gottes Willen einstellt, will ihn auf Gott hin gestalten. Das verkündigte Evangelium ist lebensverändernde Rettungsmacht für jeden, der glaubt (Rö 1,16; 1.Kor 15,2). Menschen werden wiedergeboren nach Gottes Willen »durch das Wort der Wahrheit« (Jak 1,18; 1.Ptr 1,23). Und dieses Wort ist »lebendig und wirksam und schärfer als jedes zweischneidige Schwert und durchdringend bis zur Scheidung von Seele und Geist . . . und ein Richter der Gedanken und Gesinnungen des Herzens« (Hebr 4,12).

Die homiletische Konsequenz aus diesem lebensverändernden Machtcharakter des Wortes Gottes muß eine Verkündigung sein, die nicht nur informieren, sondern motivieren und – wo es Gott gefällt – transformieren will. Wo es zu keiner Stellungnahme im Herzen des Hörers kommt, hat die Predigt ihr Ziel (noch) nicht erreicht. Dessen muß sich der Prediger bewußt sein. Und er darf sich entsprechend nicht mit absichtsloser Verkündigung zufrieden geben. Bevor er auf die Kanzel steigt, müßte er sich Rechenschaft darüber gegeben haben, was dieses Wort, das ihm konkret zur Verkündigung anvertraut ist, sagen und bewirken will. Und diese Botschaft mit ihrer Wirkungsabsicht, die uns im Skopus des Textes angezeigt ist, müßte er sich zu eigen gemacht haben und entsprechend zielbewußt verkündigen. Landesbischof Theo Sorg hat recht, wenn er feststellt: »Es gibt in der Kirche Jesu Christi keine ›absichtslose‹ Verkündigung . . .«[67] Rechte Predigt zielt auf die Stellungnahme des Hörers zu der von Gott geoffenbarten Botschaft; sie zielt auf die konkrete Veränderung seines Lebens: seines Herzens, seines Denkens, seines Tuns.

Nun liegt letzteres aber gerade nicht in der Macht des Predigers. Er selbst kann diese Veränderung nicht zustande bringen. Und auch im Machbarkeitsbereich des Hörers liegt diese Veränderung nicht.

---

[67] Th. Sorg, *ThBeitr*, 10(1979), S. 224. Vgl. die Feststellung von Emil Brunner: »Der rechte Prediger sucht das denkende Herz des Hörers in den Engpaß zu treiben, wo es nur noch zwei Möglichkeiten gibt: das leere, verzweifelt-trotzige Neinsagen der an die Wand gedrückten Vernunft oder das Eingehen durch die enge Pforte des Glaubens.« Zitiert nach W. Lohff, »Emil Brunner«, in: *Theologen unserer Zeit*, Hg. L. Reinisch, München 1960, S. 42.

Diese Problematik läßt sich auf der menschlichen Ebene von den Erkenntnissen der Kommunikationswissenschaft her illustrieren. Verschiedene Untersuchungen haben die allgemeine Erfahrung erhärtet, daß der Mensch sich in seinen Ansichten und Gewohnheiten nicht gern ändern läßt. Aus dem, was er hört, sucht er sich das heraus, was seine eigene Auffassung bestätigt; d.ʿh., er hört selektiv. Und was geschieht, wenn der Mensch etwas hört, was seinen gewohnten Ansichten entgegensteht, hat K. W. Dahm gut analysiert:

> »Drei Reaktionen können in einer gewissen Abstufung als typisch gelten: Was nicht in das eigene Überzeugungssystem paßt, wird *überhört*. Wenn der Widerspruch zur eigenen Auffassung unüberhörbar geworden ist, sucht der Hörer die Nachricht *umzudeuten* (›so hat er es nicht gemeint‹). Wenn die Gegenposition so eindringlich vorgetragen wird, daß sie beim besten Willen nicht verharmlost noch umgedeutet werden kann, so sucht der Hörer diese Gegenposition dadurch unschädlich zu machen, daß er den Gegensatz so weit *eskaliert*, daß die Gegenposition zu seiner eigenen Auffassung als *absurd* erscheinen muß.«[68]

Dieses Phänomen der ›kognitiven Dissonanz‹ (L. Festinger) macht deutlich, wie schwierig es rein menschlich ist, den Menschen ändern zu wollen. Hier werden wir als Prediger in der Gemeinde- und Evangelisationsarbeit an unsere Grenzen geführt. Und wenn es schon schwierig ist, ›menschliche‹ Veränderungen im Menschen herbeizuführen, wie viel mehr, wenn es um geistliche Veränderungen geht!

Mit der Einsicht, daß – trotz der Zielgerichtetheit und des motivierenden Charakters biblischer Verkündigung – weder Prediger noch Hörer es in der Hand haben, das Wort Gottes im Leben des Predigthörers sein Ziel erreichen zu lassen, kommen wir nun zu einem letzten wichtigen Punkt.

[68] K. W. Dahm, »Hören und Verstehen«, in: *Predigtstudien für das Kirchenjahr 1969/70*, hg. E. Lange u. a., 1970, S. 17, zitiert nach G. Otto, *Predigt als rhetorische Aufgabe*, S. 32, der (S. 32f) dazu kommentiert: »Es liegt auf der Hand, daß angesichts dieser Sachlage der Optimismus, mit Hilfe der Predigt Einstellungen wirklich zu verändern, neue Orientierungen aufzubauen oder bestehende Auffassungen abzubauen, sehr rasch an seine Grenze geraten muß. Verkündigung mag noch so autoritativ bestimmt sein; widerspricht ihr Inhalt dem Hörer, funktioniert er sie im Prozeß des Verstehens um.«

(c) Das Wort und die Kraft des Geistes

Wir haben gesehen: Sofern die Predigt mit dem Wort der Bibel übereinstimmt, verkündigt sie Gottes autoritatives Wort. Und doch können Prediger und Gemeinde von diesem Wort innerlich unberührt und unverändert bleiben, wenn nicht der Heilige Geist eben dieses wirkkräftige Wort lebenschaffend auf den einzelnen anwendet:

»Die äußere Predigt wird ohne den geringsten Erfolg bleiben, wenn nicht die Belehrung durch den Geist hinzutritt. Gott lehrt also auf zweifache Weise. Einerseits spricht er unser Ohr durch Menschenmund an, andererseits redet er innerlich durch seinen Geist zu uns. Und beides tut er bald in ein und demselben Augenblick, bald zu verschiedenen Zeiten, je nachdem es ihm richtig erscheint.«

Dieses Wort stammt nicht aus den Memoiren eines Mystikers oder Schwärmers, sondern aus der Evangelienauslegung des Reformators Calvin.[69] Man kann den Sachverhalt auch so ausdrücken: Der Geist Gottes ist – von der Entstehung der biblischen Schriften her – in und mit dem biblischen Wort (›Inspiration‹); zugleich aber kommt er – wann und wo es ihm gefällt – zum Wort (›Illumination‹). In dieser Dualität bindet sich der Geist ans Wort.

Paulus wußte um die Inspiration der Heiligen Schrift und damit um ihre Macht, vor Irrglauben zu bewahren und das Leben zu verändern (2.Tim 3,14-17). Er war sich dessen bewußt, daß er, selbst wenn er als Apostel die neutestamentliche Offenbarung weitergab, dies unter Eingebung des Heiligen Geistes tat (1.Kor 2,9-13). Und doch war er sich der Notwendigkeit bewußt, daß die Verkündigung durch das lebendige Wirken des Geistes bekräftigt wurde. Den Korinthern schreibt er: »Meine Rede und meine Predigt bestand nicht in überredenden Weisheitsworten, sondern in Erweisung von Geist und Kraft« (1.Kor 2,4; vgl. 4,20). Und auch im Blick auf sein Wirken in Thessalonich kann er sagen: »Unsere Verkündigung des Evangeliums geschah bei euch

---

[69] J. Calvin, *Das Johannesevangelium*, Nachdr., Neukirchen-Vluyn 1964, S. 365 (zu Joh 14,25).

nicht nur in Rede, sondern auch in Kraft und im Heiligen Geist und in großer Zuversicht« (1.Thess 1,5).

Man wird davon ausgehen dürfen, daß Paulus bei diesen begleitenden Geisteswirkungen auch an die typischen »Zeichen eines Apostels« (2.Kor 12,12) denkt, wie etwa Heilungen. Zu den »Zeichen eines Apostels« gehörte gewiß, daß durch die Predigt Menschen geistlich »gezeugt« oder »geboren« wurden (vgl. 1.Kor 4,15; Gal 4,19). Aber nicht nur dies. Schon Jesus hatte den Aposteln Vollmacht – nicht nur zur Verkündigung, sondern zur Heilung und zum Austreiben von Dämonen – gegeben (Mk 3,14f; Mt 10,1). Und entsprechend »bestätigte« Gott auf ihren späteren Missionsreisen »das Wort durch begleitende Zeichen«(Mk 16,20).[70] Wie das Johannesevangelium deutlich macht, sollten die »Zeichen« die Messianität Jesu bestätigen und damit in der Durchbruchsituation des Evangeliums Glaubenshilfe geben (Joh 20,30f; vgl.Hebr 2,3f). Allerdings bestand das Ziel des auferstandenen Christus darin, den Menschen wegzubringen vom sichtbaren Zeichen, hin zum Glauben an das verkündigte Wort: »Selig sind, die nicht sehen und doch glauben!« (Joh 20,29). Von daher wird man der Forderung, die Geisteswirkung bei einer Predigt müsse sich in Zeichen und Wundern zeigen, Vorsicht entgegensetzen und fragen dürfen, ob dem Prediger heute die »Zeichen eines Apostels« aufgetragen sind.[71]

Und doch bleibt die Frage nach der Kraft.[72] Denn das Reich Gottes »steht nicht in Worten, sondern in Kraft« (1.Kor 3,19); und ». . . nicht nur im Wort, sondern in Kraft und in großer Gewißheit« geschah neutestamentliche Verkündigung. Während nämlich die christliche Gemeinde auch die kraft- und wirkungslose Verkündigung meist mit freundlichem Nicken hinnimmt (und damit allerdings der Erweckung verlustig geht), wird der Nicht-Glaubende, der Zweifler, von der vollmachtslosen Predigt unverändert bleiben und sich abwenden. Von daher ist die geistlose Predigt nicht nur kraftlos, sie läßt vielmehr auch schuldig werden an den Hörern, die mehr nötig haben als Worte wie

---

[70] Dieser Vers – wie überhaupt die letzten 12 Verse des Markusevangeliums – wird in der Regel als eine spätere Hinzufügung angesehen. Vgl. aber die Argumente für die Echtheit bei W. R. Farmer, *The Last Twelfe Verses of Mark*, Cambridge 1974, S. 124.

[71] Vgl. hierzu U. Bach, ›*Heilende Gemeinde‹? Versuch, einen Trend zu korrigieren*, Neukirchen-Vluyn 1988, der aufgrund des Neuen Testamentes davor warnt, Predigt und Heilung als notwendig zusammengehörig zu betrachten.

[72] In ungewöhnlich eindringlicher Weise ist diese Frage gestellt in dem Aufsatz von Rudolf Bohren, »Das Wort und die Kraft«, in ders., *Dem Worte folgen*, S. 7-30.

Schall und Rauch. Nur, wie kommt es zu dieser ›geist-reichen‹ Predigt? Die Kraft, um die es geht, ist ja Gottes – und eben nicht von uns (2.Kor 4,7)! Bleibt uns da nur die Hoffnung?

Das Wissen um Gottes souveränes Handeln durch seinen Geist, der sich an das Wort bindet (Joh 6,63b) und doch weht, wo er will (Joh 3,8), verurteilt den Verkündiger keineswegs zu einer fatalistisch gleichgültigen Haltung. Vielmehr ist er zum Vertrauen gerufen, daß Gott selbst zu seiner Verheißung steht: »Mein Wort . . . soll nicht leer zu mir zurückkommen, sondern ausrichten, was mir gefällt« (Jes 55,11). Er darf im Glauben erwarten, daß der Heilige Geist das Gepredigte lebenverändernd auf den Hörer anwendet und daß die Predigt so den Glauben weckt (Rö 10,17). Sein ganzes Beten und Reden soll darauf ausgerichtet sein und in der Hoffnung geschehen, daß sich dieses Wunder durch Gottes Gnade tatsächlich ereignet.

Als einem, der die Anrede des Wortes selbst erfahren hat, soll dem Verkündiger das, was das Wort sagt, eine ›Last des Herrn‹, ein tiefes Anliegen für die Gemeinde werden. Seine Bitte zu Gott muß es sein, nicht einfach ›über‹ das biblische Wort zu predigen – als einem Bericht über Gestriges –, sondern als Diener Gottes den Leuten das Wort selbst in der Kraft des Heiligen Geistes zu sagen.[73] Denn er weiß, »daß eine Predigt keine Predigt ist, wenn nicht Gott wirklich gegenwärtig ist«.[74]

Wo Gott aber in seinem Wort im Zuge der Verkündigung wirkt und durch seinen Geist Situationen durchleuchtet und aufrüttelnd und verändernd die Herzen erreicht, da gewinnt Predigt eine prophetische Dimension, die zugleich wortgebunden und pneumatisch ist. Als prophetischer Lehrer und auslegender ›Prophet‹ steht der Prediger vor der Gemeinde – nicht mit irgendwelchen neuen Offenbarungen, sondern in gehorsamer und vollmächtiger Proklamation des ein für allemal ergangenen Wortes. Die Absicht seiner Verkündigung ist geistgewirkte Frucht beim Hörer. Das Endziel der Frucht aber ist die Ehre und Verherrlichung Gottes.

---

[73] M. Lloyd-Jones, *Preaching and Preachers*, S. 67.
[74] K. Barth, *Homiletik: Wesen und Vorbereitung der Predigt*, S. 27.

2. Textauslegung als Basis für die Auslegungspredigt

Ohne gründliche Schriftauslegung (Exegese) kann es keine gute Auslegungspredigt geben! Beide gehören untrennbar zusammen. Wenn wir nun in diesem zweiten Teil des Buches ausführlich behandeln, wie diese Auslegung im einzelnen geschieht, hoffe ich auf motivierte Leser mit einem langen Atem – auf Leser, die überzeugt sind, daß bibelgemäße Auslegungpredigt ein Ziel ist, das die Mühen der Vorbereitung lohnt. Trotzdem mag sich der eine oder andere fragen: »Kann ich all diese Auslegungsschritte in der Vorbereitung auf meine nächste Predigt wirklich leisten?« Nein, gewiß nicht. Darum geht es auch nicht. Aber zunächst müssen einzelne Arbeitsschritte eingeübt werden, auch wenn das mühsam ist. Langfristig muß man sich gewisse Kenntnisse im Blick auf die Auslegung der Bibel aneignen. Und das alles erfordert Fleiß, Ausdauer und Übung. Hat man sich dieser Herausforderung aber unterzogen, hat man ein Handwerkszeug in der Hand, mit dem man effektiv, gründlich und gar nicht mehr so zeitaufwendig Predigten vorbereiten kann.

Es ist wie in der Fahrschule: Zunächst sind alle Hebel und Vorgänge fremd. Jeden einzelnen Bewegungsablauf muß man sich bewußt einprägen (»Kupplung drücken – Gang einlegen – Kupplung kommen lassen – dabei etwas Gas geben . . .« – und schon wieder hat man den Wagen abgewürgt). Später aber, wenn man Übung hat, geht das alles ›wie von selbst‹.

Nein, einen schnellen Weg zur Auslegungspredigt – gewissermaßen eine Abkürzung durch die Hintertür – gibt es nicht. Aber das Ziel läßt den Weg lohnen.

2.1 Vorüberlegungen

2.1.1 Die Notwendigkeit gründlicher Bibelauslegung

Lassen wir eingangs gleich einmal einen Praktiker zu Wort kommen. Es klingt wie eine brüderliche Ermahnung von Pfarrer zu Pfarrer, wenn Ulrich Parzany schreibt:

»Nein! Wasser!«

»Die Gemeinde kann ... von ihren Pfarrern erwarten, daß sie gut vorbereitet in die Gottesdienste kommen. Dazu gehört vor allem das gründliche Studium des Predigttextes. Unsere Predigten sind überflüssig, wenn wir nur sagen, was sich jeder Hörer beim Lesen oder Hören des Predigttextes schon selber sagen kann. Wir haben die Aufgabe, eine Schüppe tiefer zu graben. Wir haben der Gemeinde Hilfestellung zu einem tieferen und genaueren Verständnis der biblischen Botschaft zu geben. Es ist doch einfach ein Skandal, wenn eine Predigt im wesentlichen zu einer Umschreibung und Nacherzählung des biblischen Textes mit anderen Worten wird.«[1]

Eine Schüppe tiefer graben in der Bibel – darum geht es. Ein Pfarrer müßte von seinem Studium her eigentlich wissen, wie man das macht. Geschieht dieses Graben im Wort trotzdem nicht, mag das mit Nachlässigkeit, Zeitmangel auf Grund von falschen Prioritäten, mangelnder Liebe zum Hörer, zur Bibel oder mit einem gebrochenen Verhältnis zu ihr zu tun haben. Für manchen, der neben seinem Beruf in der Gemeinde mitarbeitet und keine theologische Ausbildung hat, stellt sich aber auch die Frage, wie Bibelauslegung überhaupt geschieht. Der Wunsch nach Zurü-

[1] U. Parzany, »Müssen Predigten langweilig sein?«, *Schritte*, 2(1978), S. 8f.

stung für das rechte Auslegen und Weitergeben von Gottes Wort ist unter Gemeindemitarbeitern immer wieder groß.

Als Assistent hatte ich vor einigen Jahren die Aufgabe, daran mitzuarbeiten, junge Theologiestudenten, die Hebräisch und Griechisch gelernt hatten, in die wissenschaftliche Exegese (= Auslegung) des Neuen Testaments einzuführen. Später galt es dann, für Bibelschüler, die in der Regel auf die deutsche Übersetzung der Bibel angewiesen waren, eine Methode der Schriftauslegung zu finden, die es auch ihnen erlaubte, die Heilige Schrift genau auszulegen. Ich bin heute – bei allem Wissen um den unverzichtbaren Wert der biblischen Grundsprachen – überzeugt, daß eine durchaus solide ›Exegese‹ auch Nichttheologen möglich ist. Der auf den deutschen Bibeltext angewiesene Ausleger hat die gleiche Aufgabe wie der des Hebräischen und Griechischen (mehr oder weniger) mächtige Exeget. Einer wie der andere muß die Schrift in ihrem Wortlaut und Zusammenhang verstehen lernen. Zum Gelingen dieser Aufgabe stehen dem Ausleger heute vielerlei Hilfsmittel zur Verfügung: wort- und sinngetreue Übersetzungen, brauchbare Nachschlagewerke und zuverlässige Kommentare. Gewiß, je vertrauter ein Ausleger mit der zeitgeschichtlichen Situation und den sprachlichen Besonderheiten der Bibel ist, desto nuancenreicher wird er die Bibel verstehen können. Wer die Ursprachen der Bibel kennt, kann verschiedene Auslegungsmöglichkeiten eines Wortes erkennen und selbständig die im Zusammenhang angemessenste Bedeutungsmöglichkeit finden. Er kann auch die Texterklärungen anderer fundierter überprüfen. Hoffentlich wird er in manchen exegetischen Entscheidungen auch vorsichtiger urteilen, weil ihm bewußt ist, daß manchmal nur mit einer bestimmten Wahrscheinlichkeit eine Auslegung der anderen vorgezogen werden kann. Grundsätzlich aber gilt, daß die Entdeckung der Reformationszeit, die Bibel sei nicht nur für Theologen geschrieben und verstehbar, heute im Zeitalter vielfältiger Bibelübersetzungen und Hilfsmittel erst recht gilt.[2] Eine mit dem allgemeinen Priestertum und der Innewohnung des Heiligen Geistes in allen Gläubigen rechnende Ge-

---

[2] Vgl. dazu H. Stadelmann, *Grundlinien eines bibeltreuen Schriftverständnisses*, Wuppertal 1985, S. 89f und 112f.

meinde kann die Bibelauslegung nicht exklusiv für theologisch geschulte Exegeten reservieren wollen.

2.1.2 Der geistliche Aspekt der Bibelauslegung

Im folgenden wird viel von einzelnen Auslegungsschritten und Auslegungsmethoden die Rede sein. Dies wird sich in einem Lehrbuch für Bibelauslegung nicht vermeiden lassen. Dieser Umstand darf aber nicht zu der Annahme verleiten, man müsse nur einige Methoden beherrschen, um die Bibel zu ›verstehen‹.

Allen Methoden vorgeordnet ist vielmehr eine dem Wesen der Heiligen Schrift als Gottes Wort entsprechende geistliche Haltung des Auslegers. Sein Methodengebrauch soll von vornherein auf den Geist Gottes eingestellt sein:

– darauf, daß dieses Wort von Gottes Geist inspiriert ist und daher Ehrfurcht und Gehorsam verlangt;

– darauf, daß Gott dieses Wort zugleich durch Menschen in geschichtlichen Situationen und in verständlicher Sprache gegeben hat und uns also die Mühe um die Buchstaben des Wortes zumutet;

– darauf, daß dieses Wort bis heute lebendig ist und kraft des göttlichen Geistes an uns wirken will;

– darauf schließlich, daß das Reden des Geistes nirgends als im Wortlaut der Heiligen Schrift verbindlich zu hören ist.

Alle im folgenden beschriebene Arbeit an der Bibel kann daher nur von geistlichen Voraussetzungen aus geschehen:

– getragen vom Gebet um rechtes Verstehen – wobei ›Verstehen‹ im Sinne der Bibel nicht nur intellektuelle Wahrnehmung meint, sondern existentielle Begegnung mit dem zu Erkennenden;

– geprägt von Ehrfurcht gegenüber Gott und seinem Wort, d.h. in einer Haltung, die es nicht zuläßt, daß philosophische und weltanschauliche Voraussetzungen den Zugang zur biblischen Wirklichkeitsschau verbauen;

– bestimmt von der demütigen Erkenntnis, daß ich die Wirklichkeit des in der Heiligen Schrift Bezeugten nicht mittels eigener Methoden, sondern nur im Glauben durch die Wirkung des Heiligen Geistes erfahren kann.

Eine Exegese, die in neutral distanzierter Haltung geschieht, sich mit unsachgemäßen Methoden des Textes bemächtigt und das Bibelwort zum der Vernunft unterworfenen Objekt macht, kann niemals eine der Heiligen Schrift gerecht werdende Auslegung sein. Insofern wußten die Väter des Pietismus durchaus, was sie taten, wenn sie immer wieder eine pneumatische, d.h. geistliche, Auslegung – und zwar nicht neben, sondern in der exakten Exegese – forderten.

Es müßte heute hermeneutisch (d.h. auslegungstheoretisch) wieder ernster genommen werden, daß Ehrfurcht vor Gott der Anfang aller Weisheit und Erkenntnis ist (Spr 1,7). Diese geistliche Grundhaltung der Gottesfurcht hat der sündige Mensch nicht. Er will sich seines Erkenntnisgegenstandes bemächtigen. Sein Denken ist Wille zur Macht (Nietzsche), selbst in der Form des ›guten Willens zur Macht‹.[3] Von daher preßt er immer wieder das zu Erkennende in seinen vorgegebenen Denkrahmen und tut ihm Gewalt an. Der gute Wille, der dem Erkenntnisgegenstand gerecht zu werden versucht, genügt hier nicht. Nötig ist, daß das sündige Denken, das immer wieder gegen Gott und sein Wort steht, aufgebrochen wird durch die Macht der Erlösung.[4] Nur aus geistgewirkter Ehrfurcht heraus kommt es zu wahrer Erkenntnis.

Die genannten geistlichen Prinzipien gelten bei allen methodischen Ausführungen, die nun folgen. Ohne sie wird die Arbeit der Schriftauslegung immer in der Gefahr stehen, hinter dem biblischen Erkenntnisziel zurückzubleiben.

---

[3] Vgl. J. Derrida, »Guter Wille zur Macht (I). Drei Fragen an Hans Georg Gadamer«, in: *Text und Interpretation*, Hg. Ph. Forget, München 1984, S. 56-58.

[4] H. Hempelmann, »»Gott ist ein Schriftsteller!‹: Die Schriftlehre Johann Georg Hamanns und ihre hermeneutischen Konsequenzen«, *ThBeitr*, 19(1988), S. 142, kommentiert: »Auch für den Akt der Interpretation biblischer Texte gilt, daß der Mensch selbst ›Gott‹ sein will und nicht will, daß Gott Gott ist. Andererseits wird der Theologe auf den Ort hinweisen können, an dem der Mensch wieder Mensch wird, seine erkenntnistheoretische und hermeneutische Apotheose als hybrid durchschaut und zur Wahrnehmung allererst fähig wird. Es ist dies der Ort ›tiefer Ehrfurcht‹, die Relation der ›Furcht JHWHs‹, die die ›Erkenntnistheorie Israels‹ ›immer‹ als Anfang aller Erkenntnis preist.«

2.2 ›Vorarbeit‹: Die Textwahl – eine Qual?

In seinen ›Maximen und Reflexionen‹ hat uns Goethe das Wort hinterlassen: »Wer das erste Knopfloch verfehlt, kommt mit dem Zuknöpfen nicht zu Rande.« So verhält es sich auch oft genug mit der Textsuche im Blick auf die Predigt. Mancher Prediger hat schon nicht nur Stunden, sondern Tage zugebracht mit der Suche nach dem richtigen Text für seine Sonntagspredigt. Und vielleicht haben ihn noch am späten Samstagabend Zweifel überfallen, ob er nicht doch lieber einen anderen Text hätte wählen sollen. Wertvolle Zeit für eine solide Predigtvorbereitung geht dabei verloren. Angesichts dieses Problems wird es gut sein, wenn wir uns einige grundsätzliche Gedanken zum Thema ›Textwahl‹ machen.

2.2.1 Den ›ganzen Ratschluß Gottes‹ verkündigen

Zwei kurze historische Hinweise in der Apostelgeschichte habe ich immer wieder als starke Herausforderung für die Gemeindepredigt empfunden. Zum einen eine Aussage zu den Predigthörgewohnheiten der ersten Christen in Jerusalem: »Sie blieben aber beständig in der Lehre der Apostel . . .« (Apg 2,42). Zum andern den autobiographischen Hinweis des Paulus auf seine dreijährige Predigttätigkeit in Ephesus: »Ihr wißt, wie ich vom ersten Tag an, da ich nach Asia kam, die ganze Zeit bei euch gewesen bin und dem Herrn diente . . .; wie ich nichts zurückgehalten habe von dem, was nützlich ist, daß ich es euch nicht verkündigt und gelehrt hätte, öffentlich und in den Häusern . . . Denn ich habe nicht zurückgehalten, euch den ganzen Ratschluß Gottes zu verkündigen« (Apg 20,18.20.27).

In diesen biblischen Aussagen steckt ein Programm. Auf der einen Seite sehen wir eine Gemeinde, die beständig bleibt in der apostolischen Lehre; auf der anderen Seite einen (auch noch nebenberuflich tätigen) Verkündiger, der nach drei Jahren Predigtdienst sagen kann, er habe »nichts zurückgehalten von dem, was nützlich ist«, sondern habe »den ganzen Ratschluß Gottes verkündigt«.

Für mich stellen sich von hier aus drei Fragen an die Verkündigungspraxis in unseren Gemeinden heute: (1) Herrscht in unseren Gemeinden ein Verlangen, beständige Unterweisung in biblischer Lehre zu erfahren? (2) Könnten wir als Verkündiger nach mehrjährigem Dienst die Zuversicht haben, nichts aus dem Wort Gottes zurückgehalten zu haben, was für die Hörer nützlich ist? Und (3): Haben wir für unseren Predigtdienst die Perspektive, im Laufe eines gewissen Zeitraums wirklich den ganzen Ratschluß Gottes zu verkündigen? Die Wahl unserer Predigttexte sollte vielleicht einmal im Rahmen dieses weiteren Horizonts gesehen werden. Statt kurzatmig am Tag vor der Predigt aus den oft gehörten Kernstellen des Neuen Testaments einen Text auszuwählen, dessen Botschaft zufällig in die gleiche erbauliche Richtung weist wie die Predigten der letzten Wochen, sollte längerfristig überlegt werden, welche Teile der Bibel noch nie oder schon lange nicht mehr gepredigt wurden, und wie ›der ganze Ratschluß Gottes‹ Stück für Stück verkündigt werden kann.

Wird die Herausforderung, den ganzen Ratschluß Gottes zu verkündigen, angenommen, löst sich damit zugleich ein Problem, das die neuere Homiletik immer wieder beschäftigt hat. Es ist – in der Begrifflichkeit der Informationstheorie formuliert – das Problem der Redundanz. Damit ist gemeint, daß eine Information, die sich öfters wiederholt und deren Inhalt damit voraussagbar wird, ihren Nachrichtencharakter verliert. Sie verliert das Interesse des Hörers. Nach 2000 Jahren Kirchengeschichte vermutet die neuere Homiletik solch eine Redundanz im Blick auf die Predigt, vor allem im sogenannten ›christlichen Abendland‹. Die Lösung wird im Redundanz-Abbau gesehen, nämlich in der Verfremdung der biblischen Aussagen, in neuen, überraschenden Gesichtspunkten und Antworten. »Der Zuhörer muß mißtrauisch gemacht werden gegenüber den bekannten Antworten, die sich mit den vertrauten Texten einstellen.«[5]
Ich frage mich allerdings, ob es eine solche Redundanz im Blick auf den ›ganzen Ratschluß Gottes‹ wirklich gibt, ob nicht vielmehr die Bibel in ihrer Fülle bei den heutigen Protestanten (und Katholiken) ein weithin unbekanntes Buch ist?! Ob es nicht inzwischen eine nachchristliche Generation in Europa gibt, die nicht einmal das ABC des Christ-

---

[5] J. Kopperschmidt, »Kommunikationsprobleme der Predigt«, in: *Die Fremdsprache der Predigt*, Hg. G. Biemer, Düsseldorf 1970, S. 40.

seins kennt – und ob sich die Redundanz, von der gesprochen wird, unter den Kirchentreuen nicht allenfalls auf die immer und immer wieder gepredigten Kernstellen der Bibel bezieht? Der Redundanz-Vorwurf geriete dann zur Anfrage an eine Predigtpraxis, deren Textauswahl sich auf einige fettgedruckte Stellen in der Lutherbibel beschränkt und die die Fülle der biblischen Offenbarung auf gewisse Kernaussagen des Evangeliums reduziert. Anders, wer aus der ganzen Bibel schöpft. Er wird aus dem ihm anvertrauten unergründlichen Schatz ohne Ende Altes und Neues hervorbringen können.

2.2.2 Mit oder ohne ›System‹ vorgehen?

Manchmal wird nun darauf hingewiesen, man solle die Wahl der sonntäglichen Predigttexte nur Woche für Woche der persönlichen Führung des Predigers durch den Heiligen Geist überlassen, dann werde der Gemeinde schon das richtige Wort für den Tag und langfristig die nötige Einführung in Gottes Wort zuteil. Unter Berufung auf den Heiligen Geist verwahrt man sich dabei gegen irgendwelche Perikopensysteme und alles menschliche Planen. Der Prediger läßt sich, wie es in manchen Kreisen heißt, für den Verkündigungsdienst jeweils ›ein Wort schenken‹. Es soll nun gar nicht in Abrede gestellt werden, daß hinter solchem Vorgehen ein wichtiges Anliegen steht: Christus soll durch seinen Geist als der Herr seiner Gemeinde bis in die praktischen Belange hinein das Gemeindeleben bestimmen. Trotzdem erheben sich manche Fragen. Erstens: Ist es nötig und richtig, Geist und Ordnung gegeneinander auszuspielen? Zweitens: Läßt nicht die Erfahrung, daß in Gemeinden mit dieser Art von freier Textwahl eine relativ begrenzte Zahl neutestamentlicher Kerntexte immer wieder gepredigt wird, während andere Teile der Bibel nie ausgelegt werden, die Frage aufkommen, ob es dabei wirklich immer mit ›Geistesleitung‹ zugegangen ist? Drittens: Ist Geistesleitung jeweils nur kurzfristig für den nächsten Sonntag zu erwarten? Kann sie sich nicht auch in langfristiger betender und überlegender Planung ereignen?

Hinsichtlich der Predigtplanung gibt es in der Praxis sehr unterschiedliche Ansätze. H. W. Robinson spricht sich für eine konkrete Jahresplanung des Verkündigungsdienstes aus:

»Die offensichtlich ersten Fragen, die ein Ausleger sich zu stellen hat, sind: ›Worüber soll ich reden? Von welchem Text der Schrift soll ich predigen?‹ Diese Fragen müssen nicht erst am Dienstagmorgen, sechs Tage vor der Predigt, gestellt werden. Ein gewissenhafter Verkündigungsdienst muß auf einer überlegten Planung für das ganze Jahr aufbauen. Ein weiser Ausleger wird Zeit sparen, indem er Zeit investiert, um einen Predigtkalender anzulegen.«[6]

Viele Prediger, besonders aus dem landeskirchlichen Bereich, haben über die Möglichkeit einer solchen Predigtplanung noch gar nicht nachgedacht. Sie richten sich vielmehr nach den kirchlichen Perikopenreihen, d.h. nach den in der liturgischen Ordnung vorgesehenen Texten zur Lesung und Predigt im Gottesdienst.[7] Diese Texte, die z.B. im Herrnhuter Losungsbuch für jeden Sonntag angegeben sind, folgen dem Kirchenjahr und enthalten ausgewählte Abschnitte aus den Evangelien und den Episteln (d.h. den Briefen des Neuen Testaments). Dazu treten alttestamentliche Lektionen sowie (als Alternative zu den vorgeschriebenen Perikopen) sogenannte Marginaltexte. Nach einigen Jahren wiederholen sich die Texte im wiederkehrenden Zyklus.

Durch die Berücksichtigung des Kirchenjahres hilft das Perikopensystem, bestimmte Zentralereignisse der Heilsgeschichte dem Predigthörer immer wieder vor Augen zu führen (Advent, Weihnacht, Passionszeit usw.). Zudem macht es ihn mit einem gewissen Spektrum biblischer Texte bekannt und zwingt den Prediger, nicht nur über seine Lieblingstexte zu predigen. Andererseits aber hat das Perikopensystem doch auch seine Unzulänglichkeiten:

– Es bleiben große Teile der Bibel ganz unberücksichtigt.[8]

– Eine systematische Einführung des Hörers in die Heilige Schrift wird nahezu unmöglich gemacht, weil immer nur aus-

[6] H. W. Robinson, *Biblical Preaching*, 3. Aufl., Grand Rapids 1981, S. 54. (Übers. d. Zitats: HSt).

[7] Die heutigen Perikopenreihen gehen auf frühkirchliche Ursprünge zurück, die ihrerseits ihr Vorbild in den Lesungen der jüdischen Synagoge hatten; s. dazu G. Kunze, »Die Lesungen«, in: *Leiturgia: Handbuch des Evangelischen Gottesdienstes*, Bd. II, Kassel 1955, S. 88–179.

[8] Dies betont auch G. Kunze, aaO., S. 170f.

schnittweise Abschnitte aus diesem und jenem Teil der Bibel zur Sprache kommen.[9]

– Das Eingehen auf konkrete Situationen, Bedürfnisse und Nöte der Gemeinde wird durch die Perikopentexte schwierig.[10]

Ich selbst halte es für das Beste, wenn für eine bestimmte Gemeinde ein längerfristiger Predigtkalender erstellt wird, der es auch erlaubt, kurzfristig eine andere Predigt einzuschieben, wenn die Situation es erfordern sollte. Zwei Anliegen sollten die Erstellung eines solchen Planes bestimmen:

– Er soll dazu beitragen, daß der Gemeinde ›der ganze Ratschluß Gottes‹ verkündigt wird; und

– er soll auf die geistlichen Bedürfnisse der Gemeinde zugeschnitten sein. Eine gute Kenntnis der Gemeinde – ohne seelsorglichen Basiskontakt eine Unmöglichkeit! –, eine gute Kenntnis der Bibel sowie das Gebet um die rechte Bibeltextwahl für den rechten Zeitpunkt sind für die Planung nötig.

Solche Predigtpläne können aus verschiedenen Elementen zusammengesetzt sein. Bestimmte Festzeiten des Kirchenjahres gehen in die Planung ein. Das in Deutschland leider kaum übliche, in der reformierten Tradition aber bewährte fortlaufende Predigen durch biblische Bücher sollte eingeplant werden.[11]

---

[9] Schon E. F. K. Müller, *Symbolik*, Erlangen/Leipzig 1896, S. 342 (n. 11), klagt über die Predigten im Luthertum: »Eine systematische Einführung der Gemeinde in die Schrift, bei dem *Perikopensystem* eine Unmöglichkeit, ist selten versucht worden.«

[10] S. dazu R. Bohren, *Predigtlehre*, München 1972, S. 118.

[11] Ein gutes Beispiel für auslegende Verkündigung, in der fortlaufend durch alt- und neutestamentliche Bücher gepredigt wird, sind die im Verlag Fr. Reinhardt in Basel erschienenen Predigtbände von Walter Lüthi. Der im theologischen Umfeld von K. Barth und E. Thurneysen wirkende Lüthi hat als Pfarrer der Basler Oekolampadkirche und des Berner Münsters Predigtreihen über folgende Bibelteile gehalten und veröffentlicht: 1. Mose, 10 Gebote, 1. Samuel, Nehemia, Prediger, Daniel, Amos, Habakuk, Maleachi, Seligpreisungen, Vater-Unser, Lukas 1-10, Johannes, Apostelgeschichte, Römer, 2. Korinther. Sie lohnen sich zu lesen und können gut bei der Predigtvorbereitung helfen.

Predigtjahresplan

	1.So.	2. So.	3. So.	4. So	(5. So.)
Jan.:					
Febr.:					
März:					
Apr.:					
Mai:					
Juni:					
Juli:					
Aug.:					
Sept.:					
Okt.:					
Nov.:					
Dez.:					

Welch ein Reichtum an biblischen Themen erschließt sich etwa der Gemeinde, wenn Abschnitt für Abschnitt durch den 1. Korintherbrief gepredigt wird! Viele Themen werden hier berührt, die bei freier Textwahl oder im Gefolge des Perikopensystems nie zur Sprache kämen. Auch themenorientiert können Predigtreihen geplant werden. In einer Schweizer Gemeinde ist mir das folgendermaßen begegnet. Die Ältesten dieser freikirchlichen Gemeinde, die im übrigen den Predigtdienst als sogenannte ›Laien‹ nebenberuflich versahen, zogen sich jeweils zu Jahresbeginn zu einer Klausur zurück, auf der sie unter Gebet einen Predigtjahresplan ausarbeiteten. Sie vergegenwärtigten sich zunächst die Hauptgebiete der Dogmatik: die Lehre von der Schöpfung, von Gott, von Christus, vom Heiligen Geist, vom Menschen und der Sünde, von der Erlösung, von der Gemeinde und von den Letzten Dingen sowie Einzelthemen aus diesen Bereichen. Und sie fragten dann, über welche Bereiche der biblischen Offenbarung schon länger nicht mehr gepredigt worden sei und planten entsprechend anhand konkreter Bibelabschnitte die Predigten.

Das Planen seitens der für die Verkündigung Verantwortlichen kann auch durch Anregungen seitens der Gemeindeglieder ergänzt werden. In einer Gemeinde, in der es einen längerfristigen Verkündigungsplan mit Themenschwerpunkten gibt, hatte der Pastor zusätzlich ein großes Blanco-Plakat mit dem dazugehörigen Schreibstift ausgehängt. Hier konnten Gemeindeglieder notieren, über welchen (vielleicht schwer verständlichen) Text oder über welches dringliche Thema sie sich einmal eine Predigt wünschten. Diese Predigten wurden dann in den großen Plan eingefügt. Kein Wunder, wenn man in solch einer Gemeinde gern und interessiert zur Predigt geht!

In eine auf den ganzen Ratschluß Gottes ausgerichtete Verkündigungsplanung sollten in unterschiedlicher Art die Sonntagspredigten und die Bibelstunden mit ihren jeweiligen Möglichkeiten mit einbezogen werden. Vielleicht wird die Bibelstunde mehr lehrhafte, die Predigt stärker praktisch herausfordernde Akzente setzen. Zur Vertiefung könnte es sogar hilfreich sein, wenn sich die Gemeinde in allen ihren Gruppen – Bibelstunde, Jugendstunde, Seniorenkreis, usw. – mit eben dem Bibelabschnitt beschäftigt, über den dann am Sonntag gepredigt wird.

Es wäre gewiß segensreich, wenn sich solche bibel- und gemeindeorientierte Predigtplanung in vielen Gemeinden unseres Landes durchsetzen würde.

2.2.3 Predigttexte nach Sinneinheiten abgrenzen

Beim Planen von Predigten ist es wichtig, die Texte gut nach Sinneinheiten abzugrenzen. Man kann die Länge von Predigttexten nicht nach mechanischen Prinzipien festlegen. Es wäre z.B. unsinnig, darauf zu bestehen, daß jede biblische Ansprache sieben Verse umfassen müsse. Entscheidend ist vielmehr, den Gedankengang des biblischen Schreibers zu erkennen und eine – größere oder kleinere – Sinneinheit innerhalb dieses Gedankengangs als Predigttext auszugrenzen.

Rein äußerlich können dabei die Abschnitteinteilungen in unseren Bibelausgaben hilfreich sein. Die meisten Bibelübersetzungen gruppieren heute mehrere Verse, die eine Sinneinheit darstellen, zu einem Paragraphen. Daran kann sich der Prediger bei der Textwahl orientieren. Manchmal bietet es sich auch vom Inhalt her an, zwei oder drei solcher kurzer Paragraphen als Predigttext zusammenzufassen. Allerdings sind die Abschnitteinteilungen unserer Bibelausgaben auch nicht original, sondern das Werk der Übersetzer und Herausgeber. Und ein Vergleich verschiedener Bibelübersetzungen zeigt, daß die Abschnitte durchaus unterschiedlich bemessen werden. Von daher wird es gut sein, als Verkündiger den Paragraphen selbst exegetisch daraufhin zu untersuchen, ob er inhaltlich und kontextlich eine gut abgegrenzte Einheit darstellt.[12] Soll die Predigt eine Auslegungspredigt werden, ist schon bei der Textabgrenzung darauf zu achten, daß diese nicht willkürlich geschieht. Vielmehr bindet sich der Ausleger an biblisch vorgegebene Sinneinheiten.

Bei Predigten über Erzähltexte wird nicht der einzelne literarische Abschnitt den Textumfang ausmachen, sondern die in sich geschlossene Erzähleinheit. Bei poetischen Texten – etwa den Psalmen – wird die einzelne Strophe oder das gesamte Lied zum Predigttext werden.

Natürlich ist es auch möglich, den Vers oder einen Satz innerhalb eines Verses als kleinste Sinneinheit zum Ausgangspunkt für die Predigt zu machen. Nur ist bei solchen knappen Predigttexten die Gefahr immer besonders groß, daß sie lediglich als ›Sprungbrett‹ mißbraucht werden oder als bloßes ›Sammelgefäß‹ dienen, in das man Gedanken von anderswoher einträgt.

Mit der überlegten, gut geplanten und unter Gebet vorgenommenen Textwahl ist ein wichtiger Schritt zu einer guten Predigt getan. Geistliche und exegetische Erwägungen sind in diese Auswahl eingeflossen. Im folgenden wird jetzt alles darauf ankommen, daß sich der Verkündiger als ein dem Text verpflichteter, gründlich arbeitender Bibelausleger bewährt.

---

[12] Evtl. muß im Rahmen der Kontextanalyse (s. Abschn. 2. 4. 3) der Textumfang der Perikope nochmals korrigiert werden.

Die Schritte der Exegese im Überblick

›Überblick‹: Der Text wird mir vertraut
  1) Den Text mehrmals lesen
  2) Den Gedankengang aufnehmen
  3) Problempunkte notieren

›Analyse‹: Hier lösen sich die Rätsel
  4) Die Textbasis prüfen (Textkritische Analyse)
  5) Geschichtl. Fragen klären (Geschichtsanalyse)
  6) Sich den biblischen Kontext erarbeiten (Kontext-analyse)
  7) Die Textart untersuchen (Gattungs- und Stilanalyse)
  8) Die Bedeutung der Worte erkennen (Sach- und Begriffsanalyse)
  9) Ein Textschaubild anfertigen (Strukturanalyse)

›Synthese‹: Jetzt werden die Konturen scharf
  10) Das Textthema formulieren
  11) Die Textgliederung erstellen

2.3 ›Überblick‹: Der Text wird mir vertraut

Ist der Predigttext gefunden, wird es zunächst darum gehen, sich überblicksmäßig mit dem Text vertraut zu machen. Es hat keinen Sinn, sich gleich als erstes auf irgendein Problem im Text zu stürzen und an Detailfragen festzubeißen. Es geht sonst leicht die Übersicht verloren und man kommt auf eine Nebenspur. Bildlich gesprochen gilt es, gewissermaßen ein paar Schritte zurückzutreten und den Bibeltext als ganzen in den Blick zu bekommen.

Drei praktische Schritte können im Rahmen des ›Überblicks‹ helfen, diese Vertrautheit mit dem Text zu gewinnen:

1. Das mehrfache Lesen des Textes.
2. Das Beobachten des Gedankengangs im Text.
3. Die Feststellung, welche Fragen und Probleme im Text einer näheren Untersuchung bedürfen.

2.3.1 Den Text mehrmals lesen

Adolf Schlatter hat immer wieder betont, es sei unsere höchste Pflicht als Schriftausleger, »daß wir in dem uns zugewiesenen Arbeitsbereich zum Sehen, zur keuschen, sauberen Beobachtung, zum Erfassen des wirklichen Vorgangs, sei es ein geschehener, sei es ein jetzt geschehender, gelangen . . . Wissenschaft ist erstens Sehen und zweitens Sehen und drittens Sehen und immer und immer wieder Sehen.«[13] Und so beginnt Exegese auch sehr einfach. Sie beginnt mit Lesen und nochmals Lesen und immer wieder Lesen. Der Text muß mir vertraut werden. Er muß meine Gedanken begleiten. Ich muß zuhause sein in ihm.

Schon zu Beginn einer Woche kann ich beginnen, den Predigttext für den nächsten Sonntag jeweils morgens in der Stille zu lesen. Er kann mich durch meinen Tag begleiten – und abends lese ich ihn wieder. Immer wieder lasse ich den Text in seiner Ganzheit auf mich wirken. Ich lese ihn unter Gebet: »Öffne mir die Augen, daß ich sehe die Wunder in Deinem Gesetz!« (Ps 119,18). So geht der Ausleger in der rechten Haltung an die Auslegung heran – nicht als derjenige, der mit seinen Methoden die Bibel in den Griff nehmen, sondern als Hörender, der Gottes Stimme vernehmen will. Dabei verfolgt dieses wiederholte Lesen des Textes nicht den Sinn, irgendwelche meditativen Gedankenprozesse in Gang zu bringen, die freischwebend vom Textinhalt wegführen. Vielmehr soll der Text selbst ins Blickfeld kommen.

Schon an dieser Stelle kann es hilfreich sein, den Bibeltext in verschiedenen Übersetzungen zu lesen, um ihn jeweils neu zu hören. Mit dem vertrauten Wortlaut verbinden wir oft schon bestimmte Auslegungen und Sichten. Allzuleicht hören wir dann gar nicht mehr auf das, was eigentlich dasteht. Aber wenn wir wirklich mit dem Text vertraut werden wollen – und nicht einfach mit unseren gewohnten Gedanken darüber –, sollten wir dieser Gefahr entgegenwirken. Ein aufmerksames Lesen, gegebenenfalls in einer weniger gewohnten Übersetzung (oder natür-

---

[13] A. Schlatter, »Atheistische Methoden in der Theologie?«, in: ders., *Zur Theologie des Neuen Testamens und zur Dogmatik*, Hg. U. Luck, München 1969, S. 142.

lich – wem es möglich ist – im hebräischen bzw. griechischen Grundtext!), wird dazu helfen.

Im folgenden soll es Gelegenheit geben, jeden einzelnen Auslegungsschritt praktisch zu üben. Wo nötig, werden wir die Praxis zunächst an einem Übungstext demonstrieren. Im übrigen erhält der Leser, der nicht nur über Bibelauslegung lesen, sondern Auslegung lernen will, die Aufgabe, an einem alttestamentlichen (Ps 1) bzw. neutestamentlichen (Eph 4,1-6) Text den jeweils behandelten Auslegungsschritt einzuüben.

AUFGABEN

Zu Psalm 1:	*Zu Epheser 4,1-6:*
Lesen Sie den Text aufmerksam 5 mal durch; davon wenigstens 1 mal in einer abweichenden Übersetzung.	Lesen Sie den Text aufmerksam 5 mal durch; davon wenigstens 1 mal in einer abweichenden Übersetzung.

2.3.2 Den Gedankengang aufnehmen

Das wiederholte Lesen hatte den Sinn, den Ausleger überblicksmäßig mit dem Wortlaut des Textes vertraut zu machen. Diese Konzentration auf den Bibeltext muß nun in konkrete Bahnen gelenkt werden. Zwei Fragen können dazu helfen, den Gedankengang des betreffenden Bibelabschnittes zu erschließen:

(a) Was ist der Hauptgedanke des Textes? Und:

(b) Wie verläuft der ›rote Faden‹ im Text?

(a) Die Frage nach dem Hauptgedanken

Zunächst muß es darum gehen, den Hauptgedanken des Abschnittes zu finden. Wohlgemerkt: Mit ›Hauptgedanke‹ ist nicht gemeint, welcher Gedanke im Text ›mir am meisten zu sagen hat‹! Es geht vielmehr um die Frage, welches Anliegen der biblische Autor mit dem gesamten Abschnitt zum Ausdruck bringen möchte.

Manchmal formuliert der biblische Schreiber seinen Hauptgedanken selbst in einem zentralen Vers des betreffenden Abschnitts. So wird das zentrale Thema von 1.Thess 4,1-8 beispielsweise gut zusammengefaßt in der Aussage: »Das ist der Wille

Gottes: Eure Heiligung« (V. 3). Oft wird der Hauptgedanke vom Autor aber nicht ausdrücklich genannt. Dann muß der Ausleger aus dem Sinnzusammenhang des Ganzen das zentrale Thema selbständig erheben und formulieren. Er muß die einzelnen Textaussagen berücksichtigen und sehen, zu welchem gemeinsamen Thema sie insgesamt sprechen.

Der Hauptgedanke sollte so formuliert werden, daß er wirklich auf den ganzen Textabschnitt paßt – nicht mehr und nicht weniger. Er sollte nicht so allgemein sein, daß er genauso gut auf das vorangehende und folgende Kapitel passen könnte. Und er sollte nicht so eng formuliert sein, daß er nur für einige Verse, nicht aber für den gesamten Abschnitt paßt. Ein gut formulierter Hauptgedanke ist wie ein genau passendes Dach für ein Haus: Es steht nicht über – und es ist nicht zu knapp.

Wenn wir zu solch einem frühen Zeitpunkt in unserer Auslegungsarbeit versuchen, den Hauptgedanken zu erheben, kann dies gewiß nur zu einer vorläufigen Formulierung führen. Die genaue Einzelauslegung, die noch folgt, wird an diesem Hauptgedanken weiter feilen, verbessern und vielleicht verändern müssen. Doch es ist wichtig, daß sich das Denken des Auslegers von Anfang an darauf ausrichtet, die Absicht und das zentrale Anliegen des biblischen Autors zu erkennen.

(b) Die Frage nach dem ›roten Faden‹

Hat der Ausleger den Hauptgedanken des Textes erkannt, muß er beobachten, wie der Autor den Abschnitt aufgebaut hat. Er muß sehen, wie die Gedankenentwicklung im Text fortschreitet und welche Bedeutung die einzelnen Gedankenstationen für das Gesamtthema haben.

Eine praktische Hilfe für die Vergegenwärtigung des Gedankengangs kann es sein, den Text ganz einfach mit eigenen Worten nachzuerzählen und dabei zum Ausdruck zu bringen, was der biblische Autor gerade beabsichtigt und tut. Etwa: »Der Psalmist eröffnet seinen Psalm, indem er den gottesfürchtigen Menschen glücklich preist. Dabei beschreibt er zunächst, was dieser Mensch *nicht* tut. . .«, usw. (Ps 1).

Mit diesen ersten Schritten – dem mehrfachen Lesen des Textes, dem vorläufigen Formulieren des Hauptgedankens und dem

Erkennen des Gedankengangs – hat sich der Ausleger einen guten ersten Überblick über den Text verschafft.

AUFGABEN

Zu Psalm 1:

Formulieren Sie in einem kurzen, vollständigen Satz den Hauptgedanken dieses Psalms.
Erzählen Sie kurz in eigenen Worten den Gedankengang von Psalm 1 nach.
(Beide Aufgaben schriftlich)

Zu Epheser 4,1-6:

Formulieren Sie in einem kurzen, vollständigen Satz den Hauptgedanken dieses Textes.
Erzählen Sie kurz in eigenen Worten den Gedankengang von Eph 4,1-6 nach.
(Beide Aufgaben schriftlich)

2.3.3 Problempunkte notieren

Die Devise mancher Prediger – und (wie ein Blick in Kommentare zeigt) auch mancher Bibelausleger – scheint zu sein: »Probleme im Text sind dazu da, daß man sie umgeht!« Es kann schon frustrierend sein für eine Gemeinde, wenn sich folgendes ereignet: Der Pastor verliest am Sonntagmorgen den Predigttext, in dem sich ein brisanter Lehrstreitpunkt oder eine schwierig zu verstehende Problemstelle findet. Selbstverständlich hegen manche biblisch interessierten Hörer nun die Hoffnung, daß die Predigt einiges Licht in das Dunkel bringen werde. Was aber, wenn der Prediger die Schwierigkeit einfach elegant umschifft? Wenn er in seiner Predigt all das breit ausführt, was sich die Hörer auch selbst hätten denken können – aber ungerührt über das hinweggeht, was wirklich eine Hilfestellung und Antwort erfordert hätte? Was soll von einer Verkündigung gehalten werden, in der ununterbrochen biblische Vokabeln gebraucht werden, die es in der Umgangssprache nicht mehr gibt, ohne daß ihr tieferer Bedeutungsinhalt erklärt und in verständliche Konzepte übersetzt wird?

Damit solche Pannen nicht passieren, ist es wichtig, bereits in der exegetischen Vorarbeit Probleme und Fragen nicht zu übergehen, sondern – wenn irgend möglich – anzugehen und zu lösen.

So könnte es für den Ausleger als Abschluß seiner überblicksmäßigen Beschäftigung mit dem Text eine gute Gewohnheit sein, sich auf ein Blatt Papier zu notieren, was in der folgenden ›Analyse‹ auf jeden Fall näher untersucht und geklärt werden muß:

– Welche Worte und Begriffe sind in ihrer sachlichen bzw. theologischen Bedeutung nicht bekannt? Welche (vielleicht oft gebrauchten) Begriffe scheinen zwar bekannt zu sein, sollten aber nochmals näher nach ihrem biblischen Inhalt untersucht werden?

– Welche geschichtlichen Vorgänge oder kulturellen Gebräuche, die der Text erwähnt, müssen geklärt werden?

– Gibt es lehrmäßige Probleme im Text, denen man unter Umständen in einem weiteren Zusammenhang nachgehen muß?

– Ist der Aufbau des Bibelabschnittes schwierig? Gibt es Verse, die schwer in den Gedankenfluß einzuordnen sind?

– Gibt es Schwierigkeiten mit dem Wortlaut des Textes? Hat das Lesen in verschiedenen Übersetzungen Unterschiede zutage gefördert, deren Gründe untersucht werden müssen?

– Ist das, was dasteht, wörtlich oder sinnbildlich gemeint?

– Sind dem Exegeten unterschiedliche Auslegungen des Textes bekannt? Welche wird sich als die beste erweisen?

So ließen sich noch manche Fragen zur Beantwortung auflisten. Wichtig ist, daß der Ausleger sich alle Punkte merkt, die im konkreten Text einer Lösung zugeführt werden müssen.

Damit ist der Überblick beendet, und der Ausleger kann sich der Untersuchung von Einzelfragen zuwenden.

AUFGABEN

Zu Psalm 1:

Erstellen Sie anhand der oben aufgeführten (und ähnlichen) Fragen eine Liste von wenigstens 5 Problempunkten zu diesem Psalm, die in der folgenden exegetischen Analyse geklärt werden sollten.

Zu Epheser 4,1-6:

Erstellen Sie anhand der oben aufgeführten (und ähnlichen) Fragen eine Liste von wenigstens 5 Problempunkten zu Eph 4,1-6, die in der folgenden exegetischen Analyse geklärt werden sollten.

2.4 ›Analyse‹: Hier lösen sich die Rätsel

Erinnern wir uns an zweierlei. In unserer Definition hatten wir die Auslegungspredigt als die »Entfaltung einer biblischen Aussage« bezeichnet, »die in Beugung unter das Wort durch eine genaue Auslegung des Textes erarbeitet wurde«. Und wir hatten die Forderung Parzanys zitiert, Prediger dürften nicht nur das bieten, was sich jeder Hörer beim ersten Lesen des Textes schon selber denken könne, sie müßten vielmehr »eine Schüppe tiefer graben«. Das geht aber nur auf der Basis eines eingehenden Studiums des Predigttextes.

Mit dieser gründlichen Auslegungsarbeit wollen wir uns im folgenden beschäftigen. In sechs Arbeitsschritten soll ein Weg aufgezeigt werden, der ein genaues Eindringen in die ursprüngliche Textbedeutung ermöglicht. Dabei geht es um die Untersuchung der Textbasis, der geschichtlichen Situation, des textlichen und theologischen Zusammenhangs, der literarischen Eigenart des Textes, der Sach- und Wortbedeutungen und schließlich (gewissermaßen als Ersatz für die nur am Grundtext mögliche syntaktische und strukturelle Analyse) das Erstellen eines Textschaubildes.

Begeben wir uns also an die anspruchsvolle Aufgabe, gründliche Bibelauslegung kennenzulernen und einzuüben. Wir tun das allerdings in dem Wissen,

– daß man viele dieser Arbeitsschritte nur als längerfristiges Projekt lernen kann (z.B. die Aneignung von Informationen über den geschichtlichen Hintergrund der Bibel);

– daß manches nicht nur gelesen, sondern geübt sein will;

– und daß vieles, was zunächst langwierig und schwierig erscheint, später, wenn der Blick für die Auslegungsarbeit erst einmal geschult ist, sehr viel leichter fällt.

2.4.1 Die Textbasis prüfen (Textkritische Analyse)

Jede ernsthafte Auslegungsarbeit muß das Ziel haben, den ursprünglichen Sinn eines Bibeltextes, so wie Gott ihn durch die Sprache des Bibelschreibers zum Ausdruck bringen wollte, zu verstehen. Mit einem minderen Ziel sollte sich der Exeget – bei allem Wissen um den Stückwerkcharakter des eigenen Erkennens – nicht zufrieden geben.

Nun gibt es für den Bibelausleger von heute aber von vornherein zwei Probleme:

1. Die Originale der biblischen Schriften, wie Gott sie einmal durch Inspiration gegeben hat, sind uns nicht mehr erhalten. Auch in den Grundsprachen Hebräisch und Griechisch ist uns die Bibel, ganz oder in Teilen, nur in Abschriften erhalten. Vor Erfindung der Buchdruckerkunst (um 1450 n. Chr.) mußten die biblischen Schriften immer noch mühsam mit der Hand abgeschrieben werden. In den jüdischen Schulen, in denen die hebräische Thora kopiert wurde, und in christlichen Klöstern, in denen Mönche das Neue Testament abschrieben, wurde zwar mit großer Sorgfalt gearbeitet. Trotzdem aber konnten kleine Veränderungen gegenüber dem Original vorkommen. Das brachte es mit sich, daß im Lauf der Jahrhunderte eine größere Zahl unterschiedlicher ›Lesarten‹ (auch ›Textvarianten‹ genannt) entstand. Dem gewissenhaften Bibelausleger kann es aber nicht darum gehen, die Abschreibvariante irgendeines Mönches zu interpretieren; vielmehr muß es ihm um den ursprünglichen Text gehen, so wie Gott ihn eingegeben hat.

2. Das andere Problem stellt sich durch die Übersetzungen. Selbst bei guten Übersetzungen gibt es das Problem, daß sie die Sprachgestalt und die Möglichkeiten des Sinngehalts des Grundtextes zugleich nie 100%ig in die Übersetzungssprache überführen können. Zudem fließt in jede Übersetzung immer auch ein Stück Bibelverständnis und Auslegung des Übersetzers mit ein. Denn aus den verschiedenen Bedeutungsmöglichkeiten eines Wortes oder Satzes in der Grundsprache muß er sich in der Übersetzung schließlich auf eine bestimmte Bedeutung festlegen. Daß schon den Übersetzer dabei das Ziel leiten muß, den ursprünglichen, vom biblischen Schreiber beabsichtigten Sinn so klar wie möglich zu erkennen und wiederzugeben, ist selbstverständlich.

Aus dieser Problemanzeige ergibt sich ein doppeltes Ziel für den Übersetzungsvergleich. Zum einen wird es darum gehen, später eingedrungene Varianten (wie sie in Übersetzungen manchmal abgedruckt sind) als solche zu erkennen, um für die

Auslegung eine tragfähige Textbasis zu haben und nicht schließlich über Dinge zu predigen, die so im ursprünglichen Bibeltext gar nicht standen. Und zum andern muß der Textvergleich zeigen, wo die Bedeutungsmöglichkeiten des Grundtextes liegen. Wie kann das geschehen?

(a) Das Problem der Textvarianten
Wenden wir uns zunächst dem ersten Problemkreis zu. Das Neue Testament ist textlich besser überliefert als jedes andere Buch der Antike. Über 5000 griechische Handschriften des Neuen Testaments oder gewisser Teile davon sind uns erhalten. Manche von ihnen gehen in sehr frühe Zeit zurück. Und vom hebräischen Alten Testament, dessen wichtigste Handschriften vom Ende des ersten nachchristlichen Jahrtausends stammen, von dem andererseits aber auch wertvolle Stücke aus vorchristlicher Zeit in Qumran gefunden worden sind, wissen wir, daß es innerhalb des offiziellen Judentums mit größter Sorgfalt abgeschrieben und überliefert wurde.[14] Trotzdem gibt es im Neuen wie im Alten Testament eine größere Zahl unterschiedlicher Varianten in der Textüberlieferung, die allerdings selten von Bedeutung sind und wohl nirgends einen Punkt der biblischen Lehre ernsthaft betreffen.

Beim Übersetzungsvergleich stößt der Bibelleser aber immer wieder auf diese unterschiedlichen Lesarten. In der alten Lutherübersetzung (z.B. Scofieldbibel) liest man in Mt 6,4 die Verheißung, der himmlische Vater werde Almosengeben »öffentlich« vergelten. In der revidierten Elberfelder Bibel (und anderen neueren Übersetzungen) ist von »öffentlich« dagegen nirgends die Rede. Das Wort, das auch gar nicht in den Zusammenhang paßt, findet sich in den besten griechischen Handschriften nicht. Wie aber kann ich das als einfacher Bibelleser herausfinden? Nun, man könnte bei solchen Abweichungen in einem Kommentar nachschlagen, um zu sehen, was der Grund ist. Im allgemeinen dürfte allerdings schon folgender praktische Rat genügen:

---

14 Hat man in einer handgeschriebenen Torahrolle auch nur einen Abschreibefehler gefunden, wurde in der jüdischen Synagoge die ganze Rolle ›ausgemustert‹.

Wo mehrere neuere Übersetzungen gegenüber einer älteren textlich übereinstimmen, sollte man den neueren folgen.[15]

Eine große Zahl wertvoller Texte wurde erst Ende des 19. und Anfang des 20. Jahrhunderts gefunden und konnte erst in den letzten Jahrzehnten ausgewertet werden. So steht den neueren Übersetzungen eine bessere und sicherere Textbasis zur Verfügung als noch den alten Ausgaben.

Hin und wieder, im Grunde jedoch an wenigen Stellen, offenbart der Übersetzungsvergleich stärkere Unterschiede. So ergibt sich in Lk 9,54-56 folgendes Bild:

Zürcher Bibel	Rev. Elberfelder	Alte Lutherbibel
(54) »»Herr, willst Du, daß wir Feuer vom Himmel fallen und sie verzehren heißen?‹	(54) »»Herr, willst Du, das wir Feuer vom Himmel herabfallen und wie verzehren heißen, *wie auch Elia tat?‹*	(54) »»Herr, willst Du, so wollen wir sagen, daß Feuer vom Himmel falle und verzehre sie, *wie Elia tat?‹*
(55) Er aber wandte sich um und bedrohte sie.	(55) Er aber wandte sich um und schalt sie.	(55) Jesus aber wandte sich um und bedrohte sie *und sprach: ›Wisset ihr nicht, welches Geistes Kinder ihr seid?*
(56) Und sie begaben sich in ein anderes Dorf.«	(56) Und sie gingen nach einem anderen Dorf.«	(56) *Des Menschen Sohn ist nicht gekommen der Menschen Seelen zu verderben, sondern zu erhalten.‹*
(57) Und sie gingen in einen anderen Markt.«		

---

[15] Es muß wohl nicht eigens betont werden, daß dies lediglich ein Rat an jene ist, die auf Übersetzungen angewiesen sind. Dem Theologen, der gelernt hat mit den Grundtextausgaben und ihrem textkritischen Apparat umzugehen, stehen Möglichkeiten offen, die Textvarianten von Fall zu Fall anhand der äußeren und inneren Evidenz selbst abzuwägen und zu begründeten Entscheidungen zu kommen.

Die Zürcher Bibel hat hier den kürzesten Text (wie ihn übrigens die ältesten griechischen Handschriften bieten). In einer Anmerkung fügt sie hinzu, daß in V. 54 »viele alte Textzeugen« die Worte ›wie Elia tat‹ hätten und in V. 55b-56 »einige alte Textzeugen« den Zusatz böten, der in der alten Lutherbibel steht. Man beachte dabei den Unterschied: »Viele« (V. 54) und »einige Textzeugen« (V. 55b-56). Auf ähnliche Weise erklären manche neueren Übersetzungen bei Problemen dieser Art den Textbefund. Der Leser deutscher Übersetzungen, der nicht anhand des griechischen Textapparates und einer komplizirten textkritischen Methodik eigenständig entscheiden kann, ist nun auf folgendes angewiesen:

– Oft geben bereits die genannten Anmerkungen in neueren Übersetzungen Aufschluß über die Textlage.

– Im übrigen kann er meist in einem Kommentar zur Stelle nähere Erklärungen finden.

– Als ›Daumenregel‹ könnte gelten, daß er sich in solch schwierigen Fällen der Mehrheit der neueren Übersetzungen anschließt.

Allerdings gilt es bei manchen der neueren Übersetzungen gerade hinsichtlich des Alten Testaments auch vorsichtig zu sein, etwa bei der Zürcher und Jerusalemer Bibel. Sie neigen nämlich dazu, den vorliegenden hebräischen Text, wenn er etwas schwierig zu übersetzen ist, willkürlich zu ändern und infolgedessen einen Wortlaut zu bieten, der durch keine alten Texte abgedeckt ist (= sog. ›Konjekturen‹). Solcher kritischen Experimentierfreude gegenüber sollte man grundsätzlich zurückhaltend sein und lieber in anderen Übersetzungen und soliden Kommentaren[16] nachsehen, ob der überlieferte Text nicht doch einen Sinn ergibt, auf den besser zu bauen ist, als auf wechselnde wissenschaftliche Vermutungen.

[16] Ich verweise hierzu besonders auf die Kommentarreihe zum Alten Testament von C. F. Keil und F. Delitzsch, die z. Zt. im Brunnen Verlag Gießen in Einzelbänden als Reprints erscheint.

(b) Das Problem der Übersetzungsweisen

Das zweite Problem hat nicht mit der Textüberlieferung, sondern mit der jeweiligen Übersetzungsweise zu tun.

Zunächst muß der Benutzer von Bibelübersetzungen wissen, daß es grundsätzlich zwei unterschiedliche, aber durchaus berechtigte Übersetzungskonzeptionen gibt: zum einen das Prinzip des ›wörtlichen‹ Übersetzens, die sogenannte wortgetreue oder konkordante Methode. Solche Übersetzungen versuchen, in die Zielsprache möglichst genau die Form der Grundsprache, aus der übersetzt wird, zu übertragen. Die Wortzahl und jeweilige Wortart der Grundsprache, ihr Satzbau und Stil werden möglichst wortgetreu wiedergegeben. Zum andern ist da das Prinzip des ›sinngetreuen‹ Übersetzens, man nennt es auch das Prinzip der dynamischen Äquivalenz. Das Hauptaugenmerk gilt dann nicht der Wiedergabe der Form der Grundsprache, sondern dem Erfassen und genauen Wiedergeben ihres Inhalts bzw. Sinnes. Dieser soll in der Zielsprache dann so ausgedrückt werden, daß der Leser der Übersetzung (möglichst) den gleichen Eindruck erhält, wie ihn der ursprüngliche Autor im Blick auf den Erstleser beabsichtigt hatte.

Der Übersetzer hat die schwierige Aufgabe, zwei Herren dienen zu müssen: der Grundsprache, aus der übersetzt wird, und der Zielsprache, in die übersetzt wird. Wer konkordant übersetzt, orientiert sich mehr an den Gesetzen der Grundsprache; wer dynamisch-äquivalent übersetzt, mehr án den Regeln der Zielsprache. Selten läßt sich beides zugleich ideal verbinden. So klingt Eph 4,15f im ›wörtlich‹ übersetzenden ›Konkordanten Neuen Testament‹ so:

> »Wenn wir aber wahr sind in Liebe, sollten wir zum Wachsen bringen alles, hinein in ihn, der das Haupt ist, der Christus; aus dem der gesamte Körper, zusammen verbunden und vereinigt, durch jede Einverleibung der dargereichten Kost, nach der Wirksamkeit in dem Maße, das jeglichem einzelnen Teile zukommt, das Wachstum des Körpers vollzieht, zur Auferbauung seiner selbst in Liebe.«

In der ›Guten Nachricht‹, die sinngemäß übersetzt hat, ist man dem Deutschleser mehr entgegengekommen:

> »Wir dagegen wollen zu der Wahrheit stehen, die Gott uns

bekanntgemacht hat, und in Liebe zusammenhalten. So werden wir in allem zu Christus emporwachsen, der unser Haupt ist. Von ihm her wird der ganze Leib zu einer Einheit zusammengefügt und durch verbindende Glieder zusammengehalten und versorgt. Jeder einzelne Teil erfüllt seine Aufgabe, und so wächst der ganze Leib und baut sich durch die Liebe auf.« Für den Übersetzungsvergleich wird es wichtig sein, sowohl wortgetreue wie sinngetreue Übersetzungen zur Hand zu nehmen. So erschließen sich dem Leser doch recht weitgehend die sprachlichen Möglichkeiten des biblischen Grundtextes, sowohl nach seiner formalen, als auch nach seiner bedeutungsmäßigen Seite. Beispielhaft nenne ich einige Übersetzungen. Nach dem konkordanten Prinzip gehen (mehr oder weniger) vor: das ›Konkordante Neue Testament‹, die Übertragung des Alten Testaments von Martin Buber, die Elberfelder Bibel. Das Prinzip der dynamischen Äquivalenz findet sich etwa in der ›Guten Nachricht‹, der Menge-Bibel, der Bruns-Bibel. Manche – ebenfalls bekannte – Übersetzungen versuchen einen Mittelweg.

(c) Weitere Textprobleme

Hin und wieder stößt der Leser beim Übersetzungsvergleich auf Probleme, die weder mit der Textüberlieferung zu tun haben, noch auf die Unterschiede zwischen wort- und sinngetreuer Übersetzung zurückzuführen sind. In Eph 4,22f zeigen sich beispielsweise solche Differenzen. Das Neue Testament von Ludwig Albrecht schreibt:

»Ihr habt . . . den alten Menschen abgelegt . . . Ihr werdet aber jetzt erneuert im Geiste eurer Denkungsart und habt den neuen Menschen angezogen.«

Hier wird vorausgesetzt, daß bereits der ›Alte Mensch‹ abgelegt und der ›Neue Mensch‹ angezogen *ist*. Anders lautet die Revidierte Elberfelder Bibel in der Ausgabe von 1975. Sie stellt einfach fest:

»daß ihr . . . den alten Menschen ablegt. . ., dagegen erneuert werdet in dem Geist eurer Gesinnung und den neuen Menschen anzieht . . .«

In der Nachrevision von 1986 stimmt die Elberfelder Bibel dagegen in der Sache mit der Übersetzung von Albrecht überein.

Und die Zürcher Bibel hat (mit vielen anderen) die Befehlsform: »daß ihr ... ablegen sollt den alten Menschen ..., dagegen erneuert werden sollt durch den Geist in eurem inneren Wesen und anziehen sollt den neuen Menschen ...«

Alle bemühen sich um den gleichen griechischen Text, und doch wird der Sinn so unterschiedlich gedeutet![17] Wer in solchen Fällen nicht im Grundtext selbst nachprüfen kann, ist darauf angewiesen, das Problem zunächst einmal zur Kenntnis zu nehmen und in verschiedenen Kommentaren nachzusehen. Bei dem vorliegenden Beispiel würde es sich anbieten, die Problemlösung bis zur späteren Sach- und Begriffsanalyse (2.4.5) aufzuschieben, um dann zu erarbeiten, was das Neue Testament zum ›Alten-‹ und ›Neuen Menschen‹ an anderen Stellen lehrt (z.B. Kol 3,9.10).

In jedem Fall wird genaues Beobachten beim Übersetzungsvergleich die unverzichtbare Grundlage für alles weitere exegetische Arbeiten sein. Die sprachkundigen Übersetzer der Bibel, die sich mit Hebräisch und Griechisch meist besser auskennen als der durchschnittliche Theologe, haben heute auch für den Leser, der die biblischen Grundsprachen nicht beherrscht, den Grundtext so erschlossen, daß er gründliche Auslegungsarbeit leisten kann, wenn er sich die verschiedenen Übersetzungen nutzbar macht.

AUFGABEN

Zu Psalm 1:

Wie ein Vergleich zeigt, sind sich hier die meisten Übersetzungen bis hin zum Wortlaut erstaunlich einig.
Vergleiche dennoch eine der in Klammern genannten Übersetzungen (Elberfelder, Luther, Menge, Zürcher) mit der ›freien‹

Zu Epheser 4,1-6:

Vergleichen Sie genau drei Übersetzungen miteinander (wobei zumindest eine ›wortgetreu‹ und eine ›sinngetreu‹ sein soll). Am besten schreiben Sie die Übersetzungen in drei Kolumnen auf ein Blatt.
Stellen Sie größere Abweichun-

---

[17] Es geht hier darum, wie eine bestimmte grammatische Form des Griechischen, der Infinitiv Aorist und Infinitiv Präsens, verstanden und übersetzt werden soll.

Übertragung der Guten Nachricht.

gen fest, die nicht durch den Unterschied von wort- und sinngetreuer Übersetzung erklärt werden können?
Notieren Sie drei bis vier Punkte,
wo die gleiche Sache nur etwas
unterschiedlich auf Deutsch gesagt wird.

2.4.2 Geschichtliche Fragen klären (Geschichtsanalyse)

Die ganze Bibel, Altes wie Neues Testament, ist ein in hohem
Maße geschichtsbezogenes Buch. Sie erzählt durchgehend von
Gottes Handeln in der Geschichte. Und ihre Lehraussagen und
Anweisungen sind jeweils in konkrete geschichtliche Situatio-
nen hineingegeben. H. Echternach formuliert es so:

»(Die Wahrheit der Bibel ist) verhüllt in Geschichte. Verbor-
gen in den konkreten Situationen. Die biblischen Aussagen
sind situationsbezogen ... Die Bibel zeigt die Wahrheit nicht
direkt auf, sondern – sozusagen – in Spiegelschrift. Im Spiegel
gelebten Lebens. Im Spiegel von Menschenschicksalen und im
Spiegel von Geschichte.«[18]

Im Verlauf von rund 1500 Jahren sind die 66 Bücher der Bibel geschrieben worden. Viele von ihnen berichten von Gottes Handeln mit seinem Volk Israel. Viele von ihnen sind zu konkreten
Anlässen verfaßt und antworten auf spezielle Nöte und Fragen,
die sich in bestimmten Situationen ergaben. Zudem nehmen
viele Aussagen der Bibel Bezug auf historische Vorgänge oder
auch kulturelle Gegebenheiten aus der damaligen Umwelt, die
dem modernen Leser nicht immer gleich vertraut sind.

Nun ist es das Anliegen jeder ernsthaften Auslegungsarbeit an
der Bibel, die ursprüngliche Textbedeutung, man könnte auch
sagen, den vom biblischen Autor beabsichtigten Sinn einer Bibelstelle, so genau wie möglich herauszuarbeiten.[19] Gott hat in
der Bibel seine Gedanken in menschlicher Sprache und in ganz

---

[18] H. Echternach, »Was heißt Inspiration?«, *ThBeitr* 9(1978), S. 122f.
[19] Näheres dazu in H. Stadelmann, *Grundlinien eines bibeltreuen Schriftverständnisses*, S. 97ff.

bestimmte geschichtliche Situationen hinein geoffenbart. Und der Ausleger, der dem göttlichen Wort seine Ehre gibt, wird so genau wie möglich zu erkennen suchen, was dieses Wort jeweils sagen wollte. So kann er es verstehen und sachgemäß anwenden.

Wenn nun dieses Wort auf bestimmte geschichtlich-kulturelle Hintergründe anspielt oder auf konkrete Situationen antwortet – wenn z.B. Paulus im 1. Korintherbrief auf bestimmte Gemeindenöte in Korinth eingeht, oder der 2. Petrusbrief eine konkrete Irrlehre bekämpft –, wird der Ausleger diese geschichtlichen Umstände genau analysieren müssen, um die Absicht und die Botschaft der jeweiligen Bibelaussage nicht mißzuverstehen. Denn wer die Fragen und Herausforderungen nicht versteht, wird sehr leicht die Antworten falsch deuten. Der Ausleger muß daher die jeweiligen geschichtlichen Zusammenhänge gut kennen. Er braucht konkret:

– eine allgemeine Kenntnis der Umwelt des Alten und Neuen Testaments; und

– eine spezielle Kenntnis der Abfassungssituation der jeweiligen biblischen Bücher.

(a) Die Umwelt des Alten und Neuen Testaments

Nicht von heute auf morgen kann man sich Kenntnisse über die Umwelt der Bibel verschaffen. So geht es im folgenden auch nicht einfach um einen Arbeitsschritt in der Vorbereitung auf die nächste Sonntagspredigt, sondern um ein langfristiges, aber lohnendes Projekt für jeden, der die Bibel auf ihrem eigenen Hintergrund besser verstehen will.

Zum einen ist es wichtig, daß sich der Bibelausleger Kenntnisse über die Welt des Alten Testaments verschafft: die Geschichte Israels im Kontext des alten Orients, sowie das religiöse und kulturelle Leben der damaligen Zeit. Weithin beherrschen in diesem Bereich bibelkritische Theorien das Feld, und angemessene evangelikale Darstellungen in deutscher Sprache sind noch Mangelware.

Literaturhinweise:
(Allgemein:) *Das Große Bibellexikon*, Bd. 1-3, Wuppertal/Gießen 1987–89; *Lexikon zur Bibel*, Hg. F. Rienecker, 19. Aufl., Wuppertal 1988;

Handbuch zur Bibel, Hg. P. & A. Alexander, 6., überarb. Aufl., Wuppertal 1986; *The New International Dictionary of Biblical Archaeology*, Hg. E. M. Blaiklock, R. K. Harrison, Grand Rapids 1982; *Die Welt der Bibel*, Hg. P. Alexander, 2., überarb. Aufl., Wuppertal 1988.

(Einzeltitel:) M. Aumann/Carta-Redaktion, *Atlas zur Geschichte Israels*, Marburg 1985; P. C. Craigie, *The Old Testament: Its Background, Growth and Content*, Nashville 1986; H. Donner, *Einführung in die biblische Landes- und Altertumskunde*, Darmstadt 1976; H. Frankfort, *Alter Orient – Mythos und Wirklichkeit*, Stuttgart 1981; R. K. Harrison, *Old Testament Times*, London 1971; Chr. Herold, P. Balling, *Die Könige des Nordreiches Israel nach Salomos Tod*, Marburg 1988; K. A. Kitchen, *Alter Orient und Altes Testament*, Wuppertal 1965; A. R. Millard, *Bibel und Archäologie*, Gießen 1980; A. R. Millard, *Schätze aus biblischer Zeit*, 2. Aufl., Gießen 1987; H. Ringgren, *Die Religionen des Alten Orients*, Göttingen 1979; J. Walton, *Chronologische Tabellen zum Alten Testament*, Marburg 1982.

Weiter benötigt der Bibelausleger Kenntnisse der geschichtlichen Hintergründe des Neuen Testaments: der geschichtlichen Ereignisse in Palästina in der Zeit zwischen den Testamenten und im 1. Jahrhundert unserer Zeitrechnung, der geschichtlichen Entwicklung des Urchristentums und der religiösen Strömungen zur damaligen Zeit. Von besonderer Bedeutung ist es, daß der Ausleger sich vertraut macht mit dem Judentum der zwischen- und neutestamentlichen Ära; denn das Frühjudentum bildet den unmittelbaren Hintergrund für die neutestamentliche Geschichte.

Literaturhinweise:
(Allgemein:) *Das Große Bibellexikon*, Bd. 1-3, Wuppertal/Gießen 1987-89; *Lexikon zur Bibel*, Hg. F. Rienecker, 19. Aufl., Wuppertal 1988; *Handbuch zur Bibel*, Hg. P. & A. Alexander, 8. Aufl., Wuppertal 1988; *Die Welt der Bibel*, Hg. P. Alexander, 2., überarb. Aufl., Wuppertal 1988.

(Überblicke zur NT-Zeitgeschichte:) F. F. Bruce, *Zeitgeschichte des Neuen Testaments*, 2. Aufl., Wuppertal 1986; L. Goppelt, *Die apostolische und nachapostolische Zeit*, 2. Aufl., Göttingen 1966; E. Lohse, *Umwelt des Neuen Testaments*, 7., durchges. Aufl., Göttingen 1986; B. Reicke, *Neutestamentliche Zeitgeschichte*, 3. Aufl., Berlin 1982; M. C. Tenney, *Die Welt des Neuen Testaments*, 2. Aufl., Marburg 1985; A. Schlatter, *Geschichte Israels von Alexander dem Großen bis Hadrian*, 2.

Aufl., Calw 1977; A. Schlatter, *Die Geschichte der ersten Christenheit*, 6. Aufl., Stuttgart/Calw 1983.

(Einzeltitel:) F. F. Bruce, *Paulus: Von Tarsus bis Rom*, Gießen 1981; J. Drane, *Jesus: Sein Leben, seine Worte, seine Zeit*, Gießen 1980; J. Drane, *Paulus: Das Leben und die Briefe des Apostels*, Gießen 1978; J. Drane, *Die frühchristlichen Gemeinden*, Gießen 1984; H. W. House, *Chronologische Tabellen und Hintergrundinformationen zum Neuen Testament*, 2. Aufl., Marburg 1986; *Jesus und Jerusalem*, Hg. D. Foster, Gießen 1980; G. Kroll, *Auf den Spuren Jesu*, 9. Aufl., Leipzig 1979; E. M. Yamauchi, *New Testament Cities in Western Asia Minor*, Michigan 1980.

(Zum Judentum:) P. Billerbeck / H. Strack, *Kommentar zum Neuen Testament aus Talmud und Midrasch*, Bde. I-IV, 7. u. 8. Aufl., München 1978-83; M. Hengel, *Juden, Griechen und Barbaren*, Stuttgart 1976; K. Hruby, *Die Synagoge*, Zürich 1971; J. Jeremias, *Jerusalem zur Zeit Jesu*, 3. Aufl., Göttingen 1963; P. Schäfer, *Geschichte der Juden in der Antike*, Stuttgart/Neukirchen-Vluyn 1983.

Schließlich wird es für den Ausleger nützlich sein, mittels historisch-geographischer Hilfsmittel Orientierung in Fragen der historischen Geographie zu erhalten. So können anhand von Karten, Übersichten und Grundrissen geschichtliche Vorgänge, von denen die Bibel spricht, lokalisiert und veranschaulicht werden.

Literaturhinweise:
Y. Aharoni, *Das Land der Bibel: Eine historische Geographie*, Neukirchen-Vluyn 1984; O. Keel / M. Küchler, *Orte und Landschaften der Bibel*, Bd. 1+2, Göttingen 1982/84; H. H. Rowley, *Atlas zur Bibel*, 9. Aufl., Wuppertal 1985; *Studienatlas zur Bibel: Historische Geographie der biblischen Länder*, Stuttgart-Neuhausen 1985; gutes Karten- und Übersichtsmaterial bietet auch die *Thompson-Studienbibel*, Stuttgart-Neuhausen 1986.

(b) Die Abfassungssituation der biblischen Bücher

Neben einer allgemeinen Kenntnis der Umwelt der Bibel sollte der Ausleger guten Einblick in die Entstehungssituation, den Anlaß und die Absicht eines Bibelbuches haben, das er auslegen möchte. Diese Hintergrundinformation trägt viel mehr zum genauen Verstehen des Bibeltextes bei, als die meisten Bibelleser vermuten. Fünf Fragen erschließen dem Ausleger die Abfassungssituation eines biblischen Buches: Wer schreibt hier? Von wo aus? Wann? An wen? Warum?

(1) Zunächst: Wer ist der Verfasser? Viele Bücher der Bibel nennen ausdrücklich ihre Verfasser. So ist der Absender des Römerbriefes der Apostel Paulus (Rö 1,1), des 1. Petrusbriefes der Apostel Petrus (1.Ptr 1,1); das Sprüchebuch geht in großen Teilen auf Salomo zurück (Spr 1,1; vgl. aber 30,1; 31,1). Manche Bibelbücher nennen ihren Verfasser nicht ausdrücklich. Es ist in solchen Fällen müßig, Spekulationen im Blick auf den Autor anzustellen (etwa beim Hebräerbrief, dem Richterbuch, den Chronikbüchern usw.). Grundsätzlich ist es aber hilfreich, den Verfasser zu kennen. Man kann das Buch dann zeitlich gut einordnen und kann vielleicht mehr über Abfassungssituation und Absicht der Schrift erfahren.

Leider hat die neuzeitliche Bibelkritik gerade die Verfasserangaben biblischer Bücher weithin in Frage gestellt. Während man das übergeht, was die Bibel ausdrücklich zur jeweiligen Verfasserschaft sagt, nimmt man die eigenen Entstehungshypothesen umso ernster und erledigt mit literarkritischen, formgeschichtlichen und überlieferungsgeschichtlichen Argumenten die biblischen Verfasserangaben.

Die Literarkritik versucht, feine Spannungen und ›Risse‹ in einem Buch zu entdecken. Und wenn sie solche gefunden zu haben meint, interpretiert sie diese als Hinweise darauf, daß bei der Entstehung des Buches mehrere Hände im Spiel gewesen seien. Mittels historischer und theologischer Hypothesen entwirft sie dann ein Bild, wie der Entstehungshergang möglicherweise gewesen sein könne. Vielleicht gesteht man dem Autor, den die Bibel nennt, zu, einen gewissen Teil des Buches verfaßt zu haben; vielleicht vermutet man, er habe seinerseits aus anderen – unbekannten – Quellen geschöpft; oder man läßt noch gelten, daß er als ›geistiger Vater‹ hinter den Aussagen des nach ihm benannten Buches stehe, das allerdings von späteren Schülerkreisen niedergeschrieben bzw. ergänzt worden sei. In anderen Fällen verwirft man die biblische Verfasserangabe ganz als unhistorisch und rechnet stattdessen mit einem unbekannten späteren Autor, der unter Pseudonym geschrieben habe. Oder man nimmt an, daß das Werk gar nicht von einem eigentlichen Verfasser stamme, sondern aus verschiedenen Quellen zusammengestellt worden sei.

Seit Jahrzehnten wird die Literarkritik noch durch die formgeschichtliche Methode ergänzt. Diese klassifiziert zunächst die einzelnen Formbestandteile eines Textes – was durchaus nützlich sein kann.[20] Sie geht dann aber weiter und stellt Hypothesen über die vorliterarische Geschichte der einzelnen Einheiten im Stadium mündlicher und schriftlich-fragmentarischer Überlieferung auf. So rechnet die historisch-kritische Theologie bei den Mosebüchern nicht mit einer mosaischen Verfasserschaft, sondern teilt den Stoff der Mosebücher zunächst literarkritisch auf vier hypothetische Quellenschriften auf (die ›jahwistische‹, ›elohistische‹, ›deuteronomistische‹ und ›priesterschriftliche‹ Quelle – kurz: JEDP), wozu dann die formgeschichtliche These kommt, daß in jeder dieser ›Quellen‹ Materialien wie Bekenntnisse, ›Sagenkränze‹, Ätiologien (d.h. Geschichten, die die Herkunft einer Sache oder eines Ortes in erfundener Weise erklären wollen) gesammelt seien, die über Jahrhunderte hin im Lauf einer mündlichen Überlieferung entstanden, gewachsen, verändert und überliefert worden seien. Entsprechend rechnet die formgeschichtliche Theorie auch nicht so sehr damit, daß am Anfang eines biblischen Buches ein Autor als Offenbarungsempfänger stand, vielmehr, daß entsprechende biblische Schriften das Endprodukt eines langen mündlichen Überlieferungsprozesses seien – zusammengestellt durch Traditionsempfänger, Sammler und Redaktoren (die – wie dann die ›redaktionsgeschichtliche‹ Forschung meint feststellen zu können – ihrerseits dem Stoff wieder ihre eigene theologische Note aufgeprägt hätten).

In neuerer Zeit wird die formgeschichtliche Theorie noch durch die ›überlieferungsgeschichtliche‹ Methode (oder Traditionsgeschichte) ergänzt. Hier bezieht man nicht nur die zu rekonstruierende Vorgeschichte eines Werkes im Stadium mündlicher Tradition und schriftlicher Einzelüberlieferungen in die (hypothetische) Textentstehung mit ein, sondern auch die vermutete Weiterarbeit späterer Tradenten, Schülerkreise und Bearbeiter am schriftlich fixierten Text. In einem beständig fortschreitenden Lebensprozeß werde eine einmal niedergeschrie-

---

[20] In Auswahl werden wir auf diese Thematik in Abschn. 2. 4. 4 (›Gattungs- und Stilanalyse‹) eingehen.

bene Wahrheit in späterer Zeit neu aktualisiert und ergänzt. Kein Wunder, daß für die überlieferungsgeschichtliche Forschungsrichtung biblische ›Autoren‹ nebensächlich werden. Das Interesse ruht auf der (hypothetischen) Vorgeschichte und auf der Weiterentwicklung eines als ›Traditionsstoff‹ angesehenen Textes. Biblische Autorennamen wie Mose, David, Salomo oder Daniel werden lediglich im Sinn einer Art Schutzpatron-Bezeichnung für bestimmte Literaturarten im Alten Testament angesehen. Als Verfasser der nach ihnen benannten Schriften werden sie in der Regel ausgeschlossen. In anderen Fällen wird mit Schulbildungen gerechnet: Wichtige religiöse Persönlichkeiten im Alten und Neuen Testament (wie Jesaja oder Paulus) hätten durch ihr Wirken ›Schulen‹ geistiger Nachfolger hinterlassen, die ihrerseits das Andenken des Meisters pflegten, sein Werk durch Zusätze ergänzten oder auch pseudonym unter seinem Namen Bücher herausgaben. So sei die ursprüngliche Jesajaschrift zunächst durch Zusätze ergänzt und später durch eine ›Deutero-Jesaja-‹ (und vielleicht ›Trito-Jesaja‹-)Schrift vervollständigt worden. Und im Neuen Testament werden z. B. der Epheser- und Kolosserbrief dem Paulus abgesprochen und als pseudonymes Werk getreuer Paulusschüler bezeichnet.

Die hier gebotenen Ausführungen können nur einen kleinen Einblick in die Hypothesengebäude moderner Bibelkritik geben. Sie sollen dem Nicht-Theologen zeigen wie es kommt, daß er in Nachschlagewerken und Kommentaren zur Verfasserschaft biblischer Bücher mitunter Auskünfte findet, die mit der in der Bibel genannten Autoren- oder Situationsangabe nicht übereinstimmen. Im Rahmen dieses Buches, das sich mit Schriftauslegung nur im Zusammenhang der Predigtvorbereitung beschäftigt, kann weder eine kritische Würdigung aller Methoden noch eine ins einzelne gehende Diskussion der kritischen Infragestellung biblischer Verfasserangaben erfolgen.[21] Doch soviel sei be-

---

[21] Immerhin sollen einige Literaturempfehlungen zu den besonders umstrittenen Büchern der Bibel erfolgen. (a) Zum ALTEN TESTAMENT allgemein: W. Möller, *Grundriß für Alttestamentliche Einleitung*, Berlin 1958; G. L. Archer, *Einleitung in das Alte Testament*, Bd. 1, Bad Liebenzell 1987; R. K. Harrison, *Introduction to the Old Testament*, London 1970. (b) Zu den MOSEBÜCHERn: S. Külling, u. a., »Argumente in der Auseinandersetzung mit bibel-

merkt: Es ist für den kritischen Betrachter der Bibelkritik schon manches Mal verwunderlich, mit welcher Leichtigkeit ausdrückliche Selbstaussagen biblischer Bücher zu ihrer Verfasserschaft (bzw. neutestamentliche Aussagen über die Verfasser alttestamentlicher Bücher) abgewiesen oder uminterpretiert werden, während mit gläubiger Zähigkeit an hypothetischen ›Verfassern‹ – heißen sie nun ›Jahwist‹, ›Elohist‹, ›Deuterojesaja‹ oder ›Paulusschüler‹ – festgehalten wird. Man ist so gläubig überzeugt von der Existenz wissenschaftlich vermuteter Tradenten, Redaktoren, Schülerkreise und kreativer Gemeindekollektive, daß man die naheliegende Frage übersieht, warum wohl die Bibel im Alten wie im Neuen Testament so häufig namentlich Gottesmänner nennt, die als Offenbarungsempfänger und Verfasser im

kritischen Theorien in Bezug auf die 5 Bücher Mose und Jesaja«, *Fundamentum*, 3(1981), S. 30-57; H. Bräumer, *Das erste Buch Mose*, 1. Teil, Wuppertal 1983, ›Einleitung‹; U. Cassuto, *The Documentary Hypothesis*, Jerusalem 1961; G. Maier, »Kritisches zur Pentateuchkritik«, *ThBeitr*, 16(1985), S. 286-290; C. Rogers, »Die Entstehung des Pentateuchs«, *Fundierte Theol. Abhandlungen*, Bd. 4, Wuppertal 1986, S. 5-63. (c) Zu JESAJA: S. Külling, u. a., »Argumente in der Auseinandersetzung mit bibelkritischen Theorien in bezug auf die 5 Bücher Mose und Jesaja«, *Fundamentum*, 4(1981), S. 23-42; C. Rogers, »Erwägungen zur Verfasserschaft des Jesaja«, *Fundierte Theol. Abhandlungen*, Bd. 1, Gießen 1983, S. 87-114. (d) Zu DANIEL: G. Maier, *Der Prophet Daniel*, Wuppertal 1982, S. 17-65; B. K. Waltke, »Die Abfassungszeit des Danielbuches«, *Bibel und Gemeinde*, 77(1977), S. 410-427. (e) Zum NEUEN TESTAMENT allgemein: D. Guthrie, *New Testament Introduction*, 3. Aufl., London 1970; J. A. T. Robinson, *Wann entstand das Neue Testament?*, Paderborn/Wuppertal 1986. (f) SYNOPTISCHE EVANGELIEN: R. Riesner, »Der Ursprung der Jesus-Überlieferung«, *Theol. Zeitschrift*, 38(1982), S. 493-513; H. Stadelmann, »Die Entstehung der Synoptischen Evangelien«, *Bibel und Gemeinde*, 77(1977), S. 46-67; H. Stadelmann, »Grundanliegen einer bibeltreuen Auslegung: Dargestellt anhand der Versuchungsgeschichte Jesu nach Matthäus« *Jahrbuch für evangelische Theologie*, 2(1988), S. 26-48; (g) JOHANNESEVANGELIUM: G. Maier, »Johannes und Matthäus – Zwiespalt oder Viergestalt des Evangeliums?«, *Gospel-Perspectives*, Bd. 2, Sheffield 1981, S. 267-291; E. Schnabel, »Das Johannesevangelium und die Frage der Historizität«, *Jahrbuch für Evangelikale Theologie*, 2(1988), S. 49-84. (h) EPHESERBRIEF: A. van Roon, *The Authenticity of Ephesians*, Leiden 1974. (i) PASTORALBRIEFE: J. van Bruggen, *Die geschichtliche Einordnung der Pastoralbriefe*, Wuppertal 1981. (j) 2. PETRUSBRIEF: E. M. B. Green, »Der 2. Petrusbrief neu betrachtet«, in: *Das Petrusbild in der neueren Forschung*, Hg. C. P. Thiede, Wuppertal 1987, S. 1-50.

Auftrag Gottes Schriften mit bis heute andauernder Wirkungsgeschichte hinterlassen haben. Die biblische Auskunft, daß überragende Werke mit überragenden (weil von Gott erwählten und befähigten) Persönlichkeiten in Verbindung zu bringen sind, wird von der Kritik übersehen oder angezweifelt; und eine auf kollektivistische und evolutionistische Prozesse geeichte Sichtweise ersetzt die biblische Darstellung durch ein selbstgeschaffenes Entstehungsbild.

Die Bibel ist unsere beste – und in der Regel unsere einzige – Informationsquelle für ihre eigene Entstehung. Wer der Bibel nicht vertraut, wenn sie über sich selber spricht, wird ihr auch nur bedingtes Vertrauen entgegenbringen, wenn sie über anderes spricht. Die Wahrheit der Heiligen Schrift erstreckt sich auf alle ihre Aussagen, auch die geschichtlichen. Diese gilt es zu verstehen, richtig einzuordnen und als wichtige Hintergrundinformation für die Auslegung fruchtbar zu machen.

(2) Wo wurde das biblische Buch verfaßt? Um den Hintergrund einer biblischen Schrift zu verstehen, kann die Kenntnis des Abfassungsortes hilfreich sein. Bei alttestamentlichen Büchern stellt sich etwa die Frage: Entstand die Schrift in Palästina oder in der Diaspora? Wurde sie im judäischen Südreich oder im Nordreich Israel geschrieben? Gibt es archäologische Funde, die uns Detailkenntnisse über die örtliche Situation bieten? Bei den Briefen des Neuen Testaments hängen angesichts der Reisebewegungen der Apostel Ortsangabe und Abfassungszeit eng zusammen. Kann der Abfassungsort ermittelt werden, hilft das, die Abfassungszeit der Schrift ungefähr festzustellen. Oft ist die geographische Ortsangabe sogar zweitrangig, verglichen mit der eigentlichen Abfassungssituation. Ob der Philipperbrief in Caesarea oder Rom entstand, ist gewiß eine nicht unwesentliche Frage; aber daß dieser Freudenbrief im Gefängnis geschrieben wurde (Phil 1,12ff), ist für die Interpretation noch bedeutsamer. Und könnte nicht die Tatsache, daß die Johannesoffenbarung von einem Verbannten auf der Insel Patmos niedergeschrieben wurde (Offb 1,2.9f), eine Erklärung dafür bieten, daß diese Schrift einen weniger glatten Schreibstil aufweist als die übrigen johannäischen Schriften?

Den Abfassungsort eines Bibelbuches festzustellen, ist nicht immer leicht. Oft bleibt nur die Möglichkeit, aus kleinen Hinweisen im Text auf den Ort zu schließen (vgl. etwa 1.Kor 16,19 mit Apg 18,24ff; s. auch Hebr 13,24; 1.Ptr 5,13). Manchmal gibt es Nachrichten aus der frühen Kirchengeschichte, die uns den (möglichen) Abfassungort einer neutestamentlichen Schrift überliefern. In anderen Fällen gibt es allenfalls Vermutungen über den Ort. Es ist dann am besten, die Herkunftsfrage offen zu lassen. Angesichts dieser Schwierigkeiten wird es für den Nicht-Fachmann am besten sein, sich über den Abfassungsort einer biblischen Schrift in einem der gängigen Nachschlagewerke zu informieren, also in einem Bibellexikon, der Einleitung zu einem (evangelikalen) Kommentar über das betreffende Buch oder einer bibeltreuen ›Einleitung‹ in das Alte oder Neue Testament.

(3) Wann wurde das Buch verfaßt? Keines der biblischen Bücher ist ausdrücklich auf Jahr und Tag datiert. So kann die Abfassungszeit immer nur annähernd aus den allgemeinen historischen Angaben erhoben werden. Grundlegend dafür ist das Wissen um den Verfasser und die Abfassungssituation. Bei den Paulusbriefen wird uns die Datierung dadurch etwas erleichtert, daß die Apostelgeschichte die paulinischen Missionsreisen schildert. So lassen sich die Hinweise in seinen Briefen mit den Angaben der Apostelgeschichte kombinieren. Trotzdem ist auch hier die Datierung im einzelnen umstritten. Ob der Galaterbrief kurz nach der ersten oder erst auf der dritten Missionsreise geschrieben wurde (die sogenannte Süd- bzw. Nordgalatientheorie), wird diskutiert.[22] Ob die Pastoralbriefe (Titus- u. Timotheusbriefe) nach der ersten römischen Gefangenschaft des Apostels verfaßt wurden (wie Verteidiger der Echtheit der Pastoralbriefe in den letzten 100 Jahren meist annahmen), oder ob eine Datierung noch auf der dritten Missionsreise (1.Tim; Tit) bzw. in der caesareischen oder ersten römischen Gefangenschaft des Paulus

---

[22] Näheres dazu in H. Stadelmann, »Die Vorgeschichte des Galaterbriefes: Ein Testfall für die geschichtliche Zuverlässigkeit des Paulus und Lukas«, *Bibel und Gemeinde*, 82(1982), S. 153-165.

(2.Tim) angenommen werden kann[23], ist eine offene Frage. Noch schwieriger ist die Datierungsproblematik bei den Evangelien. Zunächst ist da zu klären, in was für einer Beziehung die synoptischen Evangelien (Mt, Mk, Lk) zueinander stehen. Kommt man zu dem Ergebnis, daß diese Evangelien in einem literarischen Abhängigkeitsverhältnis zueinander stehen – was heute durchaus wieder umstritten ist –, wäre noch immer zu fragen, in welcher Reihenfolge die Entstehung gedacht werden kann.[24] Zu fragen wäre dabei auch, was die Tatsache, daß das lukanische Doppelwerk (Lk und Apg) mit der Ankunft des Paulus in Rom plötzlich abbricht (Apg 28,31), für die Datierung des Lukasevangeliums zu bedeuten hat, oder was es für die Evangeliendatierung bedeutet, daß man in der 7. Höhle von Qumran, die nachweislich im Jahr 68 n.Chr. verschlossen wurde, ein Fragment gefunden hat, das wahrscheinlich den Text von Mk 6,52f beinhaltet.[25] Und auch im Blick auf das Johannesevangelium ist die Datierungsfrage nicht abschließend geklärt. Zwar verbietet ein neuerer Papyrusfund (der aus dem frühen 2. Jhd. n.Chr. stammende p 52) die früher von Kritikern vertretene Spätdatierung ins zweite Jahrhundert, doch wird die gängige Ansetzung gegen Ende des ersten Jahrhunderts heute verschiedentlich in Frage gestellt, und manche halten Johannes gar für den frühesten der Evangelisten.[26]

Diese Beispiele mögen den Ausleger davor bewahren, allzu

---

[23] Siehe dazu B. Reicke, »Chronologie der Pastoralbriefe«, *Theologische Literaturzeitung*, 101(1976), Sp. 81-94; J. v. Bruggen, *Die geschichtliche Einordnung der Pastoralbriefe*; J. A. T. Robinson, *Wann entstand das Neue Testament?*, S. 74-92.

[24] Zumeist wird Mk als das älteste Evangelium angesehen. Man rechnet dann mit der sog. ›Zwei-Quellen-Theorie‹: Lk und Mt hätten unabhängig voneinander Mk und eine (hypothetische) Quelle ›Q‹ benutzt. Andererseits gibt es heute wieder eine wachsende Anzahl Forscher, die Mt als ältestes Evangelium ansehen: Mt sei von Lk, und beide von Mk benutzt worden. Andere, die stärker den jüdischen Hintergrund der Evangelienentstehung betonen, rechnen mit einer unabhängigen Entwicklung der Synoptiker, die jedoch alle drei auf eine fest geformte mündliche Jesusüberlieferung zurückgingen (vgl. B. Reicke, *The Roots of the Synoptic Gospels*, Philadelphia 1986).

[25] C. P. Thiede, *Die älteste Evangelien-Handschrift?*, Wuppertal 1986.

[26] J. A. T. Robinson, *The Priority of John*, London 1985.

dogmatisch mit zeitlichen Einordnungen umzugehen. Andererseits aber ist es wichtig, daß die Datierung von Bibelbüchern in voller Harmonie mit allen bekannten biblischen Fakten geschieht und daß Verfasser-, Orts- und Zeitangaben einheitlich zusammenpassen. Spätdatierungen biblischer Schriften, wie sie heute unter sachkritischer Ablehnung der ausdrücklichen Verfasserangaben der Bibel noch immer üblich sind, erweisen sich unter dieser Perspektive als unsachgemäß. Da die Datierung von Bibelbüchern gute Kenntnisse der inner- und außerbiblischen Fakten verlangt, wird auch hier der Nicht-Fachmann die Hilfe von Nachschlagewerken (Bibellexika, Kommentare usw.) in Anspruch nehmen.

(4) Für wen wurde das Buch geschrieben? Manchmal erwähnt eine biblische Schrift ihre Empfänger ausdrücklich. So nennt Paulus im Römerbrief als Adressaten »alle Geliebten Gottes, berufene Heilige in Rom« (Rö 1,7); im 1. Korintherbrief »die Gemeinde Gottes in Korinth, die Geheiligten in Christus Jesus, die berufenen Heiligen samt allen, die an jedem Ort den Namen unseres Herrn Jesus Christus anrufen« (1.Kor 1,2); im 1.Timotheusbrief »Timotheus, mein echtes Kind im Glauben« (1.Tim 1,2). Liegen solche Angaben vor, sind sie genau zu beachten (z.B.: warum erweitert Paulus die Adressatenangabe in 1.Kor 1,2 von der örtlichen Gemeinde auf die »Heiligen . . . an jedem Ort«?). Und es gilt, sich von anderen biblischen Aussagen her ein möglichst genaues Bild dieser Adressaten zu verschaffen. An anderen Stellen ist die Empfängerangabe eher allgemein (vgl. Jak 1,1; 1.Ptr 1,1) oder möglicherweise sogar verschlüsselt (2.Joh 1). Und in vielen Bibelbüchern – besonders im Alten Testament – werden die Empfänger überhaupt nicht genannt. Manchmal läßt in diesem Fall der Inhalt auf den jeweiligen Empfängerkreis schließen. Doch sollte man sich hierbei vor der Gefahr des Spekulierens hüten. Denn gewagte Hypothesengebäude tragen wenig zum geschichtlichen Fundament der Exegese bei.

(5) Aus welchem Anlaß wurde das Buch geschrieben? Die Frage, warum eine biblische Schrift verfaßt wurde, ist – besonders bei Gelegenheitsschreiben wie den neutestamentlichen Briefen –

eine unerläßliche Voraussetzung für eine genaue geschichtsbezogene Auslegungsarbeit an der Bibel. Erst wenn ich die Fragen und Probleme verstanden habe, auf die Paulus etwa im Kolosserbrief eingeht, kann ich auch seine Antwort richtig einordnen. Erst wenn ich die Situation klar erfasse, auf die der Hebräerbriefscheiber antwortet, kann ich seine vielfältigen und nicht immer einfachen Ausführungen als gezielte Argumente samt ihrer Aussageabsicht erkennen. Bei den großen Prophetenbüchern des Alten Testaments, die Sammlungen der Aussprüche des Propheten aus verschiedenen Zeiten enthalten, gilt es weniger, den Anlaß des gesamten Buches zu erfassen, als vielmehr den der jeweiligen Spruchreihe.

Nun gibt es für Bibelbücher keine antiken Begleitschreiben, die uns den Grund für ihre Abfassung jeweils näher erklären. Warum eine bestimmte Schrift verfaßt wurde, muß schon aus ihrem eigenen Inhalt hervorgehen. Da werden Mißstände, Irrlehren und Gegner benannt, Stichworte des bekämpften Gegenübers aufgegriffen und hier und dort Situationen angedeutet, die sich wie ein Puzzlespiel zu einem Gesamtbild fügen. Manchmal geben die Erzählbücher der Bibel in ihren Situationsschilderungen einen guten Hintergrund ab für die prophetischen und apostolischen Gelegenheitsschreiben. Genaues historisches Beobachten und Kombinieren auch subtiler Textaussagen ist hier vom Ausleger verlangt. Dazu ein gutes Hintergrundwissen über die religiösen Strömungen und zeitgeschichtlichen Ereignisse der jeweiligen biblischen Epoche. Dieses Basiswissen und das fein beobachtende Sehen des Auslegers lassen den Anlaß transparent werden, dem – menschlich gesehen – ein biblisches Wort seine Entstehung verdankt. Sie zeigen die Frage, das Problem, die Not, um die es konkret geht. Wer diesen Anlaß klar erkannt hat, wird die Antwort des betreffenden Bibelbuches verstehen und sachgemäß auf Probleme von heute anwenden können.

Und wenn sich einmal – trotz genauen Hinsehens – keine konkreten Anhaltspunkte für den Anlaß bestimmter biblischer Bücher zeigen? Dann ist es auch hier so, daß phantasievolle Hypothesenbildung kein guter Grund ist, auf den die Auslegung aufbauen könnte. Allerdings dürfte dies bei den prophetischen und apostolischen Gelegenheitsschreiben kaum der Fall sein.

Hier lohnt sich ausdauerndes Beobachten – und auch das Nach-
lesen in einem Nachschlagewerk. Bibellexikon, Handbuch zur
Bibel, einschlägige Kommentare oder sogenannte ›Einleitungen‹
zum Alten und Neuen Testament sind in diesem Fall das rechte
Handwerkszeug.

AUFGABEN

Zu Psalm 1:

Lesen Sie folgende Einleitungen
zum Buch des Psalters:
– Den Artikel »Psalmen« im *Lexikon zur Bibel,* Hg. Fritz Rienecker,
Sp. 1100-1104; und/oder
– Die »Einleitung« zum Buch der
Psalmen im *Brockhaus Kommentar zur Bibel,* Bd. 2, Wuppertal
1981, S. 536-542 (referiert auch
kritische Ansichten).

Zu Epheser 4,1-6:

Lesen Sie die Artikel
– »Epheserbrief« und »Ephesus«
im *Lexikon zur Bibel,* Hg. Fritz
Rienecker, Sp. 346-348; und/oder
– M. C. Tenney, *Die Welt des
Neuen Testaments,* Marburg
1985, S. 337-344 (zu den Gefan-
genschaftsbriefen des Paulus) und
S. 345f (zum Epheserbrief); oder
– die Einleitung zu einem Kommentar zum Epheserbrief.

2.4.3 Sich den biblischen Kontext erarbeiten (Kontextanalyse)

Wer hätte sich noch nie mißverstanden gefühlt und protestiert,
man habe seine Worte aus dem Zusammenhang gerissen? Keiner von uns hat es gern, wenn ihm solches widerfährt. Mit Aussagen, die aus dem Zusammenhang genommen sind, läßt sich alles beweisen und alles verdrehen. Bekanntlich sind die Sekten
Meister im Anführen von Versen, die aus ihrem Kontext gerissen sind. Um solchen Mißbrauch zu vermeiden, muß eine verantwortliche Auslegung den literarischen und theologischen
Kontext eines Bibelwortes beachten. Dies wird helfen, den ursprünglichen Sinn einer Aussage zu verstehen.
      ›Kontext‹ (von lateinisch *con* = »zusammen« und *textus* =
»gewoben«) ist die Fachbezeichnung für den Textzusammenhang. Dieser Textzusammenhang muß bei der Auslegung unbedingt berücksichtigt werden. Denn die ursprüngliche Textbedeutung, um die es in der Exegese geht, läßt sich nur erkennen, wenn

der Kontext gebührend beachtet wird. Andernfalls kommt es zu Mißverständnissen und Fehldeutungen. Zu untersuchen ist viererlei:

- der Buchkontext,
- der Abschnittskontext,
- der unmittelbare Kontext und
- der gesamtbiblisch-theologische Kontext.

Die Untersuchung verengt sich zunächst in konzentrischen Kreisen vom Gesamtbuch auf den nächsten Zusammenhang. Dann wird die so gefundene Thematik in den weiteren heilsgeschichtlich-kanonischen Zusammenhang eingeordnet.

(a) Der Buchkontext

Wenn wir uns dem Buchkontext zuwenden, muß vor allem gefragt werden: Was ist die Absicht, das Thema dieses Buches, aus dem unser Predigttext genommen ist? In manchen Bibelbüchern wird das Thema deutlich genannt (etwa Pred 12,13; Lk 1,1-4; Joh 20,30f). Oft jedoch muß das Gesamtthema aus Gedankenführung und Inhalt der betreffenden Schrift erschlossen werden. Die vorangehende Geschichtsanalyse (s. 2.4.2) ist dabei von großer Hilfe. Ist nämlich der Anlaß einer Schrift bekannt, liegt auch auf der Hand, welches Anliegen diese Schrift verfolgt. Es kann dann nur noch darum gehen, nachzuzeichnen, wie das Buch die entsprechende Thematik entfaltet – konkret: in welche großen Sinneinheiten sich das Buch aufgliedert.

Wäre man hier ganz auf eigene Arbeit angewiesen, würde diese Buchkontext-Analyse besonders bei umfangreichen biblischen Schriften eine mühevolle und langwierige Sache sein. Zum Glück ist das nicht so. Manche Bibelausgaben, etwa die Menge-Bibel, die Neue Scofieldbibel oder auch die Thompson-Studienbibel, haben sehr ausführliche Buchgliederungen, aus denen die Themenentfaltung des Buches ersichtlich ist.

Im übrigen helfen bibelkundliche Bücher wie: E. Aebi, *Kurze Einführung in die Bibel*, 5. Aufl., Marienheide 1977; S. A. Ellisen, *Von Adam bis Maleachi: Das Alte Testament verstehen*, Dillenburg/Stuttgart-Neuhausen 1988; *Handbuch zur Bibel*, Hg. P. & A. Alexander, 6., überarb. Aufl., Wuppertal 1986; R. Lee, *Die Bibel im Grundriß: Einführung in alle Bücher der Bibel mit Übersichtstabellen und Gliederungen*, Marburg

1985; H. Möller, *Alttestamentliche Bibelkunde*, Berlin(Ost) 1986; S. J. Schultz, *Die Welt des Alten Testaments*, Asslar 1988; M. C. Tenney, *Die Welt des Neuen Testaments*, 2. Aufl., Marburg 1985.

(b) Der Abschnittskontext

Als zweites muß der Abschnittskontext untersucht werden. Der Überblick, den wir beim Studium des Buchkontexts gewonnen haben, kann uns dazu bereits helfen. Jedes Buch der Bibel, das mehrere Kapitel hat, wird in einige große Sinnabschnitte zerfallen. Häufig können die Kapitel helfen, Sinneinheiten zu erfassen. Doch Vorsicht: Sinneinheiten sind nicht immer identisch mit Kapitelangaben! Denn nicht immer sind die (im ausgehenden Mittelalter getroffenen) Kapiteleinteilungen inhaltlich zutreffend. Hin und wieder sind sie für die Abgrenzung von Sinneinheiten eher störend. Und Sinneinheiten können auch kleiner sein als der Umfang eines Kapitels.

Der Ausleger muß erstens sehen, zu welchem größeren Abschnitt des Buches sein Predigttext gehört. Er stellt dann zweitens fest, welche Bedeutung oder Funktion dieser Abschnitt im Zusammenhang des Gesamtthemas des Buches hat. Drittens richtet er sein Augenmerk auf die Gedankenentfaltung innerhalb des Buchabschnitts. Gefragt wird dabei, wie sich der entsprechende Abschnitt des Buches aufbaut. Von da aus ist es leicht, die Position des eigenen Predigttextes innerhalb des größeren Sinnzusammenhangs zu bestimmen.

(c) Der unmittelbare Kontext

Der Zielpunkt der Zusammenhangsanalyse ist die Untersuchung des unmittelbaren Kontextes. Es gilt nun, genau zu beachten, was der gewählten Predigtperikope unmittelbar vorangeht und folgt. Ziel der Beobachtung ist es, den Gedankenfortschritt im einzelnen nachzeichnen zu können. Liegt eine Kontinuität der Gedankenfolge vor? Oder setzt im Kontrast ein neues Teilthema ein? Wird mit der Predigtperikope ein Abschnitt eröffnet bzw. beendet? Oder gehört sie in einen größeren Sinnzusammenhang, dessen Gedanken sie fortsetzt oder in eine neue Richtung lenkt? Es gibt nur wenige Textarten (wie etwa die alttestamentliche Spruchweisheit), bei denen es schwierig oder gar unmöglich ist, einen Zusammenhang zwischen Text und unmittelbarem Kontext aufzuzeigen. Meist ist ein fortschreitender Gedankenfluß gegeben, und die Kontextanalyse hilft, den Sinn eines Abschnittes innerhalb der gegebenen Gedankenfolge aufzuweisen. Wer den Kontext gut verstanden hat, sollte gefeit sein gegen krasse Fehlinterpretationen des Textes.

Zu erinnern ist noch an eines. Im Zusammenhang mit der Wahl des Predigttextes hatten wir uns mit der Textabgrenzung nach Sinneinheiten beschäftigt (2.2.3). Es könnte nun sein, daß die Kontextanalyse – und dabei speziell die Untersuchung des unmittelbaren Zusammenhangs – klar macht, daß die Predigtperikope doch nicht ganz sinnvoll abgegrenzt war. Sie muß dann um des Sinnzusammenhangs willen entsprechend erweitert oder verkürzt werden. Solch eine Korrektur wäre spätestens an dieser Stelle nachzuholen.

(d) Sonderfall: Der synoptische Kontext

Hin und wieder tritt der Sonderfall auf, daß sich zu einem gegebenen Text ein Paralleltext in einem anderen biblischen Buch findet. Zu Texten aus dem 2.-4. Buch Mose gibt es ähnliche Abschnitte in 5. Mose; zu Berichten in den Königsbüchern finden sich Parallelen in den Chronikbüchern; innerhalb der synoptischen Evangelien (Mt, Mk, Lk) gibt es viele Entsprechungen von Evangelium zu Evangelium. Wo sich zu einer Perikope ein solcher Paralleltext findet, muß zur allgemeinen Zusammenhangsanalyse noch der synoptische Vergleich treten. Zu fragen ist dabei zunächst, ob es sich wirklich um eine echte Parallele handelt, oder nur um einen ähnlichen Text. Ist ersteres gewährleistet, können wir die Paralleltexte inhaltlich vergleichen. Wir tun dies in der Überzeugung, daß die Heilige Schrift eine harmonische, sich ergänzende Einheit darstellt. Vielleicht hilft der parallele Text durch Zusatzinformationen, den Sinn des eigenen Predigttextes besser zu verstehen. Zu achten ist aber auch auf die jeweiligen Unterschiede. Denn jeder Bibelabschnitt verfolgt eine ganz bestimmte Absicht. Und so kann es sein, daß im Blick auf die gleiche Sache der eigene Predigttext und der Parallelabschnitt je einen besonderen Aspekt herausarbeiten. Das Ziel der Auslegung ist dann nicht die Synthese, die die jeweiligen Schwerpunkte einebnet. Vielmehr soll der synoptische Vergleich gerade dazu dienen, den beabsichtigten Sinn der eigenen Perikope umso präziser bestimmen zu können.

(e) Der gesamtbiblisch-theologische Kontext

Die Voraussetzungen für eine gesamtbiblisch-theologische Zusammenhangsanalyse kann man nicht kurzfristig in der Vorbereitung für die nächste Sonntagspredigt schaffen. Das Verständnis für den gesamtbiblischen Zusammenhang muß in Jahren der Beschäftigung mit der Heiligen Schrift wachsen. Je eingehender die Gesamtschau des Predigers für die biblische Offenbarung ist, desto leichter wird es ihm fallen, den konkreten Predigttext mit seiner Aussage in den gesamtbiblisch-theologischen Zusammenhang einzuordnen.

Um eine Bibelaussage in ihrem gesamtbiblisch-theologischen Kontext zu verstehen, ist ein heilsgeschichtliches Verständnis der Heiligen Schrift nötig. Die Bibel ist der Niederschlag einer langen offenbarungsgeschichtlichen Entwicklung, in der Gott redend und handelnd in die Geschichte eingegriffen und seinen Willen, seine Pläne und sein Heil offenbart hat. Die uns so geoffenbarte Heilsgeschichte ist kein religiöses Einerlei, ist auch kein geschichtsloses System, sondern eine Gottesoffenbarung, die von der Schöpfung bis zum Anbruch der Vollendung untrennbar mit der Historie verwoben ist. Sie wird vom Handeln und von immer neuen Willenssetzungen Gottes in ihrer Kontinuität und Diskontinuität gestaltet.

Als Einstieg in die Beschäftigung mit der biblischen Heilsgeschichte sei folgende Literatur genannt: E. Sauer, *Das Morgenrot der Welterlösung*, 6. Aufl., Wuppertal 1976; E. Sauer, *Der Triumpf des Gekreuzigten*, 12. Aufl., Wuppertal 1988; anschaulich, aber etwas vereinfachend: *Grundzüge biblischer Offenbarungen*, Asslar/Dillenburg 1981; sowie zu spezielleren Fragestellungen: *Epochen der Heilsgeschichte*, Hg. H. Stadelmann, Wuppertal 1984; *Glaube und Geschichte: Heilsgeschichte als Thema der Theologie*, Hg. H. Stadelmann, 2. Aufl., Gießen 1988; E. Lubahn, *Heilsgeschichtliche Theologie und Verkündigung*, Stuttgart 1988; K. H. Schlaudraff, *Heil als Geschichte?*, Tübingen 1988.

Praktisch gesehen muß sich der Ausleger, der sich um den gesamtbiblisch-theologischen Kontext eines Bibeltextes bemüht, folgendes bewußt machen:

110

– den eigenen Standpunkt heute in der Heilsgeschichte als Glied der neutestamentlichen Gemeinde;

– den Zusammenhang, in den der Predigttext im Rahmen der Heilsgeschichte einzuordnen ist;

– wie dieser Text auf dem Hintergrund der vorangehenden Offenbarungsgeschichte aus seiner eigenen Zeit heraus zu verstehen ist (d.h. etwa, einen Text aus dem mosaischen Gesetz zunächst wirklich als solchen zu verstehen und ihn nicht vorschnell zu ›christianisieren‹);

– unter Berücksichtigung dessen, was für uns als Glieder der neutestamentlichen Gemeinde im Neuen Testament unmittelbar geoffenbart ist, die rechte Antwort auf die Frage zu finden, was dieser Text für uns heute zu sagen hat.[27]

Der Versuch, eine Bibelaussage in ihren gesamtbiblisch-theologischen Zusammenhang zu stellen, führt häufig auch in systematisch-theologische Gedankengänge. Die Systematische Theologie hat die Aufgabe, die biblische Lehre geordnet zu bedenken. Findet sich in dem vorgegebenen Text eine lehrhafte Aussage, fragt sich sofort: Was lehrt die Heilige Schrift an anderen Stellen und insgesamt zu diesem Punkt? Wie ist die Aussage in diesen Gesamtzusammenhang einzuordnen? Gerade bei schwierigen Lehraussagen kann es hilfreich sein, in einem Buch über biblische Lehre (Dogmatik) oder Dogmengeschichte nachzuschlagen und zu sehen, was andere bereits dazu gedacht haben. Eine gute Fundierung in biblischer Dogmatik gibt der Exegese Sicherheit und der Predigt den weiten biblischen Horizont. Auch hilft die Kenntnisnahme theologischer Denkwege (und Irrwege) oft, den Blick umso mehr zu schärfen für den vorliegenden Text. Was steht da? Was ist im biblischen Zusammenhang hier gemeint? Das sind die entscheidenden Fragen.[28]

---

[27] Nähere Ausführungen zu einer heilsgeschichtlichen Bibelauslegung finden sich in meinem Buch *Grundlinien eines bibeltreuen Schriftverständnisses*, S. 122-133; und in meinem Aufsatz »Hermeneutische Erwägungen zur Heilsgeschichte«, *Glaube und Geschichte*, 2. Aufl., Gießen 1988, S. 32-87.

[28] Die Beantwortung dieser Fragen kann im einzelnen oft noch nicht im Rahmen der Kontextanalyse erfolgen. Ihre Lösung steht dann im Rahmen der Sach- und Begriffsanalyse (Abschn. 2. 4. 5) an.

Um an dieser Stelle gleich den Ausblick zum Predigen hin offen zu halten, hören wir auf Martyn Lloyd-Jones, dem es lebenslang um systematisch-theologisch fundierte Auslegungspredigten ging:

»(Der) Prediger muß einen Begriff, einen festen Begriff von der gesamten biblischen Botschaft haben, die in sich natürlich eine Einheit bildet. Mit anderen Worten, muß der Prediger sich gut auskennen in biblischer Theologie, die wiederum zu einer Systematischen Theologie führt. Für mich gibt es nichts wichtigeres für einen Prediger, als daß er eine Systematische Theologie hat, daß er sie kennt und daß er in ihr gut gegründet ist. Diese Systematische Theologie, dieser Wahrheitszusammenhang, der aus der Schrift gewonnen ist, sollte als Hintergrund und Kontrolleinfluß in seinem Predigen gegenwärtig sein. Jede Botschaft, die aus einem Einzeltext oder einer Einzelaussage der Schrift erwächst, sollte immer ein Teil oder Aspekt dieses ganzen Wahrheitszusammenhangs sein.«[29]

Daß solche gesamtbiblischen Perspektiven nicht in einer einzigen Predigtvorbereitung erarbeitet werden können, sondern in langjähriger Beschäftigung mit der Heiligen Schrift gewonnen sein wollen, ist klar.

AUFGABEN

Zu Psalm 1:

Der Psalter wird heute in fünf ›Bücher‹ aufgeteilt: Ps 1-41 / 42-72 / 73-89 / 90-106 / 107-150. – Was verbindet die einzelnen Psalm-›Bücher‹ je in sich?

Zu Epheser 4,1-6:

Nehmen Sie eine Gliederung des Epheserbriefes zur Hand (Scofield- oder Menge-Bibel, Bibellexikon, Kommentar o.ä.) und lesen Sie den ganzen Brief unter

---

[29] M. Lloyd-Jones, *Preaching and Preachers*, London 1971, S. 66 (Übers., HSt). Lloyd-Jones sieht auch die Gefahr dieser Betonung und wendet sich (ebd.) sogleich gegen den möglichen Mißbrauch: »Manche Leute, die eine Systematische Theologie haben, an der sie sehr festhalten, tendieren dazu, diese fälschlich einzelnen Texten überzustülpen und so den Texten Gewalt anzutun . . . Die Lehre mag dann zwar richtig sein, aber sie ergibt sich nicht aus dem bestimmten Text; wir aber müssen immer textgebunden sein.«

– Lesen Sie im *Brockhaus Kommentar zur Bibel*, Bd. 2, S. 537f, den Abschnitt über ›Die fünf Bücher‹.

– Beachten Sie, daß Ps 3-41 und 51-72 als Davidspsalmen gekennzeichnet sind (vgl. Ps 72,20). Warum stehen Ps 1+2 dieser Sammlung voran? Könnte es mit dem Inhalt von Ps 1 zusammenhängen, daß dieser Psalm am Anfang des gesamten Psalters steht?

ständigem Vergleich mit dieser Gliederung. Konzentrieren Sie sich zuerst auf Kap. 1-3 (worum geht es hier?), dann auf Kap. 4-6. Was ist das zentrale Thema des Epheserbriefes? Was bedeutet es, daß Kap. 4 mit »Ich ermahne euch nun« beginnt? (Beachten Sie auch, daß Kap. 3 mit einem Lobpreis schließt.) Welche Themen werden in Kap. 4-6 nacheinander behandelt?

Bestimmen Sie Thema und Funktion von Eph 4,1-6 in seinem unmittelbaren Kontext.

2.4.4 Die Textart untersuchen (Gattungs- und Stilanalyse)

Der Fülle des Inhalts der Bibel entspricht die reiche Vielfalt ihrer Ausdrucksformen. Viele Autoren mit ihrer je eigenen Ausdrucksart haben im Lauf der Offenbarungsgeschichte an diesem Buch mitgewirkt. Und die von ihnen benutzten literarischen Gattungen und Stilformen summieren sich zu einer ausdrucksreichen Fülle.

Will der Ausleger den biblischen Autor recht verstehen, muß er sich auf die Eigenart der jeweiligen Ausdrucksform einstellen. Ob man einen geschichtlichen Erzähltext oder ein poetisches Stück aus den Psalmen oder dem Hohenlied auslegt, ob man es mit einem Gleichnis, einem ermahnenden Tugendkatalog in einem Paulusbrief oder einem apokalyptischen Visionsbericht aus der Johannesoffenbarung zu tun hat, macht für die Exegese durchaus einen Unterschied. Es gehört zur Kunst der Auslegung, die verschiedenen Textgattungen zu erkennen, sich auf ihre Eigenart einzustellen und ihnen so exegetisch gerecht zu werden. Damit stehen wir vor der Notwendigkeit der Gattungs- und Stilanalyse.

Für manchen Leser wird solch eine Gattungs- und Stilanalyse fremdes Land sein. Deshalb wollen wir im folgenden zunächst die wesentlichen Gattungen aufführen, die im Alten und Neuen Testament vorkommen, und von da aus auf einige wichtige Stilfiguren in der Bibel eingehen.

Die gattungs- bzw. formgeschichtliche Forschung ist zu Anfang dieses Jahrhunderts zunächst im Bereich der alttestamentlichen (H.Gunkel), dann auch der neutestamentlichen (K. L. Schmidt; M. Dibelius; R. Bultmann) Wissenschaft aufgekommen. Ihre Arbeit war aber durch spekulativ-hypothetisches Vorgehen und historisch-kritische Voraussetzungen belastet. So wurde die Herausarbeitung einzelner Gattungen im biblischen Text in der Regel nur als Vorarbeit betrieben, um anschließend wissenschaftliche Vermutungen über den ›Sitz im Leben‹ der entsprechenden Gattung in einer (vorausgesetzten) Phase mündlicher Überlieferung des Textinhalts anzustellen. Der literarische Zusammenhang eines konkreten Einzeltextes wurde dann meist als sekundär beurteilt, der Text selbst einer hypothetisch rekonstruierten ganz anderen Ursprungssituation zugewiesen und dabei vielleicht noch damit gerechnet, daß der Text ›ursprünglich‹ eine viel einfachere Form gehabt habe und erst durch (vermutete) Veränderungen, die seine Tradenten oder der biblische ›Redaktor‹ vorgenommen hätten, die jetzige literarische Gestalt gewonnen habe. Manche Gattungsbezeichnungen, die

[30] Während moderne Gattungs- und Formkritiker oftmals suggerieren, die Deutung eines von Übernatürlichem sprechenden Erzähltextes als ›Mythos‹, ›Sage‹ oder ›Legende‹ entspräche dem Selbstverständnis der Bibel, hat Hermann Gunkel, der Vater der gattungsgeschichtlichen Forschung, noch deutlich zugegeben, daß die biblischen Autoren die Geschichten als wirkliche Begebenheiten angesehen und geglaubt haben: »Man hält dagegen, daß Jesus und die Apostel diese Erzählungen offenbar für Wirklichkeit und nicht für Poesie gehalten haben. Sicherlich. Aber die N. T. lichen Männer haben in solchen Fragen keine besondere Stellung, sondern teilen darin die Meinungen ihrer Zeit.« H. Gunkel, *Genesis*, 4. Aufl., Göttingen 1917, S. VIII. Für Gunkel entscheidet sich der sagenhafte oder mythologische Charakter einer biblischen Geschichte an den Maßstäben des modernen Weltverständnisses. Was in unser Weltbild nicht paßt, kann sich so nicht wirklich zugetragen haben: »Das deutlichste Kennzeichen der Sage ist, daß sie nicht selten Dinge berichtet, die uns unglaubwürdig sind. Diese Poesie hat eine andere Wahrscheinlichkeit, als die im prosaischen Leben gilt, und vieles hält das antike Israel für möglich, was uns unmöglich erscheint. So werden in der Genesis viele Dinge berichtet, die unserem besseren Wissen widersprechen. . .« (ebd., S. X). »Anderes halten wir nach unserer modernen historischen Weltanschauung, die wahrlich nicht erdichtet ist, sondern auf der Beobachtung von Tatsachen beruht, für ganz unmöglich. Und möge der moderne Historiker in dem, was er

man für biblische Texte wählte, machten die historisch-kritischen Voraussetzungen der Form- und Gattungsforscher deutlich. So sprach man von Sagen, Mythen und Legenden im Zusammenhang mit Erzähltexten, in denen von Gottes Eingreifen in die Geschichte die Rede ist.[30] Als wirklich historische Erzählgattungen wollte man nur Berichte gelten lassen, in denen – wie Gerhard Ebeling einmal den ›generellen Grundsatz historischer Betrachtung‹ formuliert hat – »selbstverständlich alles natürlich und mit rechten Dingen zugegangen und die Überlieferung darauf zu reduzieren sei«.[31] Es waren also nicht literarische Merkmale im Text (etwa: »Es war einmal...«; oder: »... und wenn sie nicht gestorben sind, leben sie heute noch«), die zu solchen kritischen Gattungsbezeichnungen führten, sondern weltanschaulich bedingte Urteile über den Inhalt der biblischen Geschichte. Wer mit der Realität des Übernatürlichen und mit Gottes Eingreifen in die Welt rechnet, wird sich der kritischen Klassifizierung nicht anschließen können.

(a) Alttestamentliche Literaturgattungen
Man kann die alttestamentliche Literatur in Prosa-, Spruch- und Liedgattungen einteilen, die sich ihrerseits in viele Untergattungen verzweigen.[32]

für unmöglich erklärt, noch so zurückhaltend sein, so wird er doch mit Sicherheit behaupten, daß Tiere – Schlangen oder Eselinnen – nicht sprechen und nie gesprochen haben, daß es keinen Baum gibt, dessen Früchte Unsterblichkeit oder das Wissen verleihen, daß Engel und Menschen sich nicht fleischlich vermischen..., daß man mit 318 Mann und etwelchen Bundesgenossen ein Welterobererheer nicht auf's Haupt schlagen kann..., und daß kein Mensch 969 Jahre alt werden kann...« (ebd., S. XI).

[31] G. Ebeling, *Dogmatik des christlichen Glaubens*, Bd. 2, Tübingen 1979, S. 379.

[32] Vgl. dazu O. Eissfeldt, *Einleitung in das Alte Testament*, 4. Aufl., Tübingen 1976, S. 1 i-170, und J. Schreiner, »Formen und Gattungen im Alten Testament«, *Einführung in die Methoden der biblischen Exegese*, Hg. J. Schreiner, Würzburg 1971, S. 194-231. (Nach letzterem [aaO., S. 198f] kommen übrigens – im Unterschied zu der Meinung anderer Kritiker – ›Mythos‹ und ›Märchen‹ als literarische Gattungen im AT nicht vor.)

(1) Alttestamentliche Prosa-Gattungen

Reden	*Urkunden*	*Erzählungen*

Allg. + pol. Reden
– Abschiedsrede
– Aufwiegelungs-
  rede
– Gerichtsrede
– Monolog
– Dialog
 	
Geistliche Reden
– Prophet. Predigt
– Priesterl. Predigt
– Weisheitl. Predigt
 	
(Prosa) Gebete
– Bittgebet
– Bußgebet
– Dankgebet
	Verträge
	– zw. Völkern
	– zw. Gott/Mensch
	– zw. Volk/König
	– Privatverträge
	
	Briefe
	– Eigentl. Briefe
	– Kunstbriefe
	
	Listen
	
	Gesetze
	– Säkulare Ordngn.
	– Sakrale Ordngn.
		Poet. Erzählungen
		– Anekdote
		– Novelle
		– ausführl.
		  Erzählungen
		
		Hist. Erzählungen
		– Berichte
		– Annalen
		– Autobiographien
		– Traum-
		  erzählungen
		– Visionsberichte
		– Berufungs-
		  berichte

(2) Alttestamentliche Spruch-Gattungen

Prophetensprüche	*Kultsprüche*	*Zahlensprüche*
Weissagungs- sprüche (futurisch) – Drohspruch – Heilswort Warnsprüche (präsentisch) – Scheltspruch – Mahnspruch	Gottessprüche Priestersprüche Laiensprüche --- *Vergleichsworte* Allegorie Parabel Fabel	*Rechtssprüche* *Volkssprich- wörter* *Rätselworte* *Kunst und Weis- heitssprüche*

(3) Alttestamentliche Lied-Gattungen

Auf das Leben des Einzelnen bezogene Lieder	*Auf König und Gemeinschaft bezogene Lieder*	*Religiös-kultische Lieder*

Arbeits- und Erntelieder	Königslieder	Hymnen
		– Schöpfungs-
		  psalmen
		– Zionslieder
		– Polemische
		  Gottespreislieder

Hochzeits- und Liebeslieder	Siegeslieder	
	Spottlieder	
Wächterlieder	Leichenlieder	Klagelieder – Volksklagelieder – Klagelieder des Einzelnen
Spottlieder		
	Weisheitliche Lehr-gedichte und Weisheitspsalmen	
Leichenlieder		Vertrauenslieder – des Einzelnen – des Volkes
		Danklieder – des Volkes (?) – des Einzelnen

Anhand dieser Aufstellung mag der Ausleger versuchen, sich Rechenschaft über die Gattung der ihm vorliegenden Perikope zu geben. Leider ist es in diesem Rahmen nicht möglich, die einzelnen Gattungen inhaltlich näher zu beschreiben und jeweils Beispiele zu geben. Dazu müßte ein eigenes Buch geschrieben werden.

(b) Neutestamentliche Literaturgattungen

Im Neuen Testament hat sich die Untersuchung von Gattungen besonders auf die sogenannte formgeschichtliche Erforschung der Synoptischen Evangelien konzentriert. Im folgenden stellen wir zunächst die Gattungen innerhalb der Evangelien vor.[33] Dabei wollen wir uns allerdings nicht auf die Auflistung von Gattungsbezeichnungen beschränken, sondern diese, wo es nötig erscheint, auch kurz erläutern sowie Beispieltexte angeben.

Auch im Neuen Testament hat die historisch-kritische Theologie teilweise Gattungsbezeichnungen geprägt (z.B. ›Legenden‹), die erkennen lassen, daß man – aufgrund weltanschaulicher Vorurteile – das in den Evangelien Berichtete nicht für historisch hält. Bei einem Vertreter der kritischen Theologie wie R.Bultmann werden die Jesusworte und Jesusgeschichten der Evangelien weithin nicht auf Jesus zurückgeführt, sondern einer kreativen Urgemeinde zugeschrieben – und zwar oft auch da, wo dies aus der Gattungsbezeichnung nicht hervorgeht. Wir teilen diese kritisch-theologische Anschauung grundsätzlich nicht.[34]

---

[33] Durchgesetzt haben sich hier die Bezeichnungen der bahnbrechenden formkritischen Werke von M. Dibelius, *Die Formgeschichte des Evangeliums*, 6. Aufl., Tübingen 1971 (1. Aufl. 1919), und R. Bultmann, *Die Geschichte der Synoptischen Tradition*, 8. Aufl., Göttingen 1970 (1. Aufl. 1921), die allerdings voneinander abweichen. S. auch H. Köster, »Formgeschichte/Formenkritik II«, *Theol. Realenzyklopädie*, Bd. XI (1983), S. 289-295; H. M. Schenke/K. M. Fischer, *Einleitung in die Schriften des Neuen Testaments*, Bd. 2, Berlin 1979, S. 48-56, die sich eng an Bultmann anschließen; sowie H. Zimmermann, »Formen und Gattungen im NT«, *Einführung in die Methoden der biblischen Exegese*, Hg. J. Schreiner, Würzburg 1971, S. 232-246.

[34] Es ist im Rahmen dieses Buches leider nicht möglich, eine eingehendere kritische Auseinandersetzung mit der neutestamentlichen Formkritik zu führen. Vgl. aber R. Blank, *Analyse und Kritik der formgeschichtlichen Arbeiten von Martin Dibelius und Rudolf Bultmann*, Basel 1981; Fr. Büchsel, *Die Hauptfragen der Synoptikerkritik: Eine Auseinandersetzung mit R. Bultmann, M. Dibelius und ihren Vorgängern*, Beitr. z. Förderung Christl. Theologie, 40, Gütersloh 1939; E. E. Ellis, »New Directions in Form Criticism«, *Jesus Christus in Historie und Theologie*, Hg. G. Strecker, Tübingen 1975, S. 299-315; K. Haakker, *Neutestamentliche Wissenschaft: Eine Einführung in Fragestellungen und Methoden*, Wuppertal 1981, S. 48-63; R. Riesner, »Der Ursprung der Jesus-Überlieferung«, *Theol. Zeitschrift*, 38(1982), S. 493-513; W. Schmithals, »Kritik der Formkritik«, *Zeitschrift für Theologie und Kirche*, 77(1980), S. 149-185; H. Stadelmann, »Die Entstehung der Synoptischen Evangelien: Eine Auseinandersetzung mit der formgeschichtlichen Synoptikerkritik«, *Bibel und Gemeinde*, 77(1977), S. 46-67.

(1) Die Wortüberlieferung der Evangelien

Weisheitsworte (= Worte, die ähnlich wie die alttestamentlich-jüdische Spruchweisheit gebildet sind)
Grundsätze: z.B. Mt 6,34b; Lk 10,7.
Mahnworte: z.B. Mt 10,16; Lk 14,8ff.
Fragen: z.B. Mt 6,27; Lk 6,39.

Prophetische Worte
Heilsworte: z.B. Mt 11,5f; Mk 10,29f; Lk 6,20f.
Drohworte: z.B. Mt 23; Lk 13,28f.
Mahnworte (eschatologisch motiviert): z.B. Lk 12,35-38; 21,34-36.
Apokalyptische Worte (im Stil der alttestamentlich-jüdischen Apokalyptik formulierte, bildreiche Zukunftsansagen): z.B. Mk 13; Lk 17,20-37.

Gesetzesworte/Gemeinderegeln (= Bestimmungen und Verhaltensregeln für unterschiedlichste Fälle; z.T. als Torahauslegung; kasuistisch formuliert: ›wenn . . ., dann‹, oder katechismusartig aneinandergereiht) z.B. Mt 5,34ff; 6,5f; 6,16ff; 10,5-16; 18,15-17; 23,8-10; Mk 2,27; 11,25; Lk 3,10-14.

Christus-Worte (= Selbstoffenbarende Worte Jesu. Andere sprechen hier nur von ›Ich-Worten‹ Jesu)
Menschensohn-Sprüche: z.B. Mt 8,20; Mk 10,45.
Ich-Worte: Mt 11,27-30; 23,34-39.
Ich-bin-Worte (nur im Johannesevangelium): Joh 6,35; 8,12; 10,7.9; 10,11.14; 11,25; 14,6; 15,1.5.

Bildhafte Worte (= Bildhaft ausgedrückte Worte und Reden Jesu, wovon den Gleichnissen besondere Bedeutung zukommt)
Bildworte (Sprichworte, die eine Sache bildlich ausdrücken): z.B. Mt 5,14; 10,24; Mk 4,24f; Lk 5,39.
Metaphern (Worte, die einen Sachverhalt teilweise ins Bildhafte übertragen): z.B. Mt 7,13f; 9,37; 15,14.

Vergleiche (Sach- und Bildhälfte des Wortes werden durch ein Vergleichswort wie etwa: ›wie . . ., so‹ verbunden): z.B. Mt 10,16; 24,27; Lk 11,44.

Gleichnisse[35] (die wir, entsprechend der jeweiligen Aussageabsicht Jesu, in drei Kategorien einteilen):

– Eingipflige Gleichnisse (= Gleichnisse, mit denen Jesus einen einzigen Punkt anhand einer Beispielerzählung illustrieren will). Zu dieser Kategorie gehören die meisten der insgesamt 41 synoptischen Gleichnisse: z.B. Mt 13,45f; Mk 4,26-29; Lk 18,1-8.

– Zweigipflige Gleichnisse (= Gleichnisse, die zwei Zielaussagen enthalten, wobei die Hauptbetonung jeweils auf dem zweiten ›Gipfel‹ liegt). Zu dieser Kategorie gehören insgesamt nur 4 Gleichnisse:
Mt 20,1-15: Gleichnis vom gütigen Arbeitsherrn;
Mt 22,1-14: Gleichnis vom großen Abendmahl;
Lk 15,11-32: Gleichnis vom liebenden Vater;
Lk 16,19-31: Gleichnis vom reichen Mann und armen Lazarus.

– Allegorisierende Gleichnisse (= Gleichnisse, bei denen Jesus eine geistliche Ausdeutung bzw. anwendende Übertragung der erzählten Einzelzüge beabsichtigt hat). Weil die beabsichtigte Bedeutung bei dieser Gleichnisart nicht immer auf der Hand liegt, wird wiederholt im Anschluß an das Gleichnis auch seine Deutung geliefert:
Mt 13,3-9 / 13,18-23.
Mt 13,24-30 / 13,36-43.

Leichte Allegorisierungen können auch in ›ein-‹ und ›zweigipfligen‹ Gleichnissen vorkommen (z.B. Mt 21,33-46, ›Böse Weingärtner‹; Mt 22,1-14, ›Hochzeitsmahl‹), indem die Sachhälfte etwas stärker als sonst in die Bildhälfte einwirkt. Die Deutung wird dann nicht eigens genannt.

(2) Die Geschichtenüberlieferung der Evangelien

Auch in den erzählenden Teilen der Evangelien findet sich eine Vielfalt von literarischen Gattungen:

[35] Formkritiker unterteilen die Gleichnisse oft nochmals in ›Eigentliche Gleichnisse‹, ›Parabeln‹, ›Beispielerzählungen‹ und ›Allegorien‹. Wir schließen uns mit J. Jeremias, *Die Gleichnisse Jesu*, 8. Aufl., Göttingen 1970, dieser Klassifikation nicht an. Jeremias schreibt, aaO., S. 16: »Man schied (in der Formgeschichte, HSt) zwischen Bildwort, Vergleich, Gleichnis, Parabel, Allegorie, Beispielerzählung usw., letztlich doch ein unfruchtbares Unternehmen – denn der Maschal umfaßt alle diese Kategorien und noch viel mehr, ohne jede Scheidung.«

Paradigmen bzw. *Wortgeschichten* (= kurze Geschichten, die in ein prägnantes Jesuswort einmünden[36]): z.B. Mt 17,24-27; Mk 2,23-28; Lk 5,1-11; 19,1-10.
Teilweise überschneiden sich die Paradigmen mit den Wunderberichten, vgl. Mk 2,1-12.

Streitgespräche (= Erzählungen, die über eine Auseinandersetzung Jesu mit seinen Gegnern berichten): z.B. Mk 11,27-33; 12,28-34.

Wunderberichte:
Heilungswunder: z.B. Mt 8,5-14; 9,1-8.
Exorzismen: z.B. Mk 1,21-28; 5,1-21.
Naturwunder: z.B. Mk 4,37-41; 6,45-52; 8,1-9; Joh 2,1-12.

Einsetzungsberichte[37] (= Berichte über die Einsetzung des Abendmahls): Mt 26,26-29; Mk 14,22-25; Lk 22,15-20; vgl. 1.Kor 11,23-25.

Leidensgeschichte Jesu (= die zusammenhängende Erzähleinheit, die von der Verhaftung Jesu bis zur Darstellung seines Todes – bzw. nach anderen: bis zum leeren Grab – reicht): Mk 14,43-15,39 und Parallelen.

---

[36] Bultmann nannte diese Texte ›Apophthegmata‹ und rechnete sie der Wortüberlieferung zu.
[37] Von H. Zimmermann, »Formen und Gattungen im Neuen Testament«, *Einführung i. d. Methoden d. bibl. Exegese,* S. 243f, als eigene Erzählgattung klassifiziert.
[38] Andere sprechen in diesem Zusammenhang von ›Legenden‹, was aber – auf Grund historisch-kritischer Vorurteile, ein negatives Urteil über die Historizität des Berichteten einschließt.

Bevor wir zu den Gattungen in den übrigen Schriften des Neuen Testaments kommen, muß darauf hingewiesen werden, daß die Evangelien als solche auch eine ganz eigene frühchristliche Literaturgattung darstellen. Sie sind eine eigene Literaturschöpfung, die es vorher nicht gab. Die Kategorie der ›Biographie‹ reicht für sie nicht aus. Es geht in den Evangelien ja nicht darum, eine lückenlose Darstellung des Lebens Jesu zu schreiben. Vielmehr soll in gebotener Auswahl (Joh 20,30f) ein historisch zuverlässiger Einblick in Wesen, Wirken und Worte Jesu geboten werden, um dadurch zum Glauben zu führen und im Glauben zu festigen (Lk 1,1-4; Joh 20,31). Geschichtsbericht und Verkündigung (Historie und Kerygma) sind in den Evangelien eine ungeschmälerte und unlösbare Verbindung eingegangen.

(3) Weitere neutestamentliche Literaturgattungen

Von den 27 neutestamentlichen Schriften sind 21 als Briefe in der einen oder anderen Form zu betrachten. Hat man früher (A. Deissmann) zwischen dem eigentlichen ›Brief‹ und der ›Epistel‹ (einer nur literarisch in Briefform abgefaßten Abhandlung) unterschieden, ist man im Blick auf die neutestamentlichen Briefe heute von dieser Unterscheidung abgekommen. Im Neuen Testament ist der ›Brief‹ ein Mittel urchristlicher Missions- und Gemeindearbeit, ob er sich nun an Privatpersonen wendet (Phlm; 3.Joh), Mitarbeiter anspricht (Pastoralbriefe), an eine einzelne Gemeinde gerichtet ist (Rö), eher Rundbriefcharakter hat (Eph) oder sich an eine breitere Empfängerschaft wendet (Hebr; Jak).

Die paulinischen Briefe folgen hinsichtlich des formalen Rahmens

weitgehend dem hellenistischen Briefformular, wobei sich die Gruß-
form aber eher an die jüdische Sitte des Friedensgrußes anlehnt. Folgende Elemente gehören zum Grundmuster des Briefformulars.

Das Hellenistisch-Paulinische Briefformular:
Präskript: mit Absenderangabe, Adressatenangabe, Gruß.
Proömium: mit Danksagung, Fürbitte, Überleitung.
Hauptteil des Briefes (der in sich viele Einzelgattungen enthält).
Briefschluß: mit persönlichen Hinweisen, Grüßen, persönlichem
Segenswunsch.

Innerhalb der neutestamentlichen Briefe sind ihrerseits vielerlei Einzelgattungen benutzt. Ohne Vollständigkeit zu beanspruchen, wollen wir
einige der wichtigsten nennen.

›Liturgische‹ Gattungen[39]:
Hymnus: Der ›Hymnus‹ hat einen preisenden, rühmenden Klang
und fällt formal durch seinen Relativ- oder Partizipialstil und teil-
weise durch strophischen Aufbau auf. Wir finden im Neuen Testa-
ment:
– Gotteshymnen: z.B. Rö 11,33-36.
– Christushymnen: z.B. Phil 2,6-11; Kol 1,15-20; 1.Tim 3,16; 1.Ptr
2,21-24.
Doxologie: Als ›Doxologie‹ bezeichnet man kurze Sätze des Lobprei-
ses Gottes: z.B. Rö 11,36; 16,27; 2.Kor 1,3; Gal 1,5; Eph 1,3; 3,21;
Phil 4,20; 1.Tim 1,17; 2.Tim 4,18; 1.Ptr 1,3; Offb 4,8.11; 5,9f.
Bekenntnisformeln: Wir können hier unterscheiden:
– Die ›Homologie‹ (= ein kurzes Bekenntnis zu Gott bzw. zu Chri-
stus als dem Herrn): z.B. Rö 3,30; 10,9; 1.Kor 8,6; 12,3; vgl. Phil 2,10.
– Eigentliche ›Bekenntnisse‹, entweder in Form eines ausführlichen
Credo: 1.Kor 15,3-5; evtl. Rö 1,3f; 1.Ptr 1,18-21; 3,18-22; oder in
Form einer kurzen ›Glaubensformel‹, mit der Tod und Auferste-
hung Christi bekannt werden: Rö 4,24f; 5,6.8; 8,34; 14,15; 1.Kor
8,11; 2.Kor 13,4; Gal 2,21; 3,13; 1.Thess 4,14.

[39] Den Begriff ›liturgisch‹ verwenden wir hier in einem sehr weiten Sinn, ohne
dadurch sagen zu wollen, daß die entsprechenden Stücke ihren ursprünglichen Ort in einer – nur hypothetisch annehmbaren – urchristlichen ›Liturgie‹ gehabt hätten. Vgl. H. Köster, *TRE*, Bd. XI (1983), S. 297: »Es ist nicht
leicht zu bestimmen, wieweit sich in den frühchristlichen Schriften liturgische Traditionen erhalten haben. Auf sicherem Grund befindet man sich nur
dort, wo ausdrücklich auf die liturgische Herkunft eines Stückes hingewiesen
wird . . .«.

Mit diesen Hinweisen wollen wir die Auflistung biblischer Gattungen
beenden. Es wird nun angebracht sein, beispielhaft noch einige Hinweise zum exegetischen Umgang mit Gattungen und Formen zu geben.

(c) Zum exegetischen Umgang mit biblischen Literatur-gattungen

Zunächst sei ein Hinweis zum Wortgebrauch erlaubt. Wir haben
oben möglichst konstant von ›Gattungen‹ gesprochen. Oft ist in diesem
Zusammenhang aber auch von ›Formen‹, von ›Formgeschichte‹ und
›Formkritik‹ die Rede. Wie verhalten sich nun ›Form‹ und ›Gattung‹
zueinander? Während ›Gattung‹ ein Abstraktionsbegriff ist, der einen
bestimmten Texttypus bezeichnet, geht es bei der ›Form‹ um die jeweilige sprachliche Erscheinungsweise des konkreten Einzeltextes. Eine
›Gattung‹ liegt vor, wenn bei literarisch voneinander unabhängigen

[40] ›Paränetisch‹ bedeutet ›ermahnend‹.

124

Texten eine Strukturverwandtschaft nachgewiesen werden kann. Man könnte – was wir oben allerdings nicht taten – bei übergeordneten Kategorien auch von ›Rahmengattungen‹ und bei untergeordneten von ›Gliedgattungen‹ sprechen. Der einer Gattung zugehörende Einzeltext weist nun ›vor Ort‹ eine bestimmte ›Form‹ auf, die es zu analysieren und – per Vergleich mit ähnlichen Einzeltexten – zu interpretieren gilt. So hat der zur Gattung ›Haustafel‹ gehörende Text Eph 5,22-6,9 eine ausgeweitetere ›Form‹ als der entsprechende Text in Kol 3,18-4,1; und in der Formanalyse von Gal 1 fällt im Vergleich mit den Briefanfängen anderer Paulusbriefe auf, daß im Proömium die Danksagung fehlt.

Wo liegen Wert und Grenze der gattungs- und formanalytischen Arbeit? Nehmen wir als Einstieg einen Vergleich aus dem Alltagsleben. Für den einen gibt es nur ›Essen‹ und ›Trinken‹ – gleich, was auf den Tisch kommt. Der andere dagegen, nimmt den unterschiedlichen Geschmack und die verschiedenen Zubereitungsarten der Speisen wahr, freut sich an den Feinheiten der Mahlzeit und entwickelt den differenzierten Geschmack eines Genießers. So kann es auch im Umgang mit der Bibel gehen. Gewiß, alles ist Gottes Wort! Alles ist uns nützlich zur Lehre, zur Erbauung und zur Besserung (2.Tim 3,16f)! Und doch dringt der eine tiefer in die Feinheiten des Wortes ein als der andere. Gattungs- und formanalytische Arbeit kann dazu dienen, die Vielfalt und sprachliche Schönheit der Bibel, wie Gott sie durch ganz unterschiedliche Boten mit ihren Gaben gegeben hat, zu entdekken. Ganz praktisch geht es dabei zunächst darum, durch genaue Beobachtung wahrzunehmen, welcher Gattung der vorliegende Einzeltext zugehört. Doch darf sich die Arbeit nicht im bloßen ›Schubladisieren‹ von Texten auf Grund beobachteter typischer Merkmale erschöpfen. Vielmehr hat sich die Exegese ganz auf die Eigenart des einzelnen Textes nach Gattung und Form einzustellen. An zwei Beispielen, dem exegetischen Umgang mit Gleichnistexten und mit verschiedenen alttestamentlichen Aussagen zur Schöpfung möchte ich dies deutlich machen.

Nicht immer ist der Umgang mit den Gleichnissen Jesu Bibelauslegern leicht gefallen. Jahrhundertelang meinte man, der einzigartigen Qualität der Gleichnisreden Jesu als Offenbarung Gottes am besten dadurch gerecht werden zu können, daß man jeden Einzelzug der Beispielerzählung geistlich ausdeutete.

Beim Gleichnis vom barmherzigen Samariter (Lk 20,30-37) sah das dann so aus: Der unter die Räuber Gefallene ist der Mensch, der von Sünde und Teufel übel zugerichtet ist; Jesus ist der gute Samariter; er gießt in die von der Sünde geschlagenen Wunden Wein (= sein Opferblut) und Öl (= den Heiligen Geist); dann wird der so Versorgte in die Herberge (= Kirche) gebracht. Daß es Jesus bei dem Gleichnis, wie der Zusammenhang in Lk 10 deutlich macht, um die Frage geht, wer mein Nächster ist bzw. ob ich bereit bin, mich dem anderen gegenüber als ›Nächster‹ zu verhalten, gerät bei dieser Allegorisierung ganz aus dem Blickfeld. Oder ein anderes Beispiel: Wie hat doch das Gleichnis von den zehn Jungfrauen (Mt 25,1-13) immer wieder zur vergeistigenden Ausdeutung aller Einzelaspekte angeregt! Gedeutet werden mußten dann die Lampen, das Öl, die Gefäße, die Krämer usw. Sind alle zehn Jungfrauen als Christen anzusehen – oder fünf nur als Namenschristen, die nur den ›Schein‹ (vgl. die Lampen!) geistlichen Lebens hatten? Aber wenn das Öl – wie meist vertreten – den Heiligen Geist symbolisiert, müssen dann nicht doch alle zunächst den Geist haben? Verlieren wiedergeborene Christen also den Geist wieder? Und was bedeutet es, das Öl im ›Gefäß‹ zu haben und nicht nur in der ›Lampe‹? Ja, überhaupt, warum schicken die klugen Jungfrauen im entscheidenden Moment die andern zu den Krämern? Predigten, die solchen Ausdeutungsversuchen nachgingen, haben m.E. das Gleichnis mehr verdunkelt als erhellt. Daß es Jesus im Zusammenhang um die eine Botschaft geht: »Darum wachet, denn ihr wißt nicht, wann der Herr kommt!«, gerät im Ringen um die rechte Allegorie aus dem Blickfeld. Die Liste der Beispiele ließe sich fortsetzen.

Umgekehrt wollten die alten Liberalen um die Jahrhundertwende den Gleichnissen jeweils nur eine einzige allgemein-moralische Maxime entnehmen, so daß Jesus mit seiner mächtigen Predigt auf das Mittelmaß eines säuerlichen Moralisten reduziert wurde, der – schön nach der Rhetorikregel des Aristoteles – nur jeweils einen einzigen, allgemein einsichtigen Punkt durch eine Beispielerzählung illustrieren wollte.

So habe Jesus mit dem Gleichnis von den anvertrauten Talenten (Mt 25,14ff) nur den Gedanken illustrieren wollen: »Lohn gibt es nur für Leistungen!«[41] Mit diesem Ansatz hatte man den Inhalt der Verkündigung Jesu auf das Maß bürgerlicher Moral verkürzt. Und wenn sich in neutestamentlichen Gleichnissen Anzeichen dafür fanden, daß es im

---

[41] So A. Jülicher, *Die Gleichnisreden Jesu*, Bd. 2, Tübingen 1899, S. 495.

Text offenbar nicht nur um eine einzige Maxime ging, sondern tatsächlich bildhaft verschlüsselt verschiedene geistliche Wirklichkeiten dargestellt werden sollten (wie etwa im Gleichnis vom vierfachen Ackerfeld, Mt 13,3-8.18-23), wurden solche Aussagen als nicht auf Jesus selbst zurückgehende Allegorisierungen durch die frühchristliche Gemeinde angesehen und als sekundär ausgeschieden.

Worauf ist nun bei der Gleichnisauslegung zu achten? In aller Kürze lassen sich thesenartig folgende Hinweise geben:

– Ein Gleichnis ist weder ein historischer Bericht über ein konkretes Ereignis, noch eine um des bloßen Erzählens willen erzählte Geschichte, sondern eine Beispielerzählung mit Verkündigungsabsicht.

– Ziel der Auslegung ist es, die vom Gleichniserzähler verfolgte Verkündigungsabsicht herauszuarbeiten. »Was wollte Jesus mit dem Gleichnis seinen Hörern damals sagen?« ist die entscheidende Frage – nicht: »Was kann ich das Gleichnis in der Auslegung alles bedeuten lassen?«

– Die Sachaussage (= Verkündigungsabsicht) eines Gleichnisses ist in die bildhafte Redeweise der Beispielerzählung eingekleidet. Von daher hat die Gleichnisauslegung zwischen Bildhälfte und Sachhälfte eines Gleichnisses zu unterscheiden.

– Nicht jeder Einzelzug der Bildhälfte ist in der Regel auf die Sachhälfte zu übertragen. Dies wäre Allegorie, die jeden Einzelzug vergeistigend deutet. In der Regel aber hat der Erzähler einer Beispielerzählung seine Geschichte gar nicht mit der Absicht konstruiert, auf der Bildhälfte jede Einzelheit mit einer geheimnisvollen Bedeutung zu versehen. Und auf die Absicht des Erzählers kommt es an.

– Wie weiter oben schon ausgeführt, gibt es sogenannte ›eingipflige‹ Gleichnisse (mit denen Jesus einen einzigen Punkt illustrieren wollte), einige ›zweigipflige‹ Gleichnisse (die zwei Zielaussagen enthalten, wobei der Nachdruck auf der zweiten Aussage liegt) und einige wenige ›allegorisierende‹ Gleichnisse (die von Jesus mit der Absicht konstruiert sind, daß den Einzelzügen auf der Bildseite eine bestimmte übertragene Bedeutung auf der Sachseite entspricht).

– Der Kontext des Gleichnisses gibt dem Ausleger in der Regel den Schlüssel für das Verständnis der beabsichtigten Bedeutung an die Hand; denn hier wird zumeist die Situation geschildert, auf die Jesus mit seinem Gleichnis antwortet. So beantwortet er mit dem Gleichnis vom barmherzigen Samariter in Lk 10 die Frage: »Wer ist mein Nächster?« (V. 29), und gibt dieser Frage in seinem Gleichnis die Wendung auf die Fragestellung hin: »Wem bin ich bereit, Nächster zu sein?« Mit den Gleichnissen vom verlorenen Schaf, dem verlorenen Groschen und dem verlorenen Sohn in Lk 15 geht Jesus auf die (in Lk 15,1-2 geschilderte) Situation ein, daß sich die Pharisäer nicht darüber freuen konnten, daß Jesus die Sünder annimmt. Jesus antwortet darauf mit den drei Gleichnissen, wobei die ersten beiden eingipflig, das letzte zweigipflig sind. Nehmen wir als drittes Beispiel das Gleichnis vom vierfachen Ackerfeld (Mt 13,3ff.18ff). Seine allegorisierende Absicht wird daran deutlich, daß Jesus vier unterschiedliche Szenen malt, die offenbar jeweils ihre Bedeutung haben sollen. Von der Sachhälfte her ist die Bildhälfte in ihren Einzelzügen konstruiert. Weil die Bedeutung von allegorisierenden Gleichnissen den Hörern aber nicht immer gleich ersichtlich war, wird – wie hier in V. 18ff – die Deutung gleich mitgeliefert.

– Wichtig für die Gleichnisauslegung ist auch immer wieder, die erzählten Szenen vom geschichtlichen Hintergrund des alten Palästina her zu verstehen. Denn in der Regel erzählte Jesus ja Vorgänge, wie sie sich so oder ähnlich immer wieder im damaligen Volksleben hätten zutragen können – auch wenn er den Dingen im Gleichnis manchmal eine überraschende Wendung gab. So knüpft das Sämannsgleichnis an die palästinensische Gewohnheit an, erst auf den noch unbereiteten Boden zu säen und dann alles unterzupflügen; und das Gleichnis von den zehn Jungfrauen knüpft an Vorkommnisse an, wie sie im Zusammenhang der Heimholung einer Braut und der Hochzeitsfeier zum gewohnten Bild gehörten – mit Ausnahme des überraschenden, ja schockierenden Gleichnisschlusses!

Den Umgang mit bestimmten literarischen Gattungen möchte ich zweitens noch an der exegetischen Behandlung verschiedener Schöpfungsaussagen des Alten Testaments veranschaulichen.

Alttestamentliche Schöpfungsaussagen begegnen uns in unterschiedlichen Gattungen. Zum einen gibt es den Prosabericht über die Schöpfung in 1.Mo 1 (mit näheren Ausführungen zur Schöpfung des Menschen in 1.Mo 2). Wie die Einbindung dieser Schöpfungserzählung in den Bericht über die heilsgeschichtlichen Anfänge Israels zeigt (vgl. etwa die Geschlechtsregister!), geht es bei dieser prophetischen Historiographie nach Absicht des Autors nicht um eine poetisch-fiktive Geschichte, sondern um die Prosagattung einer einfachen historischen Erzählung. Es gibt im Alten Testament aber auch poetische Schöpfungsaussagen. So finden sich verschiedene Weisheitsgedichte zur Schöpfung (Ps 104; Hi 38,4-11; Spr 8,22-31) und sogar einige hochpoetische Texte, die in dichterischer Sprache von einem urzeitlichen Kampf Jahwes mit einem Seeungeheuer sprechen (Hi 26,12f; vgl. 3,8; Ps 74,13ff; 89,9f; Jes 51,9f).[42] Exegetisch wichtig ist nun, daß der Prosabericht aus 1.Mose entsprechend seiner Gattung auch in seiner Geschichtsaussage verstanden und geglaubt wird. Es geht hier um die Wahrheit und Wirklichkeit des Anfangs der Welt durch das geschichtsmächtige Handeln Gottes. Umgekehrt wird es wichtig sein, die poetischen Schöpfungsaussagen der Bibel in ihrer dichterischen Aussageabsicht zu verstehen. Ihre poetische Bildhaftigkeit wäre mißverstanden, wenn man angesichts dichterischer Motive wie der Rede von den ›Säulen der Erde‹ oder vom ›Kampf mit Rachab und Leviathan‹ schließen würde: Aha, so haben sich die Israeliten also konkret die Schöpfung vorgestellt! Das Beachten der Gattung kann lehren, Prosa als Prosa und Poesie als Poesie auszulegen.

So wird erkenntlich, daß das Beachten biblischer Gattungen durchaus seinen Wert für die Auslegung der Bibel hat. Andererseits müssen aber auch die Grenzen gattungs- und formanalytischer Arbeit gesehen werden. Wenn in der alt- und neutestamentlichen Forschung dieses Jahrhunderts die Formkritik vor allem dazu benutzt wurde, um (negative) Urteile über die Historizität und Echtheit biblischer Texte zu fällen und in phantasievoller Hypothesenkonstruktion in die Vorgeschichte biblischer Berichte in einem vermeintlich langen Stadium mündlicher Überlieferung einzudringen, ist der sinnvolle Gebrauch dieser Ausle-

---

[42] Nähere Ausführungen zu diesem Themenkreis enthält mein Aufsatz »Hermeneutik, Heilsgeschichte und Schöpfungszeugnis«, *Ansätze zu einem neuen Denken*, Hg. G. Meskemper, Neuhausen-Stuttgart 1985, S. 123-142 (besonders S. 137-139).

gungshilfe verlassen worden. Man springt dann von der Analyse literarischer Gattungen und Formen in die völlig andere Kategorie historischer Werturteile – und meint noch, letztere aus ersteren ableiten zu
können. Doch auch hier gilt: *abusus non tollit usum* – der Mißbrauch
hebt den rechten Gebrauch nicht auf. Der Wert konkreter gattungs-
und formanalytischer Beobachtungen kann durch historisch-kritische
Spekulationen, die unter dem Namen ›Formkritik‹ betrieben werden,
nicht aufgehoben werden.

(d) Wichtige Stilfiguren in der Bibel

In der Heiligen Schrift gibt es nicht nur eine Vielzahl literarischer
Gattungen, sondern auch eine Fülle eigentümlicher Stilformen
und Ausdrucksweisen. Nur einige der wichtigsten können hier
genannt werden.[43]

In alphabetischer Folge stellen wir einige Stilfiguren vor:

AKROSTICHIE: Das Wort Akrostichie (von griech. *akros* =
Anfang und *stichoi* = Verszeilen) bezeichnet ein alphabetisieren-
des Poesiemuster. Dabei folgen die Anfangsbuchstaben der einzelnen Zeilen oder Strophen, nacheinander gelesen, entweder
dem Alphabet (d.h., das erste Wort der 1. Strophe beginnt mit
›A‹, das erste Wort der 2. Strophe mit ›B‹ usw.) oder die Anfangsbuchstaben bilden, in 1 Reihenfolge gelesen, bestimmte Worte
(= Wortakrostichie). Im hebräischen Alten Testament findet
sich diese Stilfigur z.B. in Ps 9; 111; 119; 145; Spr 31,10–31;
Klgl 1-4.

ALLEGORIE: Die Allegorie (von griech. *allos agoreuo* = anderes reden) bezeichnet eine Redeweise, bei der eine bildhafte Darstellung in allen Einzelzügen ins Konkrete übertragen werden
will (so, möglicherweise, in Hohelied 2,15: »Ergreift für uns die
Füchse . . ., die Verderber der Weinberge!«, wo, nach einigen
Auslegern, mit den ›Füchsen‹ die zudringlichen Burschen, mit
den knospenden ›Weinbergen‹ die Mädchen bezeichnet sind).

---

[43] Als Nachschlagewerke zu diesem Thema sind folgende beiden Bücher emp-
fehlenswert: W. Bühlmann/K. Scherer, *Stilfiguren der Bibel*, Fribourg 1973,
und E. W. Bullinger, *Figures of Speech Used in the Bible*, 2. Aufl., Grand Rapids
1968 (1. Aufl., London 1898). Beachtenswert ist auch J. L. Kugel, *The Idea of
Biblical Poetry*, New Haven/ London 1981.

Eine andere Möglichkeit der Allegorie ist, daß eine konkrete Geschichte in ihren Einzelzügen vergeistigt angewandt wird (so Paulus in Gal 4,21-31).

ANAKOLUTH: Das Anakoluth (von griech. *an* = ohne, und *akoluthon* = Folge) bezeichnet das Abspringen von einer bereits begonnenen Satzkonstruktion und das Fortsetzen des Satzes in einer anderen Weise. Beispiele für diese Ausdrucksweise finden sich bei Lukas (Lk 21,6: »Was ihr da seht – es werden Tage kommen...«) und bei Paulus (Eph 3,1f: »Deshalb ich Paulus, der Gefangene Christi Jesu für euch Heiden – wie ihr ja gehört habt von dem Amt...«).

ASYNDESE: Die Asyndese (von griech. *asyndetos* = nicht zusammengebunden) bezeichnet das in der Bibel häufige Fehlen von Bindeworten zwischen einzelnen Wörtern oder Satzteilen. Bei den folgenden Beispielen sind die fehlenden Bindewörter in Klammern zugefügt: »Jahwe hat den Stab (und) das Zepter der Herrscher zerbrochen«, Jes 14,5; oder: »Und gehe zuerst hin (und) versöhne dich mit deinem Bruder«, Mt 5,24.

CHIASMUS: Diese in der Bibel sehr häufige Sprachfigur arbeitet mit der Entsprechung von Satzteilen in umgekehrter Reihenfolge. Die Bezeichnung ›Chiasmus‹ kommt von dem griech. Buchstaben ›Chi‹ (geschrieben: X), der wie unser ›x‹ eine Kreuzstellung symbolisiert. Es gibt verschiedene Muster des Chiasmus:
– Das Muster a b – b'a':
»Nicht wird schmachten lassen (a)
    Jahwe den Lebensdurst des Gerechten (b);
    aber die Gier des Verbrechers (b')
stößt er zurück (a').« [Spr 10,3]
– Das Muster a b c – c'b'a':
»Wer vergießt (a) Blut (b) von Menschen (c), durch Menschen (c')
sein Blut (b') soll vergossen werden (a').«
[1.Mo 9,6]
– Die sogenannte konzentrische Struktur a b c *d* c'b'a':
»Da machte sich Jona auf, zu fliehen nach Tarsis,
    fort vom Antlitz Jahwes (a);
        er begab sich hinab nach Japho (b),
            er fand ein Schiff (c),
                welches fuhr in Richtung Tarsis (d).

Er bezahlte dessen Preis (c'),
er begab sich hinab in ihm (b'),
um mit ihnen zu fahren nach Tarsis,
fort vom Antlitz Jahwes (a').« [Jona 1,3]

Erkennt der Exeget die Entsprechung solcher chiastischer Satzglieder, gibt ihm dies oft den Schlüssel für die Bedeutung der einzelnen Ausdrücke an die Hand.

ELLIPSE: Mit dem Begriff Ellipse (von griech. *ekleipo* = auslassen) wird die Sprachform der Auslassung an sich notwendiger Worte innerhalb eines Satzgefüges bezeichnet. Die zu ergänzenden Worte stehen in den folgenden Beispielen in Klammern: »Sie tat es, und er maß sechs (Maß) Gerste hinein«, Ruth 3,15; oder: »Reden alle in (anderen) Zungen?«, 1.Kor 12,30. Eine Sonderform der Ellipse ist das ›Zeugma‹ (von griech. *zeugnymi* = verbinden). Dabei wird ein Tätigkeitswort auf zwei Objekte bezogen, obwohl es streng genommen nur auf eins der beiden paßt, während das zu dem zweiten Objekt passende Verb ausgelassen ist. Beispiel: »Er hüllte sich in Sack und (streute) Asche (auf sich)«, Est 4,1; oder: »Milch gab ich euch zu trinken, nicht feste Kost (zu essen)«, 1.Kor 3,2.

EUPHEMISMUS: Beim Euphemismus (von griech. *euphemeo* = gut reden) werden anstößige Worte durch harmlosere ersetzt. Beispiel: »Lege deine Hand unter meine Hüfte (gemeint: auf mein Glied)«, 1.Mo 24,2; oder: »Unser Freund Lazarus schläft (gemeint: ist gestorben)«, Joh 11,11; oder: »Und er erkannte sie nicht (gemeint: hatte keinen Geschlechtsverkehr mit ihr)«, Mt 1,25.

HENDIADYOIN: Diese Stilbezeichnung – von manchen auch ›Hendiadys‹ genannt (griech.: eins durch zwei) – steht für Ausdrücke, bei denen eine Sache durch zwei Begriffe bezeichnet wird. Beispiele: »Ich mache deine Mühsal und deine Schwangerschaft sehr groß (gemeint: die Mühsal deiner Schwangerschaft)«, 1.Mo 3,16; oder: »Wegen der Hoffnung und der Auferstehung der Toten stehe ich vor Gericht (gemeint: wegen der Auferstehungshoffnung)«, Apg 23,6.

HYPERBEL: Mit diesem Ausdruck (von griech. *hyper ballo* = darüber hinauswerfen, über das Maß hinausgehen) wird die Stilfigur der Übertreibung bezeichnet, durch die eine Sache drastisch deutlich gemacht werden soll. Beispiele: »Wenn dir deine rechte Hand Anlaß zur Sünde gibt, haue sie ab!«, Mt 5,30; oder: »Was siehst du aber den Splitter in deines Bruders Auge, doch den Balken in deinem Auge nimmst du nicht wahr?«, Mt 7,3.

INCLUSIO: Die Inclusio (lat. = einschließen) bezeichnet das Einschließen eines Verses oder Abschnitts durch das gleiche markante Wort bzw. die gleichen Worte am Anfang und am Schluß. Beispiel: »An ihren Früchten werdet ihr sie erkennen! Sammelt man etwa Trauben von Dornen...? So bringt jeder gute Baum gute Früchte... Also an ihren Früchten werdet ihr sie erkennen!«, Mt 7,16-20.

MERISMUS: Der Merismus (von griech. *merismos* = Teilung, Zergliederung) ist jene polare Ausdrucksweise, bei der eine Sache in ihrem ganzen Umfang durch zwei einander gegenüberstehende Teilausdrücke bezeichnet wird. Beispiele: »Von der Fußsohle bis zum Haupt ist nichts Heiles an dir«, Jes 1,6; oder: »Stiege ich zum Himmel hinauf, so bist du da; bettete ich mich im Scheol, siehe, du bist da. Erhöbe ich die Flügel der Morgenröte, ließe ich mich nieder am äußersten Ende des Meeres: auch dort würde deine Hand mich leiten«, Ps 139,8f; oder auch: »Denn ich bin überzeugt, daß weder Tod noch Leben, weder Engel noch Mächte, weder Gegenwärtiges noch Zukünftiges, noch Gewalten, weder Höhe noch Tiefe noch irgendein Geschöpf uns wird scheiden können von der Liebe Gottes«, Rö 8,38f.

METONYMIE: Mit Metonymie (von griech. *meta onoma* = Mitbenennung) wird der Gebrauch eines bestimmten Wortes anstelle eines anderen bezeichnet. Dabei kann die Ursache für die Wirkung genannt werden (und umgekehrt), der Stoff für das Produkt, das Gefäß für den Inhalt, ein abstrakter Begriff für die Konkretion. Beispiele: »... die Propheten (gemeint: die Prophezeiungen) aufzulösen«, Mt 5,17; oder: »Wir wären nicht... am Blut (gemeint: Mord) der Propheten schuldig geworden!«, Mt 23,30; »... obwohl ich Staub und Asche (gemeint: nur ein vergänglicher Mensch) bin«, 1.Mo 18,27; »Könnt ihr den Kelch (gemeint: den Inhalt des Kelches) trinken...?«, Mt 20,22; oder auch: »Um der Hoffnung Israels (gemeint: um des Messias) willen trage ich diese Fesseln«, Apg 28,20.

PARALLELISMUS: Diese Stilform, auch ›Parallelismus membrorum‹ (lat.: Parallelordnung der Glieder) genannt, muß wegen ihrer Bedeutung etwas ausführlicher erklärt werden. Der Parallelismus ist die Grundform der hebräischen Dichtung. Während Poesie im Deutschen wesentlich durch den Endreim gekennzeichnet ist – ein Gedicht ›reimt sich‹ –, gibt es im Hebräischen den Endreim nicht. Die Grundform poetischer Ausdrucksweise ist in den semitischen Sprachen stattdessen die Parallelordnung der Glieder eines Spruchverses. Die beiden Zeilen eines Verses entsprechen sich dabei im Aufbau bzw. im Inhalt. Im folgenden nennen wir die wichtigsten Formen des Parallelismus:

1) Der *synonyme Parallelismus*. Hierbei entsprechen sich die beiden Zeilen eines Verses inhaltlich. Beispiele: »Denn Feuer ging von Hesbon aus // die Flamme von der Burg Sichons«, 4.Mo 21,28; oder: »Des Herrn ist die Erde und ihre Fülle // die Welt und die darauf wohnen«, Ps 24,1.

Wenn im synonymen Parallelismus gewisse Ausdrücke nur in der einen Zeile gebraucht werden, ohne daß die andere Zeile eine Entsprechung dafür hat, wird dort dieses Fehlen oft durch silbenreichere Synonyme bei den anderen Worten ausgeglichen. Man spricht in diesem Fall von einer ›Ballast-Variante‹. Beispiel: »Als herauskam Israel aus Ägypten // das Haus Jakobs aus einem Volk von fremder Sprache«, Ps 114,1. Hier fehlt das Verb in der 2. Zeile, wofür dann synonym zu ›Ägypten‹ ein silbenreicherer Ausdruck verwendet wird: ›ein Volk von fremder Sprache‹.

2) Der *antithetische Parallelismus*: In diesem Fall ist der Inhalt der beiden Versglieder entgegengesetzt. Beispiele: »Ein weiser Sohn wird erfreuen den Vater // aber ein törichter Sohn ist der Kummer seiner Mutter«, Spr 10,1; oder: »Gerechtigkeit erhöht ein Volk // aber die Sünde ist der Leute Verderben«, Spr 14,34. Es kann auch sein, daß zwei Verse, die jeweils in sich einen synonymen Parallelismus aufweisen, Vers zu Vers im antithetischen Parallelismus stehen. So in Jes 1,3: »Der Ochse kennt seinen Herrn / und der Esel die Krippe seines Herrn (›Ballast-Variante‹) // Aber Israel hat keine Erkenntnis / mein Volk hat keine Einsicht!«

3) Der *synthetische Parallelismus*. Bei diesem ›ergänzenden‹, ›weiterführenden‹ Parallelismus geht es streng genommen nicht mehr um eine Parallelordnung der Verszeilen, sondern um eine – meist steigernde – Weiterführung des Gedankens der ersten Zeile in der zweiten. Beispiel: »Tod und Leben sind in der Gewalt

der Zunge // und wer sie liebt, wird ihre Frucht essen«, Spr 18,21. Das sich steigernde Element kann auch in der Form eines dreigliedrigen Parallelismus zum Ausdruck kommen: »Singt dem Herrn ein neues Lied / singt dem Herrn, alle Erde / singt dem Herrn, segnet seinen Namen«, Ps 96,1f.

Die Kenntnis der Eigenart des Parallelismus ist für den Ausleger eine Grundvoraussetzung für das rechte Verständnis der entsprechenden poetischen, weisheitlichen und prophetischen Aussagen.[44] Dabei ist es eine Hilfe für den Bibelleser, daß einige neuere Übersetzungen in den Psalmen, den Sprüchen, Teilen der Großen Propheten und an manchen anderen Stellen des Alten Testaments einen strophenförmigen Druck bieten, um auf poetische Passagen mit der Stilform des Parallelismus im Hebräischen hinzuweisen.

PARS PRO TOTO: Dieser Begriff (lat.: ein Teil für das Ganze) bezeichnet jene Ausdrucksform, bei der ein Teil der Sache für das Ganze steht. Beispiele: »Sie haben sich unter den Schatten meines Balkens (gemeint: Hauses) begeben«, 1.Mo 19,8; oder: »Unser tägliches Brot (gemeint: Nahrung) gib uns heute«, Mt 6,11.

PASSIVUM DIVINUM: Das ›göttliche Passiv‹ ist eine für die Bibelexegese wichtige Stilform. Bekanntlich zeigt die Heilige Schrift eine gewisse Zurückhaltung im Blick auf den häufigen Gebrauch des Gottesnamens. Der Israelit sollte den Namen seines Gottes nicht mißbrauchen. Wenn möglich, wurde der Gottesname vermieden. Das ›Passivum divinum‹ war ein Mittel dazu: Anstelle des Namens Gottes wurde einfach das Passiv (die Leideform) gebraucht. Beispiele: »Da wurde den Heiligen des Höchsten Recht verschafft (gemeint: Gott schaffte ihnen Recht)«, Dan 7,22; oder: »Selig sind die Leidtragenden, denn sie

---

[44] Eine Anekdote mag dies unterstreichen. Am Frühstückstisch liest der Pastor die Losung aus Ps 12,2a: »Hilf, Herr, die Heiligen haben abgenommen. . .!« Da wird er unterbrochen von seinem Gast, der belustigt bemerkt: »Ihr müßt gerade solche Gebete lesen! Ihr seid doch alle bestens genährt!« »Richtig, aber darum geht es hier auch nicht«, erklärt der Pastor; »von der zweiten Vershälfte her wird klar, daß da nicht das Gewicht der Gläubigen zur Debatte steht, sondern ihre Zahl. ›. . . und gläubig sind wenige unter den Menschenkindern‹, heißt es hier in V. 2b!« Der synonyme Parallelismus hat damit die Situation geklärt.

werden getröstet werden (gemeint: Gott wird sie trösten)«, Mt 5,4; und: »Gebt, so wird euch gegeben werden (gemeint: so wird Gott euch geben)«, Lk 6,38.

Es gibt im einzelnen noch viele Stilfiguren, die in der Bibel verwendet werden, die hier aber nicht besprochen werden können. Für den Ausleger ist wichtig, daß er mit dem Vorkommen bestimmter Stilfiguren rechnet, die dem Hebräischen und Griechischen eigentümlich sind. Oft verbirgt sich in Ausdrucksweisen, die uns verkürzt, fremd oder eigenartig erscheinen, eine solche Stilform. Um den vom Autor beabsichtigten Sinn nicht zu verfehlen, muß der Ausleger mit der entsprechenden Stilfigur vertraut sein – oder aber, wenn ihm die Ausdrucksform fremd ist, in einem Kommentar oder einem der genannten Fachbücher nachschlagen.

AUFGABEN

Zu Psalm 1:

Untersuchen Sie, welche Art von Parallelismus in den einzelnen Versen vorliegt.

Zu Epheser 4,1-6:

Lesen Sie nochmals oben unter Ziffer (b/3) nach, was wir über die Briefgattung und ihre Formen geschrieben haben, als wir verschiedene neutestamentliche Literaturgattungen behandelten.

Sehen Sie unter der Bezeichnung ›Paränetische Gattungen‹ nach, mit welcher Gattung wir es in Eph 4,2f zu tun haben.

2.4.5 Die Bedeutung der Worte erkennen (Sach- und Begriffsanalyse)

Theologischen Tiefgang gewinnt die Auslegung, wenn wir die Bedeutung biblischer Begriffe genau untersuchen. Wer den Bedeutungsgehalt biblischer Worte nicht wie einen Schatz hebt und von der Bibel erwähnte Sachverhalte unerklärt und damit unverstanden läßt, wird kaum über vorgefaßte Meinungen und den unerklärten Gebrauch biblischer Vokabeln hinauskommen. Sein Schriftverständnis bleibt ebenso flach wie seine Predigt.

(a) Die Sachanalyse

Schon bei der überblicksmäßigen Beschäftigung mit einem Bibeltext können uns Dinge auffallen, die der Klärung bedürfen.[45] Solche Punkte können nun im Rahmen der Sachanalyse geklärt werden.

Ich will Beispiele nennen für das, was zur Sachanalyse gehört. In Esra 10,9 ist davon die Rede, daß die Leute in Jerusalem am 20. Tag des 9. Monats frierend im Regen auf der Straße saßen. Aus solch einer Nachricht ergeben sich mehrere Sachfragen: Wann ist es in Israel regnerisch und kalt? Welche Monatseinteilung hatte man in Israel? Welchem Datum entspricht diese Zeitangabe nach unserem Kalender?[46] Es kann auch sein, daß wir in der Bibel von Sitten und Gebräuchen, von Festen und heiligen Handlungen lesen, die uns fremd erscheinen. Mit der Konkordanz, dem Bibellexikon, Kommentaren und Fachbüchern zu der jeweiligen Thematik können wir diesen Dingen nachgehen.

Andere Sachprobleme werden gestellt durch vermeintliche Widersprüche in der Bibel – seien es nun Spannungen im Verhältnis zu anderen Bibelaussagen oder zu modernen Auffassungen und Theorien. Im Vertrauen auf die Wahrheit des Wortes Gottes und im Gebet um rechte Schrifterkenntnis dürfen wir darangehen, diese Probleme zu lösen.[47] Zeigen sich Unterschiede zwischen ähnlichen biblischen Texten, ist zunächst zu fragen, ob tatsächlich zur gleichen Sache gesprochen wird. Bekanntlich sah Luther einen gewichtigen ›Widerspruch‹ zwischen Jak 2,24 und Rö 3,28 in der Frage, wie sich die ›Werke‹ zur Glaubensrechtfertigung verhalten. Ein genaues Beachten des Kontextes zeigt uns heute, daß Paulus und Jakobus sich keineswegs widersprechen, sondern sich ergänzen. Paulus stellt fest, daß man nicht durch Werke, sondern durch den Glauben gerechtfertigt wird; Jakobus macht deutlich, daß echter rechtfertigender Glaube nicht ohne Frucht bleibt, und der wahrhaft Glaubende an seinen Früchten

---

[45] S. oben unter Abschn. 2. 3. 3 ›Problempunkte notieren‹.

[46] S. dazu *Handbuch zur Bibel*, S. 114f.

[47] Nähere Ausführungen zum Umgang mit vermeintlichen Widersprüchen in der Bibel finden sich in H. Stadelmann, *Grundlinien eines bibeltreuen Schriftverständnisses*, S. 70-75. Sehr hilfreich ist das Buch von G. L. Archer, *Encyclopedia of Bible Difficulties*, Grand Rapids 1982.

erkannt werden kann. Zum andern kommt es immer wieder vor, daß sich Probleme aus einer fehlerhaften Textüberlieferung ergeben.[48] Manchmal ergeben sich auch Spannungen zwischen der Bibel und der Wissenschaft. Die Ursache dafür kann eine falsche Deutung der Bibel sein. Es läßt sich durchaus bezweifeln, daß die Bibel das ptolemäische Weltbild lehrt, wie das früher angenommen wurde. Umgekehrt ist aber auch zu fragen, ob so manche ›Ergebnisse der Wissenschaft‹, die im Widerspruch zur Bibel stehen, immer schon wahr und richtig sein müssen. Oft sind es Theorien, zum Teil weltanschaulich mitbedingte Hypothesen, die keineswegs das letzte Wort haben müssen. Man denke nur an die Evolutionstheorie, auf Grund derer so manche schon meinten, die Welt ohne einen Schöpfer erklärt zu haben – und die heute gerade von naturwissenschaftlicher Seite aus vielerlei Anfragen ausgesetzt ist. Die Bibel hat schon manche ihr widersprechenden geschichtlichen, archäologischen oder naturwissenschaftlichen Ansichten überdauert und sich als zuverlässig erwiesen. Noch zu Beginn des letzten Jahrhunderts war man in der alttestamentlichen Wissenschaft teilweise der Auffassung, die Mosebücher könnten nicht auf Mose zurückgehen, weil man zu jener Zeit noch gar nicht habe schreiben können. Inzwischen weiß man, daß im alten Orient schon Jahrtausende früher geschrieben wurde. Während Rudolf Bultmann noch in den 40er Jahren meinte, unter Berufung auf die Naturwissenschaft Wunder als unmöglich erklären zu sollen, hätte die Kenntnis der neueren Physik seiner Tage ihm schon zeigen können, daß die Kompetenz der Naturwissenschaft mit solch einer Behauptung weit überschritten ist.[49] Wo Spannungen auftauchen, sollte exegetisch und denkerisch eine gute, den Fakten gerecht werdende Lösung gesucht werden. Eine gewaltsame Harmonisierung wäre allerdings genauso problematisch wie der Versuch eines sich über Gottes Wort setzenden Denkens, das meint, die Bibel der Fehlerhaftigkeit bezichtigen zu können. Es kann daher gesche-

[48] S. oben unter Abschn. 2. 4. 1 ›Die Textbasis prüfen‹.
[49] S. dazu schon K. Heim, *Die Wandlung im naturwissenschaftlichen Weltbild*, 3. neu durchges. Aufl., Hamburg 1954; ebenso W. Schaaffs, *Christus und die physikalische Forschung*, Berghausen 1966; H. W. Beck, *Acta Dei – Facta Mundi: Biblische Universalität und Wissenschaft*, Neuhausen-Stuttgart 1987.

hen, daß man ein Problem, für das sich keine Lösung zeigt, einfach einmal offen lassen muß. Vielleicht haben andere längst die Lösung! Und auf jeden Fall weiß Gott die Antwort. Ähnlich kann es gehen, wenn schwierige theologische Probleme begegnen. Da liest der Ausleger Rö 9,10-18 mit seinen schwierigen Prädestinationsaussagen. Jahrhundertelang hat die Kirche Christi mit diesem bedeutsamen Lehrpunkt gerungen. Und es gibt durchaus Antworten. Es kann aber sein, daß der Ausleger im ersten Anlauf ›die Lösung‹ nicht findet. Gewiß, über Stellen dieser Art sollte man nicht leicht hinweggehen, sondern Schrift mit Schrift vergleichen und in Kommentaren und Sachbüchern nachsehen, welche Erkenntnis andere gewonnen haben. Doch kann es sein, daß man selbst zu keinem Ergebnis kommt. Zu fragen ist allerdings, ob es in einem Fall, wo die Sachanalyse nicht zur Lösung führt, angebracht ist, über den entsprechenden Text zu predigen.

Wo immer im Text Sachfragen auftauchen, die einer Klärung bedürfen, ist der Ausleger zu sorgfältiger Arbeit aufgerufen.

(b) Die Begriffsanalyse

Je mehr ein Christ mit seiner Bibel vertraut ist, desto mehr hat er sich an die ›Sprache Kanaans‹ gewöhnt. Biblische Kernworte wie Amen, Ältester, Apostel, Auferstehung, Berufung, Bund, Demut, Dienst, Engel, Erlösung, Evangelium, Fleisch, Gesetz, Geist, Gemeinde, Gewissen, Glaube, Gnade, Heil, Herrlichkeit, Jünger, Kreuz, Leben, Leib, Licht, Menschensohn, Nächster, Opfer, Prophetie, Rechtfertigung, Reich Gottes, Sanftmut, Seele, Sünde, Taufe, Totenreich, Unzucht, Vergebung, Vollmacht, Weisheit, Welt oder Zucht begegnen dem Bibelleser dauernd. Oftmals müßte allerdings gefragt werden: »Verstehst Du auch, was Du liest?« Ich habe manchmal das Experiment gemacht, meine Schüler oder auch ein Gemeindeglied zu fragen: »Wir haben heute alle schon beim Morgengebet oder bei Tisch das Wort ›Segnen‹ oder ›Segen‹ gebraucht. Erklären Sie mir doch einmal kurz und präzis, was ›Segen‹ in der Bibel bedeutet!« Meist war das Ergebnis solch einer Befragung nicht sehr ermutigend. Viele Worte, die Christen dauernd gebrauchen, sind ihnen in ihrer genauen biblischen Bedeutung kaum bekannt.

Leider helfen Predigten oft zu wenig, diesem Mangel zu begegnen. Immer wieder werden Bibelbegriffe unerklärt gelassen. Dabei wäre es die Aufgabe des Predigers, der Gemeinde die entsprechenden Worte biblisch-theologisch zu erschließen und sie umschreibend in aktuelle Sprache zu übersetzen. Er wird dies aber nur leisten können, wenn er selbst entsprechende Wortstudien betrieben hat. Der theologische Tiefgang einer Predigt entscheidet sich weithin daran, ob der Verkündiger seine Hausaufgaben in Sachen ›Begriffsanalyse‹ gemacht und sich der Herausforderung gestellt hat, den Bedeutungsgehalt der Worte in die Sprache seiner Hörer zu übertragen.

Biblische Begriffe wollen mit Sorgfalt erklärt sein. Denn dem Verstehen stehen manche Schwierigkeiten entgegen. Erstens können solche Begriffe, die ihrerseits ja immer schon ein bestimmtes Bedeutungsspektrum (ein Wortfeld verschiedener Bedeutungsmöglichkeiten) haben, von den verschiedenen Autoren des Alten und Neuen Testaments und zu verschiedenen Zeiten unterschiedlich gebraucht worden sein. Zweitens haben die verschiedenen Bibelübersetzer die gleichen biblischen Begriffe zum Teil mit unterschiedlichen Worten übersetzt. Und drittens stellt uns unser modernes Deutsch vor manche Probleme: Bestimmte Begriffe (wie z.B. ›Sünde‹) kennt es in der Umgangssprache kaum noch, sondern benutzt sie nur noch im religiösen Sprachgebrauch; oder es gebraucht die gleichen Worte in anderer Bedeutung wie die Bibel (vgl. z.B. die Begriffe ›Gemeinde‹ = politische Gemeinde; ›Fleisch‹ = ein Nahrungsmittel).

Wie geht die Begriffsanalyse nun praktisch vor sich? Zunächst sollte man feststellen, welches die zentralen Begriffe sind, die erklärt werden müssen.[50] Dann gibt es zwei Möglichkeiten: Entweder man erstellt eine selbständige (induktive) Wortstudie oder sieht die Bedeutung des Begriffs in entsprechenden Wörterbüchern nach.

Beginnen wir mit der zweiten Möglichkeit, dem Nachschlagen der Begriffsbedeutung. Über die Bedeutung eines Wortes im vorliegenden Vers informieren (hoffentlich!) die Kommentare zur Stelle. Um die Bedeutung eines Begriffs etwas umfassender kennenzulernen, sollte man sich aber angewöhnen, bei der Be-

[50] S. oben Abschn. 2. 3. 3 ›Problempunkte notieren‹.

griffsanalyse biblische Wörterbücher und Begriffslexika mit heranzuziehen. Sie informieren, welches Wortfeld – d.h. welche Bedeutungsmöglichkeiten – ein biblischer Begriff in den verschiedenen Teilen der Bibel hat. Jeder Ausleger sollte wenigstens ein solches Nachschlagewerk besitzen. Es gehört zum Handwerkszeug des Exegeten.

Wir nennen im folgenden einige solcher Begriffswörterbücher.

(a) Allgemeinverständlich: *Brockhaus Biblisches Wörterbuch,* Wuppertal 1982; H. Langenberg, *Biblische Begriffskonkordanz,* 2. Aufl., Metzingen 1975; R. Luther, *Neutestamentliches Wörterbuch,* 5. Aufl., Gütersloh 1984; R. Luther, *Begriffserklärungen zum Neuen Testament,* Hg. O.S. v. Bibra, Metzingen/Lüdenscheid 1986; W.H. Schmidt/G. Delling, *Wörterbuch zur Bibel,* Hamburg/Zürich 1971 (kritisch).

(b) Fachtheologisch: H. Balz/G. Schneider, *Exegetisches Wörterbuch zum Neuen Testament,* 3 Bde., Stuttgart 1980-83 (kritisch); Coenen/Beyreuther/Bietenhard, *Begriffslexikon zum Neuen Testament,* Studienausg. in 2 Bdn., Wuppertal 1979 (teilw. kritisch); Harris/Archer/Waltke, *Theological Wordbook of the Old Testament,* 2 Bde., Chicago 1981; E. Jenni/C. Westermann, *Theologisches Handwörterbuch zum Alten Testament,* 2 Bde., München/Zürich 1971/75 (kritisch); G. Kittel/G. Friedrich, *Theologisches Wörterbuch zum Neuen Testament,* 10 Bde., Stuttgart 1933-79 (kritisch).

Die andere Möglichkeit, eine Begriffsanalyse durchzuführen, ist das induktive Wortstudium. Hauptarbeitsmittel dazu ist die Konkordanz. Für den Ausleger, der von der deutschen Bibel ausgeht, ist es wichtig, daß seine Konkordanz mit seiner Übersetzung übereinstimmt. Wer also die Lutherbibel benutzt, braucht eine Konkordanz zum Luthertext (etwa die *Bremer Biblische Handkonkordanz,* Stuttgart 1984; oder die *Große Konkordanz zur Lutherbibel,* Stuttgart 1979); wer mit der Zürcher Bibelübersetzung arbeitet, verwendet die *Zürcher Bibel-Konkordanz,* 3 Bde., Zürich 1969-73. Der mit dem deutschen Text arbeitende Ausleger kann den Gebrauch des entsprechenden Wortes in den verschiedenen Teilen der Bibel nachsehen.[51] Wichtig ist dabei, jeweils im unmittelbaren Zusammenhang einer Fundstelle den je-

---

[51] Ungewiß bleibt für den auf die deutsche Übersetzung angewiesenen Ausleger, ob dem jeweiligen deutschen Begriff im biblischen Grundtext immer die gleichen oder aber ganz verschiedene hebräische und griechische Kernbegriffe zugrunde liegen.

weiligen Gebrauch des Wortes herauszufinden. Hilfreich kann auch sein, festzustellen, wie häufig ein Begriff in bestimmten biblischen Büchern bzw. bei bestimmten biblischen Autoren vorkommt (was sich aber nur mit einer vollständigen Konkordanz untersuchen läßt).

Wie der des Hebräischen und Griechischen kundige Theologe eine selbständige Wortstudie anfertigt, kann und muß hier nicht dargestellt werden. Einige Hinweise zur Information können genügen. Eine induktive Wortstudie anhand des biblischen Grundtextes hat zunächst den diachronen Aspekt zu beachten (von griech. *dia* = durch, und *chronos* = die Zeit): Von der Wurzelbedeutung an wird die Wortgeschichte bis zu einem gegebenen Zeitpunkt verfolgt. Geht es um einen griechischen Begriff des Neuen Testaments, wird die Bedeutung des Wortes von der Wurzel an (= Etymologie) im Klassischen Griechisch, in der Septuaginta (= der griechischen Übersetzung des Alten Testaments) einschließlich der jeweils zugrunde liegenden hebräischen Worte sowie in den Schriften des zwischentestamentlichen Judentums bis hin zum Wortgebrauch in den Papyrifunden des Koinegriechisch der neutestamentlichen Zeit untersucht. Auf diesem Hintergrund wird dann der neutestamentliche Wortgebrauch (Synoptiker, johanneische Schriften, Paulusbriefe usw.) erforscht. Oft wird darüberhinaus der Gebrauch des entsprechenden Wortes oder Konzepts im tannaitischen und talmudischen Judentum und bei den Kirchenvätern untersucht. Man muß sich bei diesen diachronen Untersuchungen allerdings vor einer Gefahr hüten: nämlich zu meinen, die Bedeutung eines Wortes zu einem späteren (etwa: neutestamentlichen) Zeitpunkt ergebe sich aus der Summe der früheren Wortbedeutungen in der Begriffsgeschichte. Ein anderer Irrtum wäre zu meinen, die Wurzelbedeutung (Etymologie) sei maßgebend für den Sinn eines Wortes in späterer Zeit. Um sich vor solchen Fehlern zu schützen, ist es entscheidend, beim Wortstudium den synchronen Aspekt (von griech. *syn* = zusammen, und *chronos* = Zeit) besonders hervorzuheben, d.h. die Zusammenschau der Wortbedeutungen, die der Begriff zu einem bestimmten Zeitpunkt haben kann. Es geht also um die Bedeutungsmöglichkeiten (bzw. das Wortfeld) eines Begriffs zu einem gegebenen Zeitpunkt. Handelt es sich beispielsweise um einen von Paulus gebrauchten Begriff, stellen sich zwei Fragen: 1) Welche Bedeutungen kann dieses Wort um die Mitte des 1. Jahrhunderts in den übrigen Paulusbriefen, im Rest des Neuen Testaments, in den zeitgenössischen jüdischen und hellenistischen Schriften haben? 2) Welche Bedeutungsmöglichkeit aus dem so aufgeschlüsselten synchronen Wortfeld ist im konkreten Fall nachweislich des unmittelbaren Kontextes von Paulus beabsichtigt?

Für den auf die deutsche Übersetzung angewiesenen Ausleger, der möglichst genau arbeiten will, gibt es übrigens Wege um herauszufinden, welcher Begriff an einer bestimmten Bibelstelle im griechischen oder hebräischen Grundtext gebraucht ist, so daß er dann dessen präzise Bedeutung nachschauen kann:

– Er nimmt das sogenannte *Konkordante Neue Testament* (Konkordanter Verlag Pforzheim) zur Hand, sieht darin nach, welches Wort in dem entsprechenden Vers gebraucht ist, und schlägt anschließend in dem umfangreichen Anhang des *Konkordanten Neuen Testaments* nach, welches Wort für diesen Übersetzungsbegriff im griechischen Grundtext steht. Weiß er letzteres, ist es nicht mehr schwer, in den oben genannten Begriffswörterbüchern die exakte Wortbedeutung nachzulesen. Oder:

– Er schlägt in einem wissenschaftlichen Kommentar die Erklärung des entsprechenden Verses auf und wird dort (zumeist) Ausführungen zu dem gesuchten Grundtextbegriff finden.

– Wenn er Englisch lesen kann, schlägt er den entsprechenden Vers in der *King James Version* (der gängigen engl. Bibelübersetzung) nach, findet dort den Begriff in Englisch und schlägt zu diesem Stichwort dann in R. Youngs *Analytical Concordance to the Holy Bible* nach. Dort findet er dann die diesem Übersetzungswort zugrunde liegenden hebräischen oder griechischen Begriffe mit den jeweiligen Bibelstellen aufgeführt und kann ein induktives Wortstudium beginnen.

Wenn es um die Begriffsanalyse geht, sollte der Ausleger Fleiß und Mühe nicht scheuen, den ursprünglichen Sinn eines biblischen Wortes herauszufinden. Solche Arbeit trägt ihre Frucht in einem vertieften theologischen Bibelverständnis und sie führt zu tiefschürfender Auslegungspredigt, die den Hörer in das Verständnis des Wortes Gottes einführt.

Zu Psalm 1:

Sachanalyse: Welcher konkrete Vorgang steht hinter der Bildrede von der »Spreu, die der Wind verweht«, in V. 4? Wie haben wir uns die entsprechende Tätigkeit im alten Palästina vorzustellen?
Begriffsanalyse: Finden Sie heraus, was konkret mit dem Begriff »die Gottlosen« (V. 1 u. öfters) gemeint ist.

Zu Epheser 4,1-6:

Sachanalyse: Was ist gemeint mit der Aussage in V. 6, daß Gott, unser Vater, »durch euch alle« ist?
Begriffsanalyse: Was ist mit dem Begriff »Liebe« (V. 2) im Neuen Testament und hier bei Paulus gemeint?
(Im Grunde müßte hier ein gründliches Wortstudium aller in V. 4-6 gebrauchten Begriffe erfolgen).

2.4.6 Ein Textschaubild anfertigen (Strukturanalyse)

In der analytischen Auslegungsarbeit am Bibeltext sind wir nun schon weit vorangekommen. Wir haben uns im Blick auf die Tragfähigkeit der Textbasis vergewissert, haben uns mit dem geschichtlichen Hintergrund sowie dem literarischen und theologischen Kontext unseres Bibelwortes beschäftigt, haben den Text selbst stilistisch und formal untersucht und die Sachfragen und Begriffsbedeutungen erklärt. Nun ist noch wichtig, den genauen Zusammenhang aller Gliedaussagen des Textes zu verstehen. Dann liegt das Bibelwort in seinem Umfeld, seinen Einzelheiten und seiner Gedankenentfaltung wie ein offenes Buch vor uns.

Ich habe mich oft gefragt, wie der mit einer Übersetzung arbeitende Ausleger die strukturelle Gedankenentfaltung eines Bibelabschnittes genau nachvollziehen kann. Der mit dem Grundtext arbeitende Exeget ist in der Lage, eine grammatisch-syntaktische Analyse des Textes vorzunehmen, bei der die Bezüge aller Textglieder zueinander deutlich werden. Die Heilige Schrift verstehen und auslegen kann aber nicht nur der sprachlich geschulte Grammatikkenner, der sich mit der Morphologie (Formenlehre) und Syntax (Satzlehre) der biblischen Sprachen auskennt. Schließlich haben die Übersetzer all ihr sprachliches Können angewandt, um dem heutigen Bibelleser die Heilige Schrift in der Sprache nahezubringen, die er versteht. Und so gibt es mit der Strukturanalyse anhand des Übersetzungstextes einen Weg, die Gedankenentfaltung einer Perikope Schritt für Schritt offenzulegen.

Wer nicht von den biblischen Grundsprachen ausgeht, braucht für das Erstellen eines Textschaubildes eine möglichst wortgetreue (konkordante) Übersetzung, etwa die Revidierte Elberfelder Übersetzung. Auf Schritt und Tritt muß er nun entscheiden, wie die Zusammenhänge im Text sind: welche Satzteile übergeordnet und welche untergeordnet sind, und worauf sich die einzelnen Gliedaussagen jeweils beziehen. Rein technisch ist für das Erstellen eines Textschaubildes folgendes zu beachten:

– Am linken Blattrand bleibt eine Spalte, in der die Versangaben eingetragen werden.

– Die übergeordneten Textaussagen stehen weiter links, untergeordnete Aussagen werden nach rechts eingerückt.

– Durch Klammern unter der Zeile können bestimmte Sinneinheiten innerhalb eines Satzes gekennzeichnet werden. (Untergeordnete Gedanken beziehen sich oft nicht nur auf ein einzelnes Wort, sondern auf solch eine Sinneinheit.)

– Durch Pfeile und senkrechte Linien wird deutlich gemacht, worauf sich die untergeordneten Gedanken beziehen.

– Durch senkrecht angeordnete Klammern können parallele Aussagen gekennzeichnet werden.

– Gleichgeordnete Aussagen werden nicht eingerückt, sondern untereinandergeschrieben. Das gleiche gilt, wenn ein Satz aus Raumgründen nicht nach rechts hin weitergeschrieben werden kann: Man beginnt dann direkt unter dem Anfang der oberen Zeile eine zweite.

Was in der Theorie zunächst wenig anschaulich und kompliziert klingen mag, erweist sich in der Praxis mit nur wenig Übung als recht einfach – und ist im Ergebnis sehr hilfreich.

Zur Veranschaulichung wenden wir uns zunächst Kol 1,9-12 zu. Liest man diesen langen paulinischen Satz, geht leicht der Überblick verloren. Wie entfaltet sich der Gedankengang? Wie hängen die einzelnen Gedankenelemente im Text zusammen? Das Textschaubild kann diese Fragen klären helfen. Und es wird – wie wir später noch sehen werden – für die Ausarbeitung der Auslegungspredigt ausgesprochen hilfreich sein.

Und so sieht ein Textschaubild von Kol 1,9–12 aus:

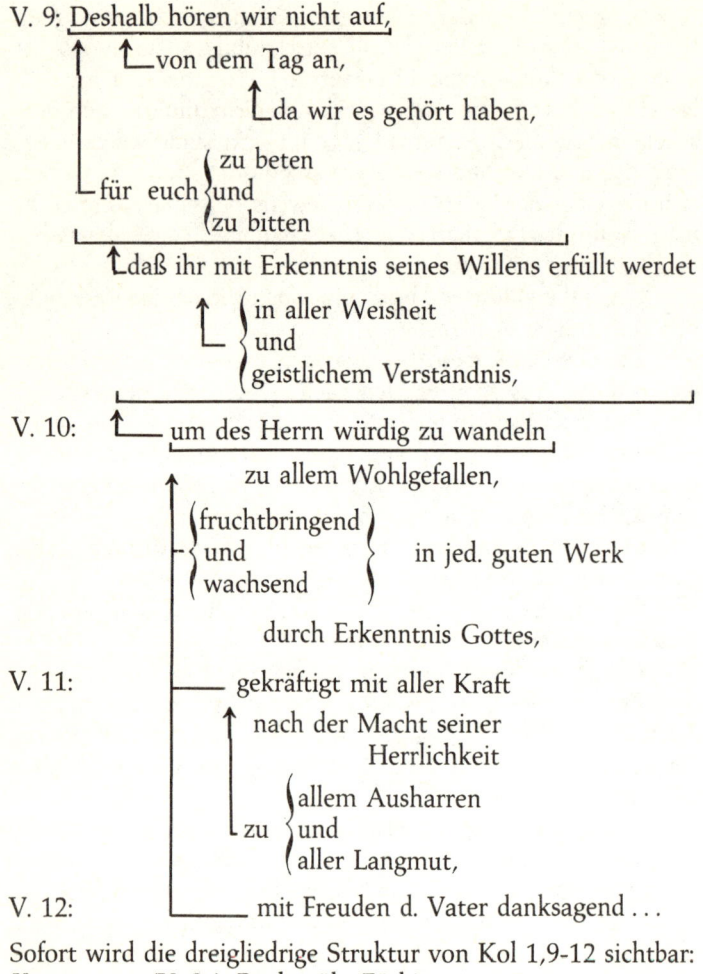

V. 9: Deshalb hören wir nicht auf,

⌐von dem Tag an,

⌐da wir es gehört haben,

für euch ⎰zu beten
⎱und
⎱zu bitten

⌐daß ihr mit Erkenntnis seines Willens erfüllt werdet

⎰in aller Weisheit
⎱und
⎱geistlichem Verständnis,

V. 10: ⌐— um des Herrn würdig zu wandeln

zu allem Wohlgefallen,

⎰fruchtbringend⎱
⎱und   ⎰ in jed. guten Werk
⎱wachsend ⎱

durch Erkenntnis Gottes,

V. 11: —— gekräftigt mit aller Kraft

nach der Macht seiner
Herrlichkeit

⎰allem Ausharren
zu ⎱und
⎱aller Langmut,

V. 12: —— mit Freuden d. Vater danksagend ...

Sofort wird die dreigliedrige Struktur von Kol 1,9-12 sichtbar:
Kernaussage (V. 9a): Paulus übt Fürbitte.
   Ziel der Fürbitte (V. 9b): Erkenntnis des Willens Gottes.
      Resultat jenes Ziels (V. 10-12):
      Würdiger Wandel, der drei Kennzeichen hat:
      – Fruchtbarkeit in jedem guten Werk;
      – Standhaftigkeit in der Kraft Gottes;
      – Dankbarkeit gegenüber dem himmlischen Vater.

146

Als zweites Beispiel nehmen wir 1.Thess 4,3-7:

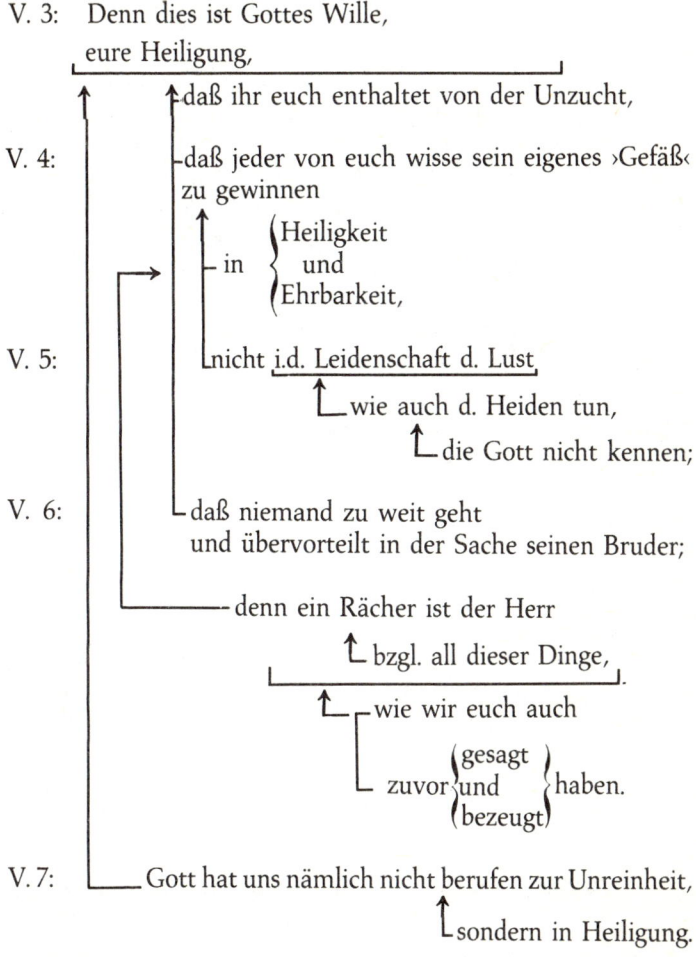

V. 3:   Denn dies ist Gottes Wille,
eure Heiligung,
daß ihr euch enthaltet von der Unzucht,

V. 4:   daß jeder von euch wisse sein eigenes ›Gefäß‹
zu gewinnen
in { Heiligkeit
und
Ehrbarkeit,

V. 5:   nicht i.d. Leidenschaft d. Lust,
wie auch d. Heiden tun,
die Gott nicht kennen;

V. 6:   daß niemand zu weit geht
und übervorteilt in der Sache seinen Bruder;
denn ein Rächer ist der Herr
bzgl. all dieser Dinge,
wie wir euch auch
zuvor { gesagt
und } haben.
bezeugt

V. 7:   Gott hat uns nämlich nicht berufen zur Unreinheit,
sondern in Heiligung.

Die *Kernaussage* (V. 3a), daß Gott unsere Heiligung will, erfährt eine *dreifache Konkretisierung* (V. 3b-6a: im Blick auf die Unzucht, den Umgang mit der eigenen Frau und den Ehebruch). Zu

147

entscheiden war, ob V. 6b (»denn ein Rächer ist der Herr . . .«) nur auf V. 6a bezogen ist oder auf die drei vorangehenden Glieder zusammen (V. 3b-6a). Wir nehmen letzteres an. V. 7 verstehen wir als eine abschließende und damit den ganzen Abschnitt umschließende *Begründung der Kernaussage.*

Der Ausleger, der nach all den vorangehenden Einzeluntersuchungen ein Textschaubild erstellt hat, versteht nun die Zusammenhänge in seinem Text sowohl im ganzen wie im einzelnen. Zweifellos läßt sich auf dieser Basis eine gründliche Auslegungspredigt leichter erarbeiten, als wenn der Ausleger am Ende seiner exegetischen Arbeit vor einem Berg von Einzelinformationen stehenbleibt. Vermittelt die Geschichts-, Gattungs-, Sach- und Begriffsanalyse dem Ausleger in der Predigtvorbereitung theologischen Tiefblick, so gibt ihm die Strukturanalyse geordneten Durchblick durch die Textzusammenhänge. Ohne diesen Durchblick steht der Prediger in der Gefahr, in Einzelbeobachtungen stecken zu bleiben, anstatt der Gemeinde den Text in seiner Entfaltung zu erschließen.

AUFGABEN

Zu Psalm 1:

Erstellen Sie ein Textschaubild von Ps 1. Beachten Sie besonders, wie weit der 1. Sinnabschnitt geht, wo der 2. Sinnabschnitt beginnt und wie V. 6 einzuordnen ist.

Zu Epheser 4,1-6:

Erstellen Sie ein Textschaubild von Eph 4,1-6. Beachten Sie besonders, wie V. 4-6 strukturell einzuordnen sind. Woran knüpft die Aufzählung dieser Verse inhaltlich an?

2.5 ›Synthese‹: Jetzt werden die Konturen scharf

Die eigentliche exegetische Arbeit ist nun abgeschlossen. Worauf der Ausleger jetzt zu achten hat, ist, daß er nicht in Einzelheiten ertrinkt. Er muß um seiner künftigen Predigthörer willen Klarheit und Durchblick bewahren. Von daher empfiehlt sich eine kurze ›Synthese‹, die aus zweierlei besteht:

- dem Formulieren des Textthemas; und
- dem Formulieren der Textgliederung.

In dieser einfachen Synthese kommen die analytischen Einzelarbeiten zum Ziel.

2.5.1 Das Textthema formulieren

Was würden Sie antworten, wenn jemand Sie am Ende Ihrer exegetischen Arbeit bitten würde: »Fassen Sie doch einmal die Aussage Ihres Textes in einem Satz zusammen!«? Ich könnte mir denken, zunächst wäre man versucht, in einer längeren Zusammenfassung den Text nachzuerzählen. Über- und untergeordnete Gedanken stünden dabei einfach nebeneinander. Es fehlte die Präzision und die bündige Kürze. Zu sehr wäre man noch in den Einzelheiten befangen. Man ist noch nicht zu der Klarheit durchgedrungen, die es erlaubte, die Textaussage in einem Satz zu definieren. Hätte man das ›Textthema‹ formuliert, fiele dies dagegen leicht.

Es gibt in der Predigtlehre allerdings auch eine gegenläufige Argumentation. So ist Horst Hirschler der Überzeugung, »daß die Versammlung eines Textes unter einen Skopus nicht sonderlich sinnvoll ist. Meist ist der Text viel komplexer . . .«[52] Um der inhaltlichen Vielfalt biblischer Texte gerecht zu werden, schlägt er statt dessen vor, als Résumé der Exegese die Textaussage in eine Textparaphrase zu fassen.[53] Gewiß kann ein sachgemäß interpretierendes Wiedergeben des Textes in eigenen Worten für die Klarheit der Gedanken hilfreich sein. Und doch muß m.E. bereits solch eine Paraphrase von der Frage geleitet sein, welche zentrale Sache der Autor in den Einzelzügen seines Textes zum Ausdruck bringen möchte. Damit aber wird auch die Textparaphrase vom Skopus des Textes her bestimmt und ist auf diesen hin zu formulieren. Gerade dies aber möchte Hirschler nicht. In seiner Konzeption von ›Exegese‹ und ›Textparaphrase‹ findet sich von Anfang an ein stark subjektives Element. Für ihn ist das Leitmotiv für das Verstehen eines Textes nicht das Erkennen der vom Autor beabsichtigten Textbedeutung, sondern das Verschmelzen der Erfahrungshorizonte von Text und Exeget. Und so kann es für ihn auch keine normative Textabsicht geben, die in

---

[52] H. Hirschler, *biblisch predigen*, 2. Aufl., Hannover 1988, S. 219.
[53] S. dazu seine Ausführungen zum Anfertigen einer »erfahrungsbezogenen Textparaphrase«, aaO., S. 152-212.

einem Textthema oder Skopus zu formulieren wäre. Die ›erfahrungsbezogene Textparaphrase‹ bringt vielmehr von Exeget zu Exeget unterschiedliche subjektive Betonungen und Sinndeutungen mit sich. In ihr können auch ganz verschiedene Gedanken, die dem Exegeten am Text wichtig geworden sind, nebeneinander zu stehen kommen. Und homiletisch gesehen ist dann die Gefahr – trotz Hirschlers Programm »biblisch predigen« zu wollen –, daß die Predigt vom Text nur allerlei Denkanstöße und Erfahrungen bezieht, sich über diese dann auch in subjektiver Auswahl und Betonung ausspricht, aber nicht wirklich die zentrale Aussageabsicht des Textes am Text entlanggehend verkündet.

Das Textthema präsentiert die Aussage des Textes in einem knappen, präzisen und grammatisch vollständigen Satz:

– Die Aussage des Textes wird in einem *knappen* Satz formuliert. Das heißt, beim Textthema geht es nicht um eine lange Zusammenfassung aller Einzelheiten, sondern um eine kurze, kondensierte Wiedergabe des zentralen Textgehalts.

– Die Aussage des Textes wird in einem *präzisen* Satz formuliert. Das heißt, das Textthema versucht, so genau wie möglich zu definieren, wie das im gesamten Text entfaltete Thema lautet.

– Das Textthema wird in einem *grammatisch vollständigen* Satz formuliert. Das heißt, daß Stichworte und Schlagzeilen zur Themaformulierung nicht ausreichen, weil sie einfach zu vieldeutig und ungenau sind. In einem vollständigen Satz mit Subjekt und Prädikat legt man sich sinngemäß fest. Und diese Genauigkeit und Eindeutigkeit ist für das Textthema unverzichtbar.

Bei der Formulierung des Textthemas gehen wir in drei Schritten vor. Wir definieren den ›Textgegenstand‹, die ›Textaussage‹ und formulieren aus beiden dann das ›Textthema‹:

– Zunächst frage ich: »Worum geht es in diesem Text zentral?«, bzw.: »Welchen Gegenstand behandelt der Autor in diesen Versen?« Diese Fragen erschließen mir den Textgegenstand.[54] Die Antwort darf weder so allgemein sein, daß sie auch

---

[54] Auf diesen Sachverhalt haben wir – ganz vorläufig – auch schon zu Beginn unserer Auslegungsarbeit unser Augenmerk gerichtet, s. unter Abschn. 2. 3. 2 ›Den Gedankengang erkennen‹, wo wir nach dem Hauptgedanken des Textes fragten. Jetzt, nach der detaillierten Auslegungsarbeit wird der Gegenstand des Textes noch präziser zu bestimmen sein.

noch für den vorangehenden und den folgenden Abschnitt paßt; noch darf sie so eng geraten, daß sie nicht mehr alle Aussagen in dem betreffenden Abschnitt abdeckt.

Nehmen wir als Beispieltext Jak 1,5-8:

»Wenn aber jemandem von euch Weisheit mangelt, so bitte er Gott, der allen willig gibt und nichts vorwirft, und sie wird ihm gegeben werden. Er bitte aber im Glauben, ohne zu zweifeln; denn der Zweifler gleicht einer Meereswoge, die vom Wind bewegt und hin und her getrieben wird. Denn jener Mensch denke nicht, daß er etwas von dem Herrn empfangen werde, ist er doch ein wankelmütiger Mann, unbeständig in allen seinen Wegen.«

In dem Versuch, den Textgegenstand dieses Abschnittes zu definieren, stellt H.W. Robinson[55] zunächst fest, daß es hier um ›Weisheit‹ geht. Doch diese Erkenntnis ist noch zu ungenau. ›Wie man Weisheit erlangen kann‹, ist schon eine genauere Umschreibung des Textgegenstands. Ein Blick auf den Kontext, Vv. 2-4, macht deutlich, daß es um Anweisungen für Zeiten der Bedrängnis geht. Von daher ergibt sich als Textgegenstand, der allen Textteilen gerecht wird, daß es in Jak 1,5-8 darum geht, ›wie man inmitten von Bedrängnissen Weisheit erlangen kann‹.

– Nun frage ich weiter: »Was wird im Text über den zentralen Gegenstand ausgesagt?« Diese Frage erschließt mir die Textaussage. Für die Beantwortung ist es eine Hilfe, die Struktur des Textes klar vor Augen zu haben.[56] So wird deutlich, welche Hauptaussagen zu dem zentralen Textgegenstand gemacht werden. In Jak 1,5-8 sieht Robinson[57] nur eine solche Textaussage. Auf die Leitfrage (s.o.), ›wie man inmitten von Bedrängnissen Weisheit erlangen kann‹, findet er im Text nur die eine Antwort: ›indem man Gott darum im Glauben bittet‹.

– Aus beiden Teilantworten (zu Textgegenstand und Textaussage) läßt sich nun unschwer das Textthema formulieren. Zu Jak 1,5-8 könnte es heißen: › *Weisheit inmitten von Bedrängnissen*

---

[55] H. W. Robinson, *Biblical Preaching*, Grand Rapids 1980, S. 67.
[56] S. dazu oben Abschn. 2.4.6 ›Textschaubild anfertigen‹.
[57] Ebd. S. 68.

kann erlangt werden, indem man Gott darum im Glauben bittet.[58]

Wir führen zwei weitere Beispiele an, die zeigen, wie man ein Textthema formuliert. Dabei greifen wir auf die Texte Kol 1,9-12 und 1.Thess 4,3-7 zurück, die uns oben (in Abschnitt 2.4.6) als Grundlage für unsere Textschaubilder gedient haben.

In Kol 1,9-12 geht es zentral um die Fürbitte des Apostels für geistgewirktes Erkenntniswachstum seiner Hörer. Diese Erkenntnis soll zu einem fruchtbaren, standhaften und dankbaren Lebenswandel befähigen. Als Textthema ergibt sich daher für Kol 1,9-12: ›Die apostolische Fürbitte für geistgewirktes Erkenntniswachstum zielt auf einen fruchtbaren, standhaften und dankbaren Lebenswandel.‹

In 1.Thess 4,3-7 geht es zentral um die berufungsgemäße Heiligung des Christen im Intimleben. Diese zeigt sich in keuschem Verhalten außerhalb der Ehe, in der Ehe und neben der Ehe. Als Textthema ergibt sich daher für 1.Thess 4,3-7: ›Die berufungsgemäße Heiligung des Christen in seinem Intimleben zeigt sich in keuschem Verhalten außerhalb, in und neben der Ehe.‹

Ist man in der Lage, den exegetischen Gehalt eines Textes in solch einem knappen, präzisen und vollständigen Satz wiederzugeben, ist die Grundlage dafür gelegt, daß man in der Predigt nicht am eigentlichen Anliegen des Textes vorbeispricht.

AUFGABEN

Zu Psalm 1:

Formulieren Sie das Textthema zu Ps 1:
a) Worum geht es zentral in diesem Psalm? (Was wird hier durchgängig behandelt?)
b) Was wird in diesem Psalm über den zentralen Gegenstand ausgesagt?

Zu Epheser 4,1-6:

Formulieren Sie das Textthema zu Eph 4,1-6:
a) Worum geht es zentral in diesem Abschnitt? (Welcher Gegenstand wird hier durchgängig behandelt?)
b) Was wird in diesem Abschnitt über den zentralen Gegenstand ausgesagt?

---

[58] Wir haben hier – was sich generell zu Übungszwecken empfiehlt – den ›Textgegenstand‹ kursiv gesetzt.

2.5.2 Die Textgliederung erstellen

Eine Textgliederung erleichtert den Überblick über Gedankenentfaltung und Aufbau eines Textes sehr. Übergeordnete und untergeordnete Sinneinheiten des Textes werden in jeweils knappe Aussagen zusammengefaßt und in natürlicher Abfolge übersichtlich strukturiert wiedergegeben.

Zwei Gliederungssysteme haben sich bewährt und stehen zur Auswahl:

– das *alpha-numerische System*. Dabei kann die Über- und Unterordnung von Gedanken im Text durch römische und arabische Ziffern sowie Groß- und Kleinbuchstaben ausgedrückt werden. Beispiel:

I. (Übergeordneter Punkt)
   A. (Untergeordneter Punkt)
      1. (Weitere Untergliederungspunkte)
         a) . . .
         b) usw.

– das *Dezimal-Gliederungssystem*. Hierbei wird auf verschiedenen Rangstufen nach arabischen Ziffern untergliedert. Beispiel:

1. (1. Stufe)
   1.1 (2. Stufe)
   1.2 . . .
      1.2.1 (3. Stufe)
      1.2.2 usw.

Nehmen wir zwei Gliederungsbeispiele anhand biblischer Texte. Wir greifen dabei erneut auf die bereits für das Textschaubild (2.4.6) und das Textthema (2.5.1) herangezogenen Beispieltexte aus Kol 1 und 1.Thess 4 zurück.

Eine Textgliederung von Kol 1,9-12 nach dem alpha-numerischen System könnte so aussehen:

I. Paulus betet, daß die Kolosser mit Erkenntnis des Willens Gottes erfüllt werden (V. 9)
   A. Paulus betet regelmäßig für sie, seit er von ihrem Glauben gehört hat (V. 9a)

B. Paulus betet um Erkenntnis des Willens Gottes, die durch geistgewirkte Weisheit und Einsicht zustande kommt (V. 9b)

II. Paulus betet, daß die Erkenntnis zu einem würdigen Wandel führt, der Gott gefällt (V. 10-12)
   A. Paulus nennt das Grundanliegen eines Gott wohlgefälligen würdigen Wandels (V. 10a)
   B. Paulus nennt die Kennzeichen eines Gott wohlgefälligen würdigen Wandels (V. 10b-12)
      1. Der Gott wohlgefällige würdige Wandel ist gekennzeichnet von geistlicher Fruchtbarkeit (V. 10b+c)
         a) Es geht um Frucht und Wachstum in jedem guten Werk (V. 10b)
         b) Diese geistliche Fruchtbarkeit kommt durch die Erkenntnis Gottes zustande (V. 10c)
      2. Der Gott wohlgefällige würdige Wandel ist gekennzeichnet von geistlicher Standhaftigkeit (V. 11)
         a) Gott stärkt die Seinen aus seiner göttlichen Machtfülle (V. 11a)
         b) Diese Stärkung soll den Christen zur Standhaftigkeit befähigen (V. 11b)
      3. Der Gott wohlgefällige würdige Wandel ist gekennzeichnet von Dankbarkeit (V. 12)
         a) Es geht um frohe Dankbarkeit gegenüber Gott, dem Vater (V. 12a)
         b) Grund für die Dankbarkeit ist, daß Gott den Seinen das himmlische Erbe eröffnet hat (V. 12b)

Natürlich muß eine Textgliederung nicht immer eine so ausführliche Feingliederung in untergeordnete Punkte aufweisen, wie das im vorliegenden Beispiel der Fall ist.

Als zweites Beispiel gliedern wir 1.Thess 4,3-7, und zwar nach dem Dezimalsystem:

1. Die Heiligung wird als Wille Gottes für die Gläubigen proklamiert (V. 3a)
2. Die von Gott gewollte Heiligung wird anhand des sexualethischen Verhaltens konkretisiert (V. 3b-6)

2.1 Heiligung bedeutet Reinheit außer, in und neben der Ehe
(V. 3b-6a)

2.1.1 Heiligung bedeutet, sich der Unzucht zu enthalten (V. 3b)

2.1.2 Heiligung bedeutet, ein gewinnendes und reines Intimleben mit seiner Frau zu führen (V. 4+5)

2.1.3 Heiligung bedeutet, sich nicht an der Ehe des Nächsten
zu vergehen (V. 6a)

2.2 Unreinheit im Sexualleben findet in Gott seinen Richter
(V. 6b)

3. Die Heiligung entspricht der Berufungsabsicht Gottes für uns
– im Gegensatz zur Unreinheit (V. 7)

Es mag schon an diesen Beispielen deutlich werden, wie hilfreich
eine gute Textgliederung für die folgende Auslegungspredigt
sein wird. Wer einen exegetisch erarbeiteten Bibeltext logisch
und präzise formuliert gegliedert hat, wird keine Mühe haben, in
übersichtlicher Weise fortlaufend durch diesen Text zu predigen.
Er wird weder nur Lieblingsgedanken aus dem Text herauspik-
ken, noch unzusammenhängende Einzelanmerkungen zu den
einzelnen Worten liefern. Vielmehr kann er Zusammenhänge
darstellen und die Einzelaussagen des Textes in diese einordnen.

Einige praktische Hinweise zu dem, was beim Erstellen einer
Textgliederung ›geboten‹ und ›verboten‹ ist, sollen diese Ausführungen abschließen. Folgende Regeln können helfen, Fehler zu
vermeiden:

– Den Text fortlaufend in der natürlich gegebenen Reihenfolge gliedern! D.h.: keine Vers-Auslassungen; keine Text-Um-
stellungen; keine thematische Zusammengruppierung von
Versen!

– Über- und untergeordnete Gedanken im Text klar unterscheiden und in Wort und Anordnung zum Ausdruck bringen!
D.h.: textgemäßer Gebrauch der Über- und Unterordnungsmög-
lichkeiten des Gliederungssystems; Verzicht auf bloßes Neben-
einanderstellen der Textaussagen; Verzicht auf willkürliches
Hervorheben dessen, was ›mir‹ gerade ›wichtig‹ ist!

– Untergeordnete Gliederungspunkte jeweils nach rechts
einrücken, damit die Unterordnung auch optisch sichtbar wird!

– Gliederungspunkte möglichst in knappen, aber vollständigen Sätzen formulieren. Das hilft zur Eindeutigkeit und fördert die Aussagekraft der Gliederung.

– Jedem Gliederungspunkt in Klammern die Versangabe beifügen, auf die sich der Gliederungspunkt bezieht!

– Übergeordnete Punkte müssen immer alle Verse umfassen, auf die sich die ihnen untergeordneten Punkte beziehen! D.h.: Es ist beispielsweise *nicht* möglich, so zu gliedern:

A. Hauptpunkt (V. 1)
  1. Unterpunkt (V. 2)
  2. Unterpunkt (V. 3)

Dies müßte, wenn schon, heißen:

A. Hauptpunkt (V. 1-3)
  1. Unterpunkt (V. 1)
  2. Unterpunkt (V. 2)
  3. Unterpunkt (V. 3)

– Untergeordnete Punkte müssen zusammen den ganzen Versumfang abdecken, auf den sich der ihnen übergeordnete Hauptpunkt bezieht! D.h.: Bezieht sich z.B. ein Hauptpunkt auf die Verse 1-4, können die Unterpunkte nicht nur V. 3 und V. 4 behandeln.

AUFGABEN

Zu Psalm 1:

Erstellen Sie unter Berücksichtigung obiger Regeln und unter Beachtung des von Ihnen angefertigten Textschaubildes eine Textgliederung von Ps 1 nach dem alpha-numerischen Gliederungssystem.

Zu Epheser 4,1-6:

Erstellen Sie unter Berücksichtigung obiger Regeln und unter Beachtung des von Ihnen angefertigten Textschaubildes eine Textgliederung von Eph 4,1-6 nach dem Dezimal-Gliederungssystem.

3. Die Praxis der Auslegungspredigt

Im ersten Teil dieses Buches haben wir uns grundlegende Gedanken darüber gemacht, was Auslegungspredigt ist und nicht ist. Nun kommen wir zur Praxis der Predigtgestaltung.

Der dazwischengeschobene zweite Teil hatte sich mit den Schritten praktischer Bibelauslegung befaßt. Für den vielbeschäftigten Prediger lohnt sich die mühsame Arbeit der Bibelauslegung allerdings nur dann, wenn die Exegese für die Verkündigung fruchtbar wird. Es darf nicht dazu kommen, daß sich zwischen Auslegung und Predigt ein Graben auftut, in den der mühsam erarbeitete biblisch-exegetische Ertrag auf Nimmerwiedersehen fällt. Vielmehr ist nun auf einen sorgfältigen Übergang zwischen beiden zu achten, der die Frucht der Exegese in die Predigt überführt.

3.1 ›Übergang‹: Von der Textauslegung zum Predigtentwurf

Der Übergang von der Exegese zum Predigtentwurf hat eine wichtige Brückenfunktion. Er vollzieht sich konkret in folgenden Arbeitsschritten:

- In der Durchführung einer Predigtmeditation.
- Im Formulieren des Predigtthemas.
- Im Erstellen der Predigtgliederung.

Wir wenden uns zunächst dem ersten Schritt zu.

3.1.1 Die Predigtmeditation

Die Predigtmeditation ist ein unverzichtbarer Schritt auf dem Weg von der Texterarbeitung zu einer für den Hörer relevanten Predigt. Worum es geht, ist ein betendes Nachdenken zugleich über den erarbeiteten Bibeltext und den zu erreichenden Hörer.

Das Wort ›Meditation‹ – auch in der Wortverbindung ›Predigt- Meditation‹ – läßt die Frage aufkommen, was hier gemeint sei. Rudolf

Bohren spricht von der »Verlegenheit gegenüber der Predigtmeditation« und zitiert G. Eichholz mit der Klage, daß wir »immer noch auf der Suche nach der Form und nach dem Sinn dessen sind, was wir Meditation nennen«.[1] Die Frage nach der rechten Begriffsfüllung ist für Bohren allerdings nur ein Teil des Problems. Die Predigtmeditation als »jene(s) Zwischenspiel . . ., das vom Text zum Predigen überleitet«, bringt ihn vor allem in eine theologische Verlegenheit: »Der Text besteht aus Buchstaben, Buchstaben sind tot. Aus toten Buchstaben soll das Evangelium laut werden. . . ›Wie kann man das?‹ Wie soll das zugehen, daß aus einem gedruckten Text ein wirkendes Wort wird?«[2] Von dieser Fragestellung ausgehend gelangt er zu folgender These: »Die Meditation ist der Ort, wo die Sprachlosigkeit überwunden und das Wort genommen wird. In der Gegenwart des Geistes kommt das Sprachgeschehen in Gang.«[3] Nur, hat Bohren recht, wenn er den Bibeltext – in problematischer Exegese von 2.Kor 3,6 – als ›toten Buchstaben‹ ansieht, der erst in der Meditation durch Geisteseinfall zum Leben erweckt werden muß? Ist das gegebene Wort Gottes nicht in sich schon »lebendig und kräftig und schärfer als jedes zweischneidige Schwert« (Hebr 4,12) und die Heilige Schrift als vom Geist Gottes inspiriertes Wort wirksam und nützlich, um aus Menschen Gottesmenschen zu machen (2.Tim 3,16)? Ist letzteres der Fall, muß das Wesen der Meditation bescheidener definiert werden, als Bohren es tut.

Das Wort ›Meditation‹ ist heute zweifellos ein belasteter Begriff. In den 70er Jahren brach sich ein Psychoboom Bahn, der unserer Kultur eine Meditationsbewegung bescherte. Das Ich wurde wiederentdeckt, tief in sich heilende Kräfte vermutet. Und so beschritt man den Weg der Versenkung und Innerung durch verschiedene Meditationstechniken, um in die persönlichen Tiefenschichten vorzustoßen. Hand in Hand damit ging ein Entdecken östlicher Meditationspraktiken, die dem Hinduismus entstammen und untrennbar mit diesem Hintergrund verwoben sind. Meditation in dieser ›transzendentalen‹ Form rückte in das Zwielicht des Okkulten. Mit jenen Psychotechniken und östlich-religiösen Praktiken hat die christliche Predigtmeditation – die es lange vor dieser ›Meditationswelle‹ gab – allerdings nichts gemein.

[1] R. Bohren, *Dem Worte folgen*, München/Hamburg 1969, S. 70.
[2] R. Bohren, *Predigtlehre*, München 1972, S. 347.
[3] Ebd.

Schon die alten lateinischen Bibelübersetzungen (Vetus Latina, Vulgata) gebrauchten öfters die Worte *meditatio* und *meditari*, vor allem als Übersetzung des hebräischen *haga*, und drückten damit das langsame, besinnliche, wiederholende, betrachtende und bedenkende Gebet aus, das Betrachten, vertiefende Sprechen und Bedenken von Gottes Wort.[4] »Glückselig der Mann. . ., der seine Lust hat am Gesetz des Herrn und sinnt über seinem Gesetz Tag und Nacht« (Ps 1). Luther schreibt in der Vorrede zum 1. Band der Wittenberger Bibelausgabe 1539:

»Du sollst meditieren, das heißt, nicht allein im Herzen, sondern auch äußerlich die mündliche Rede und die Worte im Buch nach den Buchstaben immer treiben und sie miteinander vergleichen, sie lesen und wiederlesen mit fleißigem Aufmerken und Nachdenken, was der Heilige Geist damit meint. Und hüte dich, daß du nicht überdrüssig werdest oder denkest, du habest es bei ein- oder zweimal genug gelesen, gehöret, gesagt und verstehest es alles von Grund auf; denn da wird nimmer mehr ein besonders guter Theologe draus, und die sind wie das unzeitige Obst, das abfället, ehe es halb reif wird.«[5]

Dieses betende, wiederholende, teilweise hörbar rezitierende Bedenken der Heiligen Schrift wurde in der ganzen Kirchengeschichte geübt.[6]

Die Predigtmeditation ist gewissermaßen ein Sonderfall dieser christlichen Meditation der Heiligen Schrift. Es geht dabei um das vertiefende Sinnen über ein (exegetisch) erarbeitetes Bibelwort mit der Bitte, dieses Wort Gottes möge mir von Gottes Geist so erschlossen werden, daß es nicht nur an mir Gottes Absicht erreicht, sondern ich es als Betroffener meinen Predigthö-

---

[4] Vgl. E. v. Severus, »Das Wort ›Meditari‹ im Sprachgebrauch der Heiligen Schrift«, *Geist und Leben*, 26 (1953), S. 368ff.

[5] WA 50, 659, 22-29. Für nähere Hinweise zur Praxis der Bibelmeditation s. G. Ruhbach, »Meditation der Heiligen Schrift im Vollzug«, *ThBeitr*, 10 (1979), S. 72-83.

[6] Den Vollzug biblischer Meditation in der Kirchengeschichte weisen nach M. Seitz, »Christliche Meditation«, *ThBeitr*, 7 (1976), 247-253; und G. Ruhbach, »Meditation als Meditation der Heiligen Schrift: Ein Gang durch die Kirchengeschichte«, *ThBeitr*, 9 (1978), 97-109.

rern so zu sagen weiß, daß es in ihre konkrete Situation trifft.[7] So hat es Meditation immer noch mit dem Verstehen des göttlichen Wortes zu tun, aber im Sinne biblischer Weisheit. Als Prediger bedarf ich der Weisheit, das Wort für mich persönlich zu verstehen und für meine Hörer. Letzteres schließt aber ein, daß ich mich um das Verständnis der Situation des Hörers (nicht einfach pauschal *der* Hörer!) genauso intensiv mühe, wie ich mich exegetisch um das Verständnis des Textes bemüht habe, um betend Weisheit zu empfangen, dieses Wort, das ich vernommen habe, diesen Hörern sagen zu können.

Wenn wir die Predigtmeditation als Sonderfall der christlichen Meditation der Heiligen Schrift bezeichnet haben, schließt dies betont folgenden Gedanken ein: Die persönliche Meditation des zu predigenden Bibelwortes hat längst begonnen, bevor ich mich nun schwerpunktmäßig der ›Predigtmeditation‹ zuwende. Schon in der ersten überblicksmäßigen Beschäftigung mit dem Predigttext beginnt das Meditieren, das persönliche, betende, erwartende Bewegen des Gotteswortes. Es begleitet den exegetischen Prozeß in der Haltung: »Rede, Herr, Dein Knecht hört!« Es wäre ein falscher Umgang mit Gottes Wort, die Heilige Schrift erst wie ein Ding exegetisch-methodisch in den Griff zu nehmen, als sei sie ein Buch wie jedes andere, um sie dann in einem erbaulichen Anhang gegebenenfalls auf sich wirken zu lassen.[8] Jede sachgemäße Verstehensbemühung um Gottes Wort schließt applikative (anwendungsbereite) Meditation mit ein. Im Umgang mit der Heiligen Schrift bin ich nie aus der Verpflichtung entlassen, mir bewußt zu sein, daß Gott hier spricht – und mir sein Reden gesagt sein zu lassen. In diesen fortdauernden meditativen Umgang mit dem Predigttext nimmt die ›Predigtmedita-

---

[7] E. Fuchs, »Zum Predigtentwurf«, in: ders., *Zum hermeneutischen Problem in der Theologie*, Tübingen 1959, S. 350f, unterscheidet zwischen einer ›*Meditation I*‹ (= der Reflexion der inneren Gedankenentfaltung des Textes und der Formulierung des Predigtskopus) und einer ›*Meditation II*‹, bei der es um die Frage gehe, »ob (!) und wie Sie das Textziel heute als Wort von Gott vor Ihre Zuhörer bringen können.«

[8] Vgl. H. Stadelmann, *Grundlinien eines bibeltreuen Schriftverständnisses*, Wuppertal 1985, S. 101ff.

tion‹ nun gedanklich und betend den künftigen Predigthörer mit hinein.

Auch der Hörer wird mich an dieser Stelle nicht zum ersten Mal beschäftigen. Schon im Zusammenhang mit der Textwahl (s. Abschn. 2.2) war es wichtig, den Hörer mit zu bedenken. Und dem Verkündiger, der Woche für Woche in Seelsorge, persönlicher Begegnung, in Gemeindegruppen und Gottesdienst mit seinen Predigthörern zu tun hat, wird seine Hörerschaft in Gedanken und in der Fürbitte immer gegenwärtig sein. Denken wir (lehrbuchmäßig) in Arbeitsschritten – immer in dem Bewußtsein, daß in der Praxis die Vorgänge stärker ineinanderliegen und sich überschneiden –, lassen sich folgende Elemente der Predigtmeditation unterscheiden:

(a) Das Nachdenken über den Predigthörer
Als Exeget hat sich der Ausleger ausführlich mit der Aussageabsicht des Textes beschäftigt und diese im Textthema formuliert. Schwerpunktmäßig ging es dabei um die ›Was‹-Frage: Was sagt der Text? In der Predigtmeditation sinnt er als selbst vom Text Betroffener betend darüber nach, wie er dieses Gotteswort seinen Hörern so sagen kann, daß es sie in ihrer Situation erreicht und dort an ihnen das bewirkt, was das Bibelwort beabsichtigt. Damit bekommen die Fragen besonderes Gewicht: ›Wem‹ ist zu predigen? In ›welcher‹ Situation und ›wozu‹? Und auch: ›Wie‹ ist in der konkreten Situation zu sprechen?[9]

Diese Zielsetzung macht es nötig, den Hörer in seiner Situation deutlich vor Augen zu haben. Es muß sich jetzt zeigen, ob der Ausleger nur exegetisch oder auch pastoral zu denken vermag. Wird dieser Brückenschlag zum Hörer versäumt, besteht die Gefahr, daß die Predigt nur der Selbstdarstellung des Predigers als Theologen dient und die Wirklichkeit des Hörers gar nicht erreicht.

Das erste, was hier zu sagen ist, ist schlicht und einfach dies:

---

[9] Diese Fragen wurden – nachdem die Predigt der Dialektischen Theologie jahrzehntelang die ›Was‹-Frage betont hatte – in den Vordergrund gerückt in der von E. Lange (u. a.) herausgegebenen Untersuchung »Zur Theorie und Praxis der Predigtarbeit«, *Predigtstudien*, Beiheft 1, Stuttgart 1968, S. 9f.

Der Ausleger muß seine Predigthörer lieben! Wer liebt, kommt weg von sich selber und hin zum Du. Ihm ist das Gegenüber nicht gleichgültig, sondern wichtig. Er verweilt, auch gedanklich, bei dem andern. Er nimmt ihn wahr und nimmt ihn an. Er möchte den andern aber auch beschenken, möchte das Beste für ihn. Nur in dieser Haltung der Liebe wird dem Ausleger der Brückenschlag zu seinen künftigen Hörern gelingen. Nur in dieser suchenden Liebe wird die Predigtmeditation des Hörers wirklich ansichtig.[10] Daß Menschen – und damit auch Gemeinden – nicht immer ›liebenswürdig‹ sind, mag stimmen. Aber nach der Würdigkeit fragt die vom Geist gewirkte Liebe, die Agape, nicht. Für diese Liebe gibt es keinen Ersatz. »Wenn ich mit Menschen- und Engelszungen redete und hätte der Liebe nicht, so wäre ich ein tönendes Erz und eine klingende Schelle« (1.Kor 13,1). Die Liebe ist also unverzichtbar. Fehlt dem Prediger diese Liebe zu seiner Gemeinde, wird er auf Dauer entweder das Predigen oder die Gemeinde (ver)lassen müssen.

Die Liebe bedenkt, wo der Hörer steht. Sind es Menschen von traditioneller Kirchlichkeit? Dem Evangelium gegenüber skeptische Hörer? Solche, die jung im Glauben sind? Oder eher reife Christen? Menschen in Not? Kranke? Junge oder alte Menschen? Familien? Je besser der Prediger seine Hörer kennt, je mehr er Seelsorger der Gemeinde ist, desto besser kann er sich auf seine Hörer einstellen und in ihre konkrete Situation hineinsprechen.

Die Liebe bedenkt, was der Hörer braucht. Wäre es Liebe, einem Menschen, der die Errettung aus Gnaden im Glauben noch gar nicht ergriffen hat, Sonntag für Sonntag Ermahnungen zu christlichem Verhalten mit auf den Weg zu geben? Entartet solche Predigt nicht zum hilflosen Gesetz? Gleicht sie nicht dem Verhalten jenes Schulmeisters, der einen Jungen hilflos im Fluß

---

[10] Vgl. dazu J. Killinger, *Fundamentals of Preaching*, London 1985, S. 8, der in Anknüpfung an 1. Kor 13 schreibt: »The preacher's first calling, therefore, is to love. Otherwise the preacher doesn't understand community and has nothing to preach. We must love the community and love the people who belong to the community. It is not enough, if one wishes to preach, to be in love with preaching. It is not enough to be in love with the Christian philosophy. It is not even enough to be in love with God. We must love people and love God's vision of the community. Then we can preach.«

Predigt: Gelingt die Überraschung? (Zeichnung: Küstenmacher)
aus: W. Küstenmacher, Himmlische Bilderbögen über Gottes Bodenpersonal, München
1982, Claudius Verlag

zappeln sieht, daraufhin über die vorwitzigen Nichtschwimmer
schimpft, den Jungen über den Wert rechtzeitigen Schwimmun-
terrichts belehrt – und sich den Zuruf gefallen lassen muß: »Retten Sie mich doch erst, und dann können Sie mir das alles beibringen!« Wäre es Liebe, in der pietistischen Gemeinschaftsstunde
Woche für Woche zu evangelisieren und zur ›Entscheidung für
Jesus‹ aufzurufen, wenn gar keine Nicht-Christen da sind? Wäre
es Liebe, allgemeine Heilswahrheiten zu verkünden, während in
konkreten Problemgebieten der Gemeinde jahrelang keine Hilfestellung geboten wird? Wo keine vom Wort Gottes geschärfte
und vom seelsorgerlichen Erkennen geistlicher Bedürfnisse motivierte Vision ist für das, was geschehen muß, wird das Predigen
immer stumpf bleiben.

Der Predigtmeditation ist also zuerst die Aufgabe gestellt, aus
Liebe zu fragen: Wo steht mein Hörer? Und: Was braucht er von
Gott her gesehen?

(b) Das Bedenken des Umfeldes

Der Hörer, wie auch der Prediger, lebt nicht im luftleeren Raum. Seine Lebenswirklichkeit, in der er steht, wird geprägt durch unzählige Faktoren. Die jeweilige Kultur, das politische bzw. gesellschaftliche System, die soziale Schicht, die bildungsmäßigen Voraussetzungen, der Beruf, die familiären Verhältnisse sind relativ konstante, langeinwirkende Gegebenheiten. Dazu kommen aktuelle Gegebenheiten, die persönlich erlebt oder durch die Medien ins Bewußtsein gebracht werden: politische Ereignisse, gerade besonders umstrittene ethische Themen, Meldungen von Katastrophen, die alle bewegen, Bedrohungen für den Menschen und seine Umgebung.

Der Prediger kann nun nicht – vertrauend darauf, daß er exegetisch auf's beste gerüstet ist – darangehen, ›Auslegungspredigten‹ auszuarbeiten, die wie ein Einheitsdeckel zu jedem Topf passen: die heute oder vor dreihundert Jahren, hier oder im afrikanischen Busch den selben Wortlaut haben könnten. Gewiß, Auslegungspredigten müssen immer und überall den jeweiligen Text in seiner ursprünglichen Aussageabsicht erklären; aber sie müssen ihn zugleich auf eine jeweils spezifische Hörerschaft in einer bestimmten Situation hin auslegen. Ob ich über Römer 13 in der Bundesrepublik, in der DDR oder im Iran predige, wird zwar an der biblischen Grundaussage nichts verändern, aber Wortwahl, Betonung, Anwendung usw. werden durch die jeweilige Lebenswirklichkeit deutlich mitbestimmt werden. So predigte ich kürzlich über Rö 13,1-7 zunächst in meiner Hauptgemeinde. Publikum: ca. 250 Hörer in einigermaßen gleichmäßiger Verteilung von jung bis alt (d.h. auch solche, die noch die Diktatur des Dritten Reiches kannten), sozial ein normales bürgerliches Spektrum, politisch wohl von mitte-rechts bis mitte-links angesiedelt, mit einem nicht geringen Anteil studentischer Zuhörer. Hier galt es, zunächst die Textaussage auf ihrem geschichtlichen Hintergrund herauszuarbeiten (Autor: ausgebildet im unterdrückten Palästina; Empfänger: in Rom Neros!) und dann auf die Hörer in unserem demokratischen System, die zum Teil aber auch Erfahrungen mit der diktatorischen Barbarei des Dritten Reiches hatten, anzuwenden. Am Sonntag danach sprach ich über den selben Text in meiner kleinen Zweiggemeinde. Das Besondere war, daß an diesem Sonntag unter den ca. 35 Besuchern überraschend ein Drittel rußlanddeutsche Gäste waren, die erst vor wenigen Wochen aus dem Südosten der Sowjetunion übergesiedelt waren und noch die Erfahrungen der verfolgten Gemeinde in einem atheistischen Staat mitbrachten. Noch während des Predigens mußte ich versuchen, diesen Wirklichkeitshorizont zu berücksichtigen. Und ich merkte, wieviel schwerer (und wieviel ursprünglicher!) es war, Römer 13 der leidenden Gemeinde nahezubringen, als uns abgesicherten Christen im freiheitlichen Staat.

Der gute Prediger muß sowohl im Bibeltext als auch im gegebenen Umfeld zuhause sein und in der Meditation beides aufeinander beziehen. Hirschler spricht sogar von der ›Wirklichkeitsexegese‹[11], die der Prediger betreiben soll. Solche Wirklichkeitsexegese ist allerdings ein Langzeitprojekt – und nicht erst in der Meditation anzugehen. In der konkreten Predigtmeditation kann es nur noch darum gehen, ihre Früchte zu ernten. Kenntnis der umgebenden Wirklichkeit wird erworben im Gespräch mit Zeitgenossen, konkret: mit Gemeindegliedern, durch Kennenlernen ihrer Berufssituation (vor Ort oder im Zuhören), Interesse für das, was ihre Alltagskompetenz ausmacht, durch seelsorglichen Kontakt mit der Lebenssituation von Menschen, durch bewußtes Reflektieren des eigenen Alltagserlebens, durch Information in den Medien, aber auch durch Beschäftigung mit aufgearbeiteter Lebenswirklichkeit in der Literatur, in Sachbüchern oder Kommentaren über brennende Fragen. Die so erarbeitete Kenntnis des aktuellen und strukturellen Umfeldes bietet einen Wissens- und Erfahrungsschatz, aus dem in der Meditation dem Text gemäße Lebenssituationen und Fragestellungen aufgenommen werden können. Diese sind dann vom Text her zu bedenken. Wohlgemerkt: Diese Fragestellungen und Situationen sind nicht Norm, von denen her der Text zu verstehen ist, sie markieren aber das Zielfeld, auf das hin der Text ausgelegt wird.

---

[11] H, Hirschler, *biblisch predigen*, 2. Aufl., Hannover 1988, S. 231ff.

(c) Das Berücksichtigen des Anlasses

Die Verkündigung des Wortes Gottes gleicht, wie wir gesehen haben, nicht einer Schallplatte, die allerorts und jederzeit gleich ablaufen kann. Auch der Anlaß bestimmt das ›Wie‹ der Predigt mit. Denn er hat Einfluß auf die Zusammensetzung und die Erwartungen der Hörerschaft. Die Anlässe können sehr unterschiedlich sein. Spreche ich bei einer christlichen Konferenz oder als Evangelist bei einer Zeltmission? Lege ich das Wort in der Bibelstunde, im Seniorenkreis oder im Gemeindegottesdienst aus? Ist gerade Weihnachten, Ostern – oder ein ganz normaler 7. Sonntag nach Trinitatis? Je nach Situation kann der gleiche Predigttext eine ganz andere Wortwahl und Einzelanwendung verlangen. Ob ich über Kapitel 6 des Römerbriefes in einem Taufgottesdienst oder innerhalb einer Bibelstundenreihe zum Thema ›Heiligung‹ sprechen soll, ändert zwar nichts am Lehrgehalt des Kapitels, wird aber innerhalb der Predigtmeditation zu unterschiedlichen Weichenstellungen hinsichtlich der Einzelbetonung und der Predigtgestalt führen können.

Die sogenannten Kasualpredigten (also Predigten anläßlich eines besonderen *casus* = Falles, wie Trauung, Silberhochzeit, Taufe, Beerdigung, usw.) machen die Predigtregel besonders deutlich, daß die Verkündigung des Wortes Gottes den jeweiligen Anlaß berücksichtigen soll. Die Predigt – auch die Kasualpredigt! – hat grundsätzlich die eine Aufgabe, das biblische Gotteswort unverfälscht zu sagen – wobei der gegebene Anlaß nicht unter der Hand zum eigentlichen Predigtthema werden darf, das die Textaussage verbiegt! Aber der Predigtanlaß, die Situation und die Erwartungshaltung des Hörers, auf den die Predigtaussage zielt, müssen berücksichtigt werden. Wie der Bogenschütze die Zielscheibe mit Ringen und Zielpunkt, so nimmt der Prediger den Hörer samt Anlaß ins Visier, um ihn auch wirklich da, wo er ist – nicht da, wo er sein könnte oder sollte – zu erreichen.

(d) Die Formulierung des Predigtzwecks

Am Ende der Predigtmeditation sollte der Ausleger präzise die Frage beantworten können: »Warum/wozu predige ich diese Predigt?« Diese Frage duldet keine vage Antwort. Also bitte nicht: ». . . weil die Gemeinde von mir am Sonntagmorgen eine

Predigt erwartet«; oder: ».. . weil in der Perikopenreihe dieser Text für den nächsten Sonntag vorgesehen ist«! Die Frage nach Zweck und Ziel der Predigt muß konkreter beantwortet werden.

Zweck der Predigt ist nicht einfach, eine biblische Wahrheit vor den Hörern auszubreiten. Vielmehr geht es darum, daß diese Wahrheit im Hörer etwas bewirkt. Der Prediger muß mit einer Absicht predigen. Er gleicht nicht einem Briefmarkensammler, der seinem Besucher mit Besitzerstolz die wertvolle Sammlung zeigt – um die Alben dann wieder sorgsam ins Regal zurückzustellen. Er müßte eher dem orientalischen Händler gleichen, der seine Waren vor dem Besucher ausbreitet und anpreist mit dem einen Ziel, daß der Kunde Interesse bekommt und kauft. Die Wahrheit der Bibel ist nicht absichtslos. Und umgekehrt: biblische Wahrheit, die nicht angeeignet wird, ist nutzlos.

Der Prediger soll also in der Lage sein zu formulieren, welches Ergebnis er bei seinen Hörern von der Predigt erwartet. Dieser Predigtzweck muß sich gradlinig aus der Aussageabsicht des Textes ergeben. H.W. Robinson schreibt:»Der Ausleger muß zunächst herausfinden, mit welcher Absicht ein bestimmter Abschnitt in der Bibel steht, und mit diesem Wissen dann feststellen, was Gott durch die Predigt heute in den Hörern bewirken möchte.«[12]

Es wird gut sein, die Predigtabsicht in einem kurzen Satz zu formulieren. In dem Maße, wie sich der Prediger über das Ziel seiner Predigt klar ist, wird er eine gradlinige und herausfordernde Botschaft zu verkünden haben. Wem als Prediger nicht spätestens in der Predigtmeditation aus Wort und Geist Gottes Ziel und Zweck seiner Predigt klargeworden ist, der bricht zur Verkündigung auf wie ein Autofahrer ohne Karte und ohne Ziel.

Einige Beispiele mögen zeigen, wie die Formulierung des Predigtzweckes aussehen könnte. Eine Gemeindepredigt über Jak 1,5-8 könnte folgenden Zweck verfolgen:»Meine Hörer sollen in der kommenden Woche in jeder Schwierigkeit Gott konkret und vertrauensvoll um Durchblick und Wegweisung bitten.« Eine Predigt vor jungen Gläubigen über Kol 1,9-12 könnte das Ziel

---

[12] H. W. Robinson, *Biblical Preaching*, Grand Rapids 1980, S. 109 (vgl. ebd., S. 107-113, das ganze Kapitel ›The Power of Purpose‹).

haben: »Diese jungen Christen sollen motiviert werden, konkrete Bibelunterweisungsangebote wahrzunehmen, um so in der Erkenntnis des Willens Gottes zu wachsen und in der praktischen Nachfolge voran zu kommen.« Eine Predigt über Joh 3,1-16 vor Christen könnte die Absicht haben: »Meine Gemeindeglieder sollten am Ende dieser Predigt erklären können, was die Voraussetzungen sind, daß ein Mensch Christ wird, und sollten in der nächsten Woche versuchen, anhand dessen wenigstens einem Menschen den Heilsweg zu erklären.« Eine evangelistische Predigt über den gleichen Text vor nicht-gläubigen Hörern hätte eine andere Zuspitzung: »Der einzelne Hörer sollte am Ende gut verstanden haben, was Gott zu seiner Rettung getan und für ihn bereit hat, und soll durch das Evangelium zum Glauben gerufen werden.«

(e) Die Entwicklung der Anwendung aus dem Textskopus
Die Anwendung der Bibel darf nie willkürlich sein. Es hieße gerade nicht, der Bibel Ehre anzutun, wenn man alle erbaulichen Ideen, die einem bei der Beschäftigung mit einem Bibelwort kommen, als legitime Anwendungen des Wortes Gottes ausgeben würde. Anwendungen müssen vor der Aussageabsicht des Textes verantwortet werden.

Die Aussageabsicht des Textes haben wir im ›Textthema‹ (s. Abschn. 2.5.1) formuliert. Wie Eisenspäne in einem Magnetfeld ordnen sich dabei die Einzelgedanken im Text und richten sich auf die vom Autor beabsichtigte Gesamtaussage, das Textthema, aus.
Die exegetische Bedeutung des Textes und seiner Einzelaussagen ist normiert durch die Aussageabsicht des biblischen Autors. Diese im biblischen Kontext gegebene ursprüngliche Textbedeutung ist maßgebend für unser Verständnis der Bibel.
Hinter dieser knapp formulierten These steckt ein hermeneutisches Programm.[13] Es unterscheidet sich von der heute noch weithin prägenden synthetischen Hermeneutik des Philosophen Hans-Georg Gadamer[14], nach dem der Wortlaut eines Textes in der Begegnung mit neuen

---

[13] Vgl. H. Stadelmann, *Grundlinien eines bibeltreuen Schriftverständnisses*, S. 97ff.
[14] H. G. Gadamer, *Wahrheit und Methode*, 5. Aufl., Tübingen 1986; dagegen u. a. E. D. Hirsch, *Validity in Interpretation*, 5. Aufl., New Haven/London 1974.

Lesern in neuen Situationen zu immer neuen legitimen Bedeutungsmöglichkeiten fähig ist. Demgegenüber stellt unsere These fest, daß die biblische Textbedeutung keine relative, beliebig veränderliche ist, die sich in der Begegnung zwischen dem Text und mir immer erst herausbilden muß, sondern eine im Wortlaut der Schrift festgelegte, die durch genaue Exegese erkannt werden muß. Was die Schrift in ihrem jeweiligen Kontext sagt, ist die ursprüngliche, gottgegebene Aussageabsicht. Mit dieser hat es die Anwendung zu tun.

Heißt dies nun, daß ich jede biblische Aussage entsprechend ihrer ursprünglichen Bezweckung gradlinig auf die heutige Situation anzuwenden habe? Um hier nicht kurzschlüssig so oder so zu antworten, ist noch eine weitere theologische, konkret: heilsgeschichtliche Überlegung nötig. Exegetisch haben wir diesen Problemhorizont schon bei der Beschäftigung mit dem gesamtbiblischen Kontext berücksichtigt (Abschnitt 2.4.3, Unterpunkt e); in der Meditation müssen wir ihn nochmals im Blick auf die Anwendung bedenken.

Die Bibel ist der gottgegebene Niederschlag der vielerlei heilsgeschichtlichen Offenbarungen. Sie bildet in sich eine große heilsgeschichtliche Einheit, innerhalb derer sich aber eine Vielfalt göttlicher Einzeloffenbarungen findet, die zu verschiedenen Zeiten und an verschiedene Adressaten (Individuen, Heilskörperschaften) gegeben wurden. Gott hat sich den Vätern geoffenbart; er hat seinem alten Bundesvolk Israel am Sinai die Gesetzesoffenbarungen gegeben; zuletzt hat er in seinem Sohn gesprochen sowie durch die erwählten Apostel Jesu Christi Weisung gegeben für sein neutestamentliches Volk, die Gemeinde.

Hinsichtlich der Anwendung einer Bibelaussage gelten nun folgende Leitlinien:

– das, was heilsgeschichtlich für die Gemeinde gesagt ist, kann ich *direkt* auf mich anwenden, sobald ich es in seiner Aussageabsicht verstanden habe.

– Was andererseits dem alten Volk Israel oder den Glaubensvätern gesagt ist, bzw. was Gott prophetisch für eine Zeit jenseits des Gemeindezeitalters verheißen hat, muß ich zwar auch genau in seiner ursprünglichen Aussageabsicht verstehen; die Anwendung kann aber nur *indirekt* erfolgen, indem ich zunächst sehe, was das Neue Testament in dieser Sache für die Gemeinde lehrt.

Von der neutestamentlichen Weisung aus kann ich dann erkennen, ob für mich als Glied der Gemeinde Christi gleiches gilt wie für jene Offenbarungsempfänger einer anderen Epoche der Heilsgeschichte, oder ob Gott für die Gemeindezeit etwas anderes vorgesehen hat.[15]

Eine vollmächtige und sachgemäße Predigt der ganzen Heiligen Schrift wird ohne ein heilsgeschichtliches Verständnis und das damit verbundene Prinzip direkter und indirekter Anwendung kaum gelingen.

Mit der Maßgeblichkeit der ursprünglichen Textbedeutung und dem heilsgeschichtlichen Prinzip direkter und indirekter Anwendung ist mir eine Norm gegeben, an der ich die Sachgemäßheit von Bibelanwendungen immer wieder überprüfen kann. Die Predigtmeditation, die um eine zugleich text- und hörergemäße Ausrichtung der Predigt bemüht ist, hat damit auch eine theologische Aufgabe. Jede praktische Zweckbestimmung der Predigt muß vor der Aussageabsicht des Textes in seiner heilsgeschichtlichen Zuordnung verantwortet werden.

(f) Exkurs: Die Predigtmeditation als kreativer Prozeß

Die *Predigtmeditation* ist *ein kreativer Prozeß*, bei dem sich all die Einzelheiten aus der analytisch-exegetischen Arbeit, die sich zu einer Gesamtaussage verdichtet haben, im Blick auf den Hörer zu der konkret zu verkündigenden Botschaft mit ihren Erklärungen, Veranschaulichungen und Anwendungen formen sollen. Hier ist Kreativität unter der Wirkung des Geistes Gottes gefragt. In diesem Zusammenhang mag es hilfreich sein, sich einige Prinzipien vor Augen zu halten, die die Kreativitätsforschung herausgearbeitet hat.[16] Kreativität ist nicht machbar, sie kann aber methodisch gefördert werden. Dazu gehört, die Phasen zu beachten, in denen schöpferische Einfälle reifen.

– Am Anfang des kreativen Prozesses steht die ›Präparationsphase‹: Es gilt hier zunächst, Probleme zu sehen und Material zu sammeln.

---

[15] Vgl. näher H. Stadelmann, »Hermeneutische Erwägungen zur Heilsgeschichte«, *Glaube und Geschichte*, 2. Aufl., Gießen 1988, S. 32-87 (v. a. S. 72-78: ›Die Anwendung der Bibel und heilsgeschichtliches Denken‹).

[16] S. dazu J. Rothermund, *Der Heilige Geist und die Rhetorik: Theologische Grundlinien einer empirischen Homiletik*, Gütersloh 1984, S. 138-149.

Hinsichtlich des Textes ist dies bereits in der Exegese geschehen und muß nun hinsichtlich der Hörerschaft in der Meditation des Predigthörers erfolgen. Wege werden gesucht: »Wie kann ich dies deutlich machen?« »Wie ordnet sich diese und jene Einzelheit in das ganze ein?« »Wie kann ich das so sagen, daß ich den Hörer erreiche?« Überlegungen dieser Art werden nicht immer gleich eine Antwort finden. Manche Gedanken enden in der Sackgasse.

– Es sollte dann, zweitens, zu einer ›Inkubationsphase‹ kommen. Wo sich gute Lösungen nicht gleich zeigen, sollten wir den Mut zur Ruhe und zum Abschalten haben. Wer schnell oder gewaltsam Lösungen erzwingt, erstickt die Kreativität. Hier ist es besser, die Dinge liegen zu lassen und die bewußte Beschäftigung mit dem Problemknäuel einzustellen. Und während wir uns vielleicht ganz anderen Dingen zuwenden, beschäftigt sich unser Unbewußtes weiter mit der Sache. An dieser Stelle sei übrigens noch einmal darauf hingewiesen, daß es für die Predigtvorbereitung hilfreich ist, wenn sie nicht in letzter Minute und unter Zeitdruck geschieht. Denn letzteres nimmt uns die Möglichkeit zur kreativen Pause bzw. zur Inkubation der Gedanken.

– Aus der schöpferischen Ruhe kommt es zur ›Illumination‹: Die Einzelteile fügen sich zusammen; uns kommen Ideen und Wege öffnen sich.

– Die Frage ist allerdings immer wieder zu stellen, ob der Einfall, die Idee auch sachgemäß sind und schon die beste Lösung darstellen. Dies geschieht in der sogenannten ›Verifikationsphase‹. »Stimmt die Idee? Kann ich das wirklich so sagen? Ist das, was ich da sagen will, exegetisch, theologisch und homiletisch richtig, und ist es relevant?« Solche Fragen können schnell eine Scheinidee entlarven. Der Prozeß geht dann erneut zurück in die Präparations- und Inkubationsphase. Erweist sich die schöpferische Idee aber als gut, mündet der kreative Prozeß – in die ›Kommunikationsphase‹ ein: Nun gilt es, die Gedanken kreativ zu vermitteln. Hinsichtlich der Predigt verlangt das auch rhetorische Kreativität. Wir werden uns mit der Rhetorik allerdings erst weiter unten (Abschn. 3.4) näher beschäftigen.

Mit der Predigtmeditation sind die Weichen für die Predigt gestellt. Nun kommen wir dazu, Predigtthema und Predigtgliederung zu formulieren, um dann die Predigt erstellen und vortragen zu können.

171

Zu Psalm 1:

Zu Epheser 4,1-6:

Stellen Sie sich vor, Sie müßten im Gottesdienst Ihrer Gemeinde über Ps 1 predigen. Verfassen Sie auf zwei DIN-A 4 Seiten eine Predigtmeditation. Formulieren Sie dabei auch knapp den Predigtzweck.

Stellen Sie sich vor, Sie sollten in der Bibelstunde Ihrer Gemeinde über Eph 4,1-6 sprechen. Verfassen Sie auf zwei DIN-A 4 Seiten eine Predigtmeditation. Formulieren sie dabei auch knapp den Predigtzweck.

3.1.2 Das Predigtthema formulieren

Man erzählt sich die Anekdote, im alten Rom hätten die Senatoren bei Zeitknappheit aufgefordert werden können, ihre Redebeiträge im Senat auf die Zeitspanne zu beschränken, in der sie auf einem Bein stehen konnten. Es ist klar, daß unter solchen Bedingungen knapp und zur Sache vorgetragen werden müßte! Ich will die alten Römer (falls die Anekdote überhaupt einen Wahrheitskern hat) jetzt nicht übertreffen, meine aber, daß man als Prediger in der Lage sein sollte, in einem Satz zu formulieren, worum es in der jeweiligen Predigt zentral geht. Dieser Satz ist das Predigtthema.

Dabei ist nach unserem Verständnis völlig klar, daß es in der Predigt zentral nur um eben das gehen kann, worum es dem Predigttext zentral geht. Im Predigtthema findet also die dem jeweiligen Bibelwort eigene Aussage ihre knappe und verständliche Zusammenfassung. An dieser Stelle müssen wir uns kurz mit der von Karl Barth vorgetragenen Ablehnung aller Predigtthemen auseinandersetzen. Auf der einen Seite verfolgt Barth gerade das Anliegen, das auch uns bewegt: »Die Predigt soll Auslegung der Heiligen Schrift sein.«[17] Aber er zieht daraus die methodische Konsequenz: »Wir haben die dem Text eigentümliche Gedankenbewegung einfach mitzumachen, darin zu bleiben und nicht nach einem ›herausspringenden‹ Skopus zu fragen.«[18] ›Ja und Nein!‹ möchte ich dazu sagen. Ginge es um einen ›Skopus‹, der willkürlich ein Textelement herausgreift, statt die Gesamtbotschaft des Textes, zu der

---

[17] K. Barth, *Homiletik*, 2. Aufl., Zürich 1966, S. 34.

[18] K. Barth, aaO., S. 35.

alle Einzelelemente beitragen, zu formulieren, wäre ich mit Barth ganz einig. Aber Barths Ablehnung ist grundsätzlicher. Er will Gott nicht einengen, will verhindern, daß der Prediger mit einem Predigtthema sozusagen Gott vorschreibt, wo der Hauptakzent der Predigt sitzen soll.[19] Daß Gott selbst sich im Wort der Bibel schon festgelegt haben könnte, kann Barth – im Unterschied zu uns – von seinem ›dynamischen‹ Schriftverständnis her nicht sehen. Für ihn ist es die Aufgabe des Predigers, das Wort des Predigttextes fortlaufend auszulegen in der Hoffnung, daß Gott im Reden des Predigers selbst das Wort ergreift und für den jeweiligen Hörer das Thema setzt. Die unterschiedliche homiletische Methodik erwächst in diesem Fall also aus einem unterschiedlichen Schriftverständnis.

Hat der Ausleger im Textthema die Aussageabsicht seines Bibelwortes definiert und in der Predigtmeditation unter Berücksichtigung der Hörerschaft den Predigtzweck erkannt, kann er problemlos das Predigtthema formulieren.

Das Predigtthema faßt die zentrale Botschaft der Predigt in einen gut merkbaren Satz. Es ist ein Motto, das die im Textthema festgehaltene Zentralaussage des Textes für den Hörer aufbereitet.

Im Grunde hat der Ausleger dazu dreierlei zu tun:
– Er geht vom Textthema aus,
– berücksichtigt die in der Predigtmeditation gefundene Gesamtbotschaft für den Hörer und
– formuliert von daher das Predigtthema knapp, textgebunden und eingängig für den Hörer.

Man könnte auch sagen, daß für das Predigtthema das jeweilige Textthema gut merkbar umformuliert bzw. homiletisch aufbereitet wird.

Das Predigtthema kann durchaus unterschiedliche Form haben. Es kann zum Beispiel:
– ein kurzer Aussagesatz,

---

[19] K. Barth, aaO., S. 34: »Ein solches Vorhaben des Predigers (nämlich: den Predigtskopus zu formulieren, HSt) kann nichts anderes sein, als der Versuch, dem vorzugreifen, was Gott selbst in der Predigt tun will. . . Gott setzt in der Predigt, was er setzen will und wird. Und wenn die Predigt meint, ihrerseits ein Thema aufstellen zu sollen, so greift sie dem vor, was Gott sagen will.«

- ein Fragesatz,
- eine Aufforderung,
- eventuell sogar eine Schlagzeile

sein.

Die Form kann variieren; der Inhalt muß der zentralen Textaussage verpflichtet bleiben und ansprechend sowie gut merkbar für den Hörer sein.

Wir hatten oben (Abschn. 2.5.1) Textthemen zu Jak 1,5-8, Kol 1,9-12 und 1.Thess 4,3-7 formuliert. Will man diese in Predigtthemen umwandeln, könnte das etwa so aussehen:

Jak 1,5-8:
»Was in der Not weiterhilft« (Schlagzeile), oder:
»Bitte Gott um Weisheit in der Not« (Aufforderung).

Kol 1,9-12:
»Gebet zielt auf Wachstum in Wissen und Wandel« (Aussagesatz), oder auch:
»Sind Erkenntnisfrömmigkeit und Erlebnisfrömmigkeit zu trennen?« (Fragesatz).

1.Thess 4,3-7:
»Wie sieht ein geheiligtes Intimleben aus?« (Fragesatz), oder:
»Gott will die Heiligung unserer Sexualität« (Aussagesatz).

Bevor wir diesen Arbeitsschritt üben, gehen wir zunächst noch einen Schritt weiter und beschäftigen uns mit der Predigtgliederung.

3.1.3 Die Predigtgliederung erstellen

Eine für den Hörer übersichtliche und gut merkbare Predigt braucht eine ansprechende Gliederung. Erschließt das Predigtthema dem Hörer das zentrale Anliegen des Textes in aktueller Form, gibt ihm die Predigtgliederung Orientierung über die textgemäße Entfaltung dieses Anliegens. Damit ist schon gesagt, daß Predigtthema und Predigtgliederung nicht nur Arbeitshilfen für den Ausleger sind, die er in der Vorbereitung an seinem Schreibtisch formuliert. Vielmehr sind sie für das Ohr des Hörers bestimmt. Bei der Formulierung der Predigtgliederung hat der Ausleger wieder dreierlei zu tun:

- er geht von der Textgliederung aus,

– berücksichtigt die Formulierung von Predigtzweck und Predigtthema und

– formuliert von daher die Predigtgliederung zugleich textnah und hörernah.

Die Predigtgliederung muß verschiedenen Anforderungen entsprechen:

1) Sie muß *textgemäß* sein. Sie sollte helfen, daß der Hörer den Text in seiner Entfaltung gut erfassen kann. Entsprechend orientiert sich die Predigtgliederung an der Textgliederung (s. Abschn. 2.5.2). Sie übernimmt deren Hauptpunkte und formuliert sie in hörergemäße, gut merkbare Predigtgliederungspunkte um. Damit sind wir bereits beim zweiten Merkmal einer Predigtgliederung:

2) Sie muß *auf den Hörer ausgerichtet* sein. Die Predigtgliederung – wie schon das Predigtthema – wird hörerbezogen bzw. anwendungsbezogen formuliert. Sie erhält ihre Zuspitzung im Ausdruck von der in der Predigtmeditation gefundenen Anwendungsrichtung her. Sie ist sachlich textbezogen, formulierungsmäßig aber ›nach vorne‹, auf den Hörer hin gesagt. Damit vermittelt sie bereits die Botschaft der einzelnen Textabschnitte dem Predigthörer in ansprechender und konzentrierter Form.

3) Sie muß *gut merkbar* sein. Predigtthema und Predigtgliederung, die ja die Botschaft und Entfaltung des Bibeltextes in einfacher Form erschließen, sollen dem Hörer leicht im Gedächtnis haften bleiben. Merkt er sich Predigtthema und -gliederung, ist ihm im Umriß die ganze Predigt (und damit die Textentfaltung) gegenwärtig. Verschiedene Dinge helfen, die Predigtgliederung merkbar zu machen:

– Die Predigtgliederung sollte *nicht zu viele Punkte* haben. Zwar muß nicht jede Predigt drei Hauptpunkte aufweisen – vielmehr hängt die Zahl der Hauptgliederungspunkte von den Gedankenschwerpunkten des Textes ab. Wenn eine Predigt aber mehr als fünf unterschiedliche Hauptpunkte hat, kann sich der Hörer den Inhalt kaum merken.

– Jeder Gliederungspunkt sollte *relativ kurz* formuliert sein.

– Die Gliederungspunkte sollten erkennbar *auf das Predigtthema bezogen* sein und dieses entfalten.

– Die einzelnen Gliederungspunkte sollten sich *stilistisch ähnlich* sein. Sie könnten z.B. immer mit dem gleichen Fragewort beginnen. Oder, wenn ein Gliederungspunkt als Aufforderung formuliert ist, sollten es die andern auch sein (usw). In jedem Fall wird die Predigtgliederung so formuliert, daß sie im Predigtvortrag (wiederholt) genannt werden kann und sich dabei dem Hörer einprägt.

Als Beispiele für Textgliederungen haben wir oben (Abschn. 2.5.2) Kol 1,9-12 und 1.Thess 4,3-7 gegliedert. Daran anknüpfend wollen wir nun – unter Berücksichtigung jeweils eines der Predigtthemen (s.o.) – je ein Beispiel für eine Predigtgliederung entwerfen.

Kol 1,9-12

Predigtthema: »Gebet zielt auf Wachstum in Wissen und Wandel.«
Predigtgliederung:
1. Gebet zielt auf Wachstum im geistlichen Wissen (V. 9)
2. Gebet zielt auf Wachstum im geistlichen Wandel (V. 10-12).

1.Thess 4,3-7

Predigtthema: »Wie sieht ein geheiligtes Intimleben aus?«
Predigtgliederung:
1. Ein geheiligtes Intimleben sagt Nein zu Sex außerhalb der Ordnungen Gottes (V. 3).
2. Ein geheiligtes Intimleben verlangt einen gewinnenden Umgang mit seiner Frau (V. 4-5).
3. Ein geheiligtes Intimleben schließt Ehebruch aus (V. 6a).
4. Ein geheiligtes Intimleben weiß sich Gott gegenüber verantwortlich (V. 6b-7).

Hat man das Predigtthema und die Predigtgliederung formuliert, ist der Weg zur fertigen Predigt nicht mehr weit.

AUFGABEN

Zu Psalm 1:

Formulieren Sie zu Ps 1 unter Berücksichtigung des schon definierten Predigtzwecks:
– das Predigtthema und
– die Predigtgliederung.

Zu Epheser 4,1-6:

Formulieren Sie zu Eph 4,1-6 unter Berücksichtigung des schon definierten Predigtzwecks:
– das Predigtthema und
– die Predigtgliederung.

3.2 Die Bausteine der Predigt

3.2.1 Die ›Predigtkrawatte‹

Geht man an die Ausarbeitung der Predigt, ist es hilfreich, einen Überblick über die Anlage und Einzelelemente einer Predigt zu haben. Zur Veranschaulichung will ich im folgenden die Struktur der Predigt mit einer Krawatte vergleichen. Was anhand der ›Predigtkrawatte‹ zu lernen ist, gilt übrigens nicht nur für die Predigt, sondern für jede Art der Rede.

Jede Rede besteht sinnvollerweise aus ›Einleitung‹, ›Hauptteil‹ und ›Schluß‹. Die *Einleitung* holt den Hörer ab und führt ihn hin zu der Sache, um die es geht, in diesem Fall zum Predigtthema. Als Überleitung zum Hauptteil hat es sich bewährt, daß der Redner in Form einer *Vorschau* einen kleinen Überblick über die folgenden Hauptpunkte bietet.

Im *Hauptteil* werden die einzelnen Gliederungspunkte entfaltet (s. Predigtgliederung). Folgendes Grundschema mag dabei dem Anfänger als Hilfe dienen. Jeder Punkt der Predigtgliederung besteht aus der ›Auslegung‹ des betreffenden Textabschnitts und einer kurzen *Überleitung* zum nächsten Punkt. Die ›Auslegung‹ vollzieht sich dabei (nach dem von mir so genannten ›E-V-A‹-Schema) in folgenden Grundschritten: ›Erklärung‹ des Textes, ›Veranschaulichung‹ des Textes und ›Anwendung‹ auf den Hörer.

Der *Schluß* spitzt die Gesamtbotschaft nachdrücklich auf den Hörer zu und sucht ihn zu veranlassen, mit seinem Leben auf das gehörte Gotteswort zu antworten.

Diese Struktur – vor allem im Hauptteil – ist lediglich ein Grundschema, das der geübte Prediger sachgemäß variieren wird – und je nach Textart (etwa bei Erzähltexten) im einzelnen auch variieren muß. Die Form der Predigt ist nicht bindend, das Anliegen schriftgemäßer Auslegungspredigten aber bleibt.

Die ›Predigtkrawatte‹

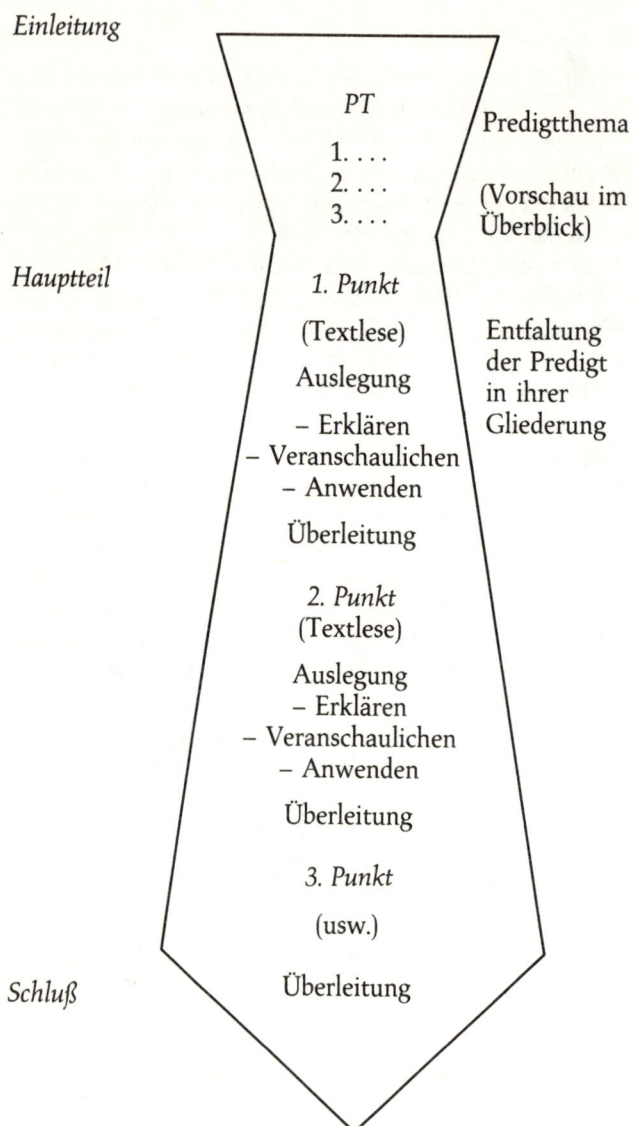

Einleitung

PT

Predigtthema

1. . . .
2. . . .
3. . . .

(Vorschau im
Überblick)

Hauptteil

1. *Punkt*

(Textlese)

Entfaltung
der Predigt
in ihrer
Gliederung

Auslegung

– Erklären
– Veranschaulichen
– Anwenden

Überleitung

2. *Punkt*
(Textlese)

Auslegung
– Erklären
– Veranschaulichen
– Anwenden

Überleitung

3. *Punkt*

(usw.)

Schluß

Überleitung

3.2.2 Die Einleitung

In dem Schulungsbuch eines Konzerns für Verkaufsvorträge findet sich folgende Aussage: »Ein Vortrag kann mit einem Flug verglichen werden; die Schwierigkeiten liegen beim Start und bei der Landung. Ein Vortrag ohne motivierende Eröffnung und veranlassenden Abschluß muß wohl in allen Fällen als mißlungen bewertet werden.«[20]

Für eine Weltfirma hängen von erfolgreichen Verkaufsvorträgen oft Millionenwerte ab. Kein Wunder, daß sie alles daran setzt, dem potentiellen Käufer ihr Produkt nahezubringen. Der Vortragende muß von Anfang an das Interesse des Hörers für die Ausführungen wecken, muß übersichtlich seine Argumente vortragen und mit einem motivierenden Schluß den Kunden zum Handeln anregen. Wieviel Mühe lassen wir es uns als Prediger kosten, die beste Botschaft aller Zeiten unseren Hörern interessant und motivierend nahezubringen?

Gehen wir in unseren Überlegungen zunächst von der Wahrheit aus, die höher ist als die Methoden dieser Welt, müssen wir bekennen: Das Wunder, daß Gottes Wort einen Menschen so anspricht, daß er aufmerkt und mit dem Herzen zu hören beginnt auf das, was Gott sagt, können wir durch keine Rhetorik, durch keine noch so motivierende Einleitung sicherstellen. Insofern ist Manfred Josuttis uneingeschränkt zuzustimmen, der eine Studie über den Predigtanfang mit folgenden Worten beschließt:

»Das Wort Gottes geschieht. Daß es geschieht, wird durch keine Form, durch keine Kunst garantiert. Das wird garantiert allein durch die Verheißung, daß Gott auch zu uns reden will. Bei aller Mühe und Schwierigkeit, die uns der Predigtanfang bereiten mag, ist der bittende Gedanke an diese Verheißung das einzig Notwendige am Beginn unserer Predigt.«[21]

Damit ist das, was allein auf jeden Fall nottut, klar ausgesprochen.

Nun gehören Wahrheit und Liebe aber fest zusammen und

---

[20] A. Alteneder, *Fachvorträge vorbereiten und durchführen*, 5. Aufl., Berlin/München 1982, S. 27.
[21] M. Josuttis, *Rhetorik und Theologie in der Predigtarbeit*, München 1985, S. 186.

können nicht gegeneinander ausgespielt werden. Im Wissen um die genannte Wahrheit, daß wir ganz auf Gott angewiesen sind, wird die Liebe zugleich nach Wegen suchen, die – zwar nicht schon das Herz, aber – das Ohr des Hörers erreichen und öffnen. Alle Rhetorik im Zusammenhang mit der Predigt muß eine Funktion der Liebe sein, sonst ist sie bloß ›tönendes Erz und klingende Schelle‹.

Die Liebe wirbt in der Predigteinleitung um die Aufmerksamkeit des Hörers und versammelt sie hin zu der Sache, um die es dem Text zentral geht. Realistisch müssen wir doch folgendes berücksichtigen. Wenn der Hörer zum Gottesdienst kommt, bewegt ihn manches, nicht unbedingt aber die Sache, um die es in der Predigt gehen wird. Eindrücke der Woche mögen noch da sein, Familienhektik beim Aufbruch zum Gottesdienst, Kontakte mit anderen Besuchern. Vielleicht gelingt es im ersten Teil des Gottesdienstes, durch Liedauswahl, Gebet und Schriftlesung den Gottesdienstbesucher schon hinzuführen zum Predigttext und seiner Botschaft. Dies wird aber nicht immer und nur in allgemeiner Weise möglich sein. Die konkrete Hinführung zur Sache muß die Predigteinleitung leisten.

Die Einleitung muß nach Form und Inhalt so beschaffen sein, daß sie den Hörer anspricht und zielstrebig zur Botschaft des Textes führt. Man kann bereits mit den ersten Sätzen das Interesse des Hörers verspielen. Wird der Hörer nicht ›abgeholt‹, gewinnt er nicht den Eindruck, *mea res agitur* – hier wird etwas behandelt, was mich angeht! – schaltet er möglicherweise ab. Ebenso kann mit den ersten Sätzen eine Weichenstellung erfolgen, die vom Text wegführt. Es kann eine Thematik anklingen, die vom Bibeltext nicht abgedeckt wird. In Konsequenz der falschen Einleitung verfehlt der Ausleger dann den Text – oder muß dem Hörer eine unvermittelte Gedankenkehre von der Einleitungsthematik zum Predigtthema zumuten. Manfred Josuttis hat schon recht, wenn er feststellt: »Die Treue gegenüber dem Text und die Aufmerksamkeit des Hörers stehen auf dem Spiel, wenn eine Predigt beginnt.«[22]

Es gibt vielfältige Möglichkeiten, eine Predigt zu beginnen. Es

[22] M. Josuttis, *aaO*, S. 166.

Der Gottesdienstbesucher: Ganz bei der Sache ... (Zeichnung: Bose)
aus: Bosc, Du mich auch, Zürich: Diogenes Verlag, 1982

kann textbezogen eingestiegen werden: mit Hinweisen auf die
Bedeutung des Predigttextes, auf seine Besonderheit, vielleicht
seine Fremdheit für uns; mit Erläuterungen zur geschichtlichen
Situation, die der Text voraussetzt – wobei jedoch sehr lebendig
erzählt werden muß, damit der Hörer nicht gleich zu Anfang in
der Langeweile einer Geschichtsvorlesung erstickt. Auch der
›Sprung ins kalte Wasser‹ – will heißen: das unvermittelte Einsetzen mit der Texterklärung – ist ab und zu möglich. Zum andern kann der Einstieg hörerbezogen sein. Die Anknüpfung am
Zeitgeschehen, an der Gemeindesituation, an einer gerade zu fei-
ernden Festzeit im Jahr ist dabei genauso möglich wie das Erzählen einer beispielhaften Anekdote oder auch eine humorvolle Eröffnung[23], die den Hörer abholt und zum Text führt. Manchmal

23 Vgl. dazu den ›Exkurs über den Humor‹ bei R. Bohren, *Predigtlehre*, München
   1972, S. 242-250.

181

gelingt es, in der Einleitung ein Szenario zu entwerfen, das einer dem Hörer vertrauten Situation entnommen ist und wie ein beständiger Gesprächspartner als Gegenüber des Textes die Predigt durchzieht. Josuttis nennt dies ein ›Modell‹.

Egal, wie man anfängt, ist eines doch immer wichtig. Die Einleitung soll den Hörer zur Sache, zur Botschaft des Textes führen, und zwar ohne Umwege. Es kann nicht deutlich genug gesagt werden: Die Einleitung soll von Anfang an gradlinig auf das Predigtthema zusteuern. Schlägt der Prediger zunächst eine andere Richtung ein, etwa weil er eine interessante Geschichte kennt, die er den Hörern erzählen will, obwohl sie nur entfernt etwas mit dem Text zu tun hat, läuft er Gefahr, schließlich nur mit einer energischen Gedankenkurve zum Text zurückzukommen.

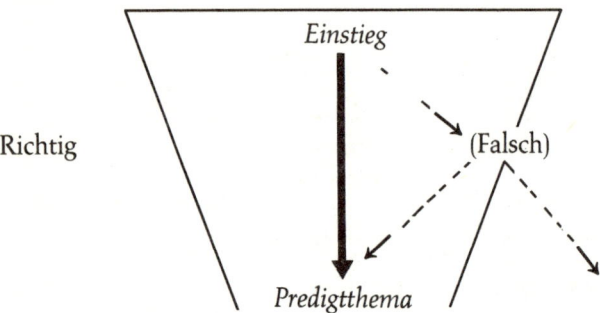

Das Ergebnis wird vermutlich sein, daß der Hörer ›geradeaus‹ weiterdenkt – und den Anschluß verliert.

Die Einleitung führt also die Gedanken des Hörers hin auf die Botschaft des Textes. Sie findet ihren Zielpunkt in der Vorstellung des Predigtthemas (es sei denn, es würde einmal bewußt hart eingestiegen mit der unvermittelten Nennung des Predigtthemas ganz zu Anfang). In natürlicher Weise wird das Predigtthema auch ausdrücklich genannt.[24] Die dadurch gewonnene

---

[24] »In natürlicher Weise« bedeutet, daß die Satzfolge ganz natürlich zum Predigtthema hinleitet. Bitte keine Regieanweisungen an sich selbst und keine homiletischen Erklärungen an die Hörer! (»Ich werde jetzt gleich mein Predigtthema vorstellen...«). Es klappert sonst allzu störend die homiletische Mechanik.

Klarheit in der Sache scheint mir besser als das homiletische Blinde-Kuh-Spiel, bei dem der Prediger den Hörer im Dunkel tappen und erraten läßt, worum es in der Predigt geht.

Einer Überlegung wert ist die Frage, an welcher Stelle die Textlese erfolgen soll. Traditionell scheint dies klar zu sein: Am Anfang steht das Wort! Als erste Handlung auf der Kanzel, allenfalls nach einem kurzen Kanzelgebet, erfolgt die Textlesung. Dann beginnt die Einleitung: »Liebe Gemeinde. . .!« In der Tat hat diese Folge vieles für sich. Dem zu verlesenden Wort Gottes wird ein Ehrenplatz eingeräumt. Es steht am Anfang – und steht den Ausführungen des Predigers gegenüber, gewissermaßen als vorgegebenes Richtmaß. Vor allem anderen trifft das Bibelwort selbst auf den Hörer.

Andererseits spricht auch manches dafür, die Textlesung an das Ende der Einleitung zu stellen, etwa hinter die Vorstellung des Predigtthemas. Der Prediger steigt hörer- bzw. problemorientiert ein und lenkt die Aufmerksamkeit des Hörers hin zu der Sache, um die es dem Predigttext geht. Der Vorteil dieses Vorgehens ist, daß der Hörer beim Verlesen des Textes bereits bewußter hört, weil er weiß, wozu der Text spricht und worauf zu achten ist. Der Text – gerade auch der längere Text! – ›rauscht‹ dann nicht einfach am hörenden Gottesdienstbesucher vorbei, sondern kann konzentriert verfolgt werden.

Ein anderes Werk der Liebe zum Hörer ist es, am Ende der Einleitung, gewissermaßen als Überleitung zum Hauptteil, eine kurze Vorschau zu geben auf die folgende Gedankenentfaltung in der Predigt. Dies geschieht am besten, indem man die einprägsame Predigtgliederung überblicksmäßig nennt. Der Hörer ist dann im Bilde über die Richtung der folgenden Gedanken und wird im Hauptteil das Genannte wiedererkennen können.

Entsprechend diesem Grundmuster könnte der Schluß einer Predigteinleitung etwa folgendermaßen lauten – ich knüpfe an die in Abschn. 3.1.3 gegebenen Formulierungen von Predigtthema und Predigtgliederung zu 1.Thess 4,3-7 an:

». . . In einer Zeit, die die Früchte von 20 Jahren Sexualrevolution erntet, stehen wir als Christen herausgefordert vor der Frage: »Wie sieht ein geheiligtes Intimleben aus?« Zu dieser Frage spricht der Apostel Paulus angesichts der sehr freizügigen Sexualmoral seiner Tage in 1.Thess 4,3-7. Er zeigt dort erstens, in V. 3: ›Ein geheiligtes Intimleben sagt Nein zu Sex außerhalb der Ordnungen Gottes!‹ Zweitens macht er deutlich, in V. 4-5: ›Ein geheiligtes Intimleben verlangt einen gewinnenden Umgang mit seiner Frau.‹ Drittens stellt er uns vor Augen, in V. 6a: ›Ein geheiligtes Intimleben schließt Ehebruch aus.‹ Und viertens unterstreicht er nocheinmal grundsätzlich in V. 6b-7: ›Ein geheiligtes Intimleben weiß sich Gott gegenüber verantwortlich.‹ Wenden wir uns nun dem ersten dieser Grundsätze zu: ›Ein geheiligtes Intimleben sagt Nein zu Sex außerhalb der Ordnungen Gottes‹ . . .«

Natürlich kann dieses Grundmuster beliebig variiert werden. Wir stellen abschließend nochmals die Hauptelemente heraus:

– Die Einleitung kann text- oder hörerbezogen beginnen.

– Sie holt den Hörer ab und führt ihn gradlinig zur Sache, um die es im Text geht.

– Sie stellt dem Hörer das Predigtthema vor und zeigt eventuell dessen Entfaltung in einer überblicksmäßigen Vorschau auf die Hauptgedanken des Hauptteils (›Predigtgliederung‹).

– Die Textlese wird der Einleitung entweder vorangestellt oder steht als deren Fokuspunkt am Ende.

Gewiß, aller Anfang ist schwer. Doch eine gut gelungene Einleitung, die den Hörer erreicht und erwartungsvoll werden läßt für das Wort, lohnt die Mühe, die man in sie investiert.

Zusammenfassend wollen wir uns die Möglichkeiten der Einleitung nochmals graphisch vergegenwärtigen:

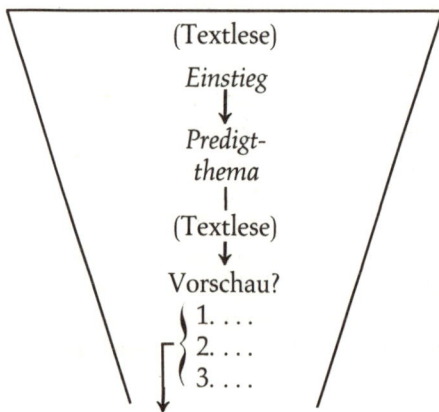

Zu Psalm 1:	Zu Epheser 4,1-6:
Schreiben Sie eine kurze Einleitung zu Ihrer Predigt über Psalm 1	Schreiben Sie eine kurze Einleitung zu Ihrer Predigt über Eph 4,1-6.

3.2.3 Die Auslegung des Bibelwortes

Predigt, die ihren Namen verdient, ist Auslegungspredigt. Sie hat einen Bibeltext nicht nur als Ausgangspunkt, sie umkreist den Text nicht nur in meditativen Erwägungen, sie bezieht auch nicht nur irgendwelche Stichworte vom zugrunde gelegten Text, sondern sie legt den Text Abschnitt für Abschnitt aus, indem sie ihn erklärt, veranschaulicht und auf den Hörer anwendet.

Unter jedem Punkt der Predigtgliederung wird ein bestimmter Abschnitt des Predigttextes ausgelegt. Damit der Hörer der Auslegung folgen kann und sieht, wie sich die Darlegungen des Predigers aus dem Bibelwort ergeben, möchte ich empfehlen, zu Beginn eines jeden Gliederungspunktes die nun auszulegenden Verse nochmals zu lesen. Soweit ich sehe, ist das bisher nicht die gängige Praxis. Oft beschränkt man sich auf die Textlese am Predigtanfang. Doch sollten folgende Gesichtspunkte beachtet werden:

– Vom einmaligen Hören am Anfang kann sich der Text dem Hörer noch nicht einprägen;

– mehrheitlich haben die Gottesdienstbesucher auch nicht ihre Bibel dabei, um dem Text folgen zu können;

– der Prediger selbst hat sich stunden-, ja tagelang mit dem Text beschäftigt, für den Hörer bleibt oft nur die kurze Begegnung mit dem Wortlaut des Textes bei der anfänglichen Rezitation;

– wenn die evangelische Gemeinde als Kirche des Wortes immer neu aus der Quelle schöpfen und alle Predigt und Lehre anhand des Wortes beurteilen soll, muß ihr dieses Wort gegenwärtig sein. Von daher sollte die abschnittsweise Bibeltextrezitation der jeweiligen Auslegung vorangehen.

Dann gilt es, den Bibeltext zu *erklären.* Gründliche Auslegungspredigt beschränkt sich nicht auf erbauliche Anwendungen. Sie erläutert die Bedeutung des Textes, indem sie den Sinn der Worte und den Fluß der Gedanken für den Hörer durchsichtig werden läßt. Der Hörer muß klipp und klar verstehen, was der biblische Autor meint. Dies muß beileibe nicht zu einem komplizierten exegetischen Vortrag geraten! Je gründlicher der Exeget in der Vorbereitung den Text verstanden hat, desto einfacher kann er jetzt seine Ergebnisse ausbreiten. Wer kompliziert reden zu müssen meint, hat die Sache noch nicht genügend verstanden, um einfach reden zu können. Besonders wichtig scheint mir, daß auch schwer zu verstehende Aussagen im Text nicht übergangen, sondern dem Hörer erklärt werden. Die lebendigen Predigten von Walter Lüthi, Helmut Thielicke oder Martyn Lloyd-Jones können – bei aller Unterschiedlichkeit (und auch Abweichung von unserem eigenen Ansatz) im einzelnen – als Beispiel dienen für gründliche Texterklärung in einer einfachen und packenden Weise.[25]

Weil Textauslegung in der Predigt kein trockenes theoretisches Werk ist, drängt sie auch immer zur *Veranschaulichung*. Homiletisches Erklären kommt ohne lebendige Illustrationen, Beispiele, Vergleiche, Analogien, Dokumentationen nicht aus. Eine sachlich richtige Erklärung allein bleibt für den Hörer unanschaulich. Der Leser eines Buches mag sich mit seitenlangen Sachtexten gewinnbringend beschäftigen können. Er kann innehalten, eine Pause einlegen, einen Abschnitt zweimal lesen und darüber nachdenken. Diese Möglichkeiten hat der Hörer des flüchtigen gesprochenen Wortes nicht. Und so muß das Gesagte Farbe gewinnen, um die Vorstellungskraft des Hörers zu ergreifen und bei ihm haften zu bleiben.

Das Wort Gottes will aber nicht nur verstanden sein. Es will den Hörer nicht nur auf der noetischen (= denkerischen) Ebene

---

[25] Zu Lüthi s. o. in Abschn. 2. 2. 2 die Fußnote 11; von den Predigtbüchern H. Thielickes vgl. etwa *Das Gebet, das die Welt umspannt: Reden über das Vaterunser*, 10. Aufl., Stuttgart 1961; *Das Leben kann noch einmal beginnen: Ein Gang durch die Bergpredigt*, Stuttgart 1956 (TB 1980); *Das Bilderbuch Gottes: Reden über die Gleichnisse Jesu*, Stuttgart 1957. Zu Lloyd-Jones (vgl. den ersten Abs. in 1. 1) *Romans*, Vol. 1-6, Edinburgh 1970-75, eine Sammlung fortlaufender Predigten über den Römerbrief.

erreichen, sondern will ihn als Person ansprechen, Glauben wecken, zum Gehorsam rufen. Der Prediger soll nicht einfach erklärend über das Wort Gottes referieren, sondern soll eben dieses Wort selbst mit seinem Anspruch sagen. Von daher gehört zur Auslegung die *Anwendung*. Auslegen (im weiteren Sinn) bedeutet gewissermaßen, das Wort Gottes gleich einem roten Teppich vom Bibeltext bis in das persönliche Leben des Hörers ›auszurollen‹. Dies kann nur gelingen, wenn der Sinn des Geistes Gottes in der Exegese des Bibelwortes getroffen wurde und dieser Geist – um bei dem Bild zu bleiben – die Lebenstür für das ›Ausrollen‹ der Botschaft beim Hörer öffnet. In jedem Fall ist in der Predigt der Text auf den Hörer hin auszulegen. Dies sollte die ganze Predigt durchziehen. Nicht erst am Schluß soll einer zum Referat erstarrten Predigt eine angehängte Anwendung nachgeliefert werden. Vielmehr soll die Verkündigung – nach dem Merkkürzel ›E-V-A‹ (= Erklärung, Veranschaulichung, Anwendung) – durchgängig von der Texterklärung, die anschaulich gemacht wird, zum Hörer hin unterwegs sein.

Nun sind Veranschaulichung und Anwendung für die Homiletik aber so wichtige Konzepte, daß wir ihnen eine eigene vertiefende Behandlung widmen sollten.

3.2.4 Die Veranschaulichung in der Predigt

Es fällt dem Menschen offenbar schwer, abstrakt Vermitteltes aufzunehmen und zu behalten. Tests haben ergeben:
Der Mensch behält
10% von dem, was er liest,
20% von dem, was er hört,
50% von dem, was er sieht und hört,
70% von dem, was er selbst sagt,
90% von dem, was er selbst ausführt.[26]
Je abstrakter ein Sachverhalt ist, desto mehr Anstrengung bedarf es, ihn nachzuvollziehen. Nur mit wachem Geist und bewußter Konzentration gelingt uns das theoretische Denken. Sind wir müde, ergibt sich wie von alleine die Bildhaftigkeit der Tag-

---

[26] A. Alteneder, *Fachvorträge vorbereiten*, S. 48.

träume und Träume. Kinder, deren Denken noch nicht diszipliniert ist, denken bildhaft, haben Phantasie und lauschen mit roten Ohren spannenden Geschichten, während sie Abstraktes noch kaum aufzunehmen vermögen. So ist der Mensch dem Vorstellbaren, Erlebten, Bildhaften von seiner schöpfungsmäßigen Struktur her besonders zugänglich, obwohl er sich durch Konzentration und Intelligenz zu hohen Stufen der Abstraktion erheben kann.

Eine an der Liebe zum Hörer orientierte Rhetorik wird sich auf diese menschliche Gegebenheit einstellen. Wenn in der oben angeführten Aufstellung gesagt ist, der Mensch behalte 20% von dem, was er hört, handelt es sich um einen Durchschnittswert. Ein Vortrag kann so theoretisch sein, daß der normale Hörer kaum 5% behält, selbst wenn er dem Gesagten für den Augenblick einigermaßen folgen kann. Der Vortrag kann aber auch so anschaulich sein, daß der Hörer – zwar nicht mit dem Auge, aber mit seiner Vorstellungskraft – zugleich ›sieht‹, was er hört, und daher vieles nicht wieder vergißt. Gelingt der Predigt zudem eine Anwendung, die den Hörer zum alsbaldigen Praktizieren des Gehörten führt, ist eine starke Dauerwirkung erreicht.

Aus Luthers Tischreden wird das Wort überliefert: »Lieber Gott, es kommen in die Kirche Mägdlein von sechzehn Jahren und Weiber von dreißig Jahren, darnach alte Leute, Bürger und Bauern, die verstehen die scharfen, hohen Predigten nicht; aber wer feine Gleichnisse in Predigten hervorbringen kann . . ., solches behält der gemeine Mann: darum wer es schlecht und gerecht machet, fein kindisch, einfältig, daß es die Leute verstehen können, der ist der beste Prediger.«[27] Der einfache, anschauliche Stil, zu dem sich Luther nicht zu schade war, steht auch dem Prediger heute gut an.

Ich sehe dreierlei Möglichkeiten der Veranschaulichung.

(a) Die verbale Veranschaulichung
Beispielhaft sollen einige Möglichkeiten verbaler Veranschaulichung genannt werden.

[27] M. Luther, »Tischreden«, *M. Luthers Sämtliche Schriften*, Hg. J. G. Walch, Bd. 22, Nachdr. d. 2. Aufl. 1880-1920, Groß Oesingen 1986, Sp. 680.

» Ich habe heute wirklich das Pfingstwunder erlebt – zum ersten Mal
konnte ich Ihre Predigt verstehen! «

– Die *Beispielgeschichte:* Kaum etwas weckt die Aufmerksamkeit der Hörer so, wie eine passende und gut erzählte Beispielgeschichte. Spurgeon war ein Meister der erzählenden Illustration[28]; und auch der Pfarrer und Evangelist Wilhelm Busch[29] fesselte seine Zuhörer durch treffende Beispiele. Beobachtetes mitten aus dem Alltagsleben, Selbsterlebtes (doch Vorsicht mit Interna aus der Predigerfamilie, mit selbstlobenden oder die eigene Vertrauenswürdigkeit untergrabenden Geschichten – und erst recht mit Seelsorgeerfahrungen!), Aktuelles aus Zeitung und Nachrichten, Erzählungen aus der schönen Literatur von der Antike bis zur Neuzeit, aber auch eine Begebenheit aus der biblischen Geschichte können ausgezeichnet geistliche Wahrheiten illustrieren.[30]

– *Das Zitat:* Oft verschafft ein treffendes Zitat dem Hörer besondere Durchblicke. Den Ausführungen des Predigers tritt eine

---

[28] Vgl. C. H. Spurgeon, *Die Kunst der Illustration*, 5. Aufl., Kassel 1903.
[29] Vgl. die Vorträge in W. Busch, *Jesus unser Schicksal*, Gladbeck 1967 (inzwischen Millionenauflage!).
[30] Vgl. die hilfreiche Beispielsammlung von H. Schäfer, *Mach ein Fenster dran*, Bd. 1+2, Stuttgart 1976 (2. Aufl. 1982).

bekannte oder anerkannte Persönlichkeit unterstützend als Zeuge zur Seite und bringt die Sache in einem kernigen Spitzensatz auf den Begriff. Das Zitat kann also in doppelter Weise veranschaulichen: indem es den ›Zeugen‹ zur Bekräftigung einführt und indem es möglicherweise eine so geschliffene Formulierung hat – besonders anzutreffen in Aphorismensammlungen –, daß es allein von der Sprache her Durchblicke schenkt, als wäre in einem dunklen Raum ein Licht angezündet worden.[31]

– *Lied oder Gedicht:* Ähnlich drückt die plastische Sprache der Dichter einen Sachverhalt oft so einprägsam aus, daß eine Lied- oder Gedichtstrophe gut zur Veranschaulichung dienen kann.

– *Statistiken:* Zahlen, sachgemäß interpretiert, haben durchaus einen Illustrationswert und oft sogar etwas wie Beweischarakter. Die Sprache der Zahlen kann aufrütteln. Sie stellt das Ausmaß einer Sache schlagartig vor Augen. Allerdings muß mit Zahlen verantwortlich umgegangen werden, denn allzu leicht läßt sich durch sie ein falscher Eindruck erwecken.

(b) Die technisch-akustische Veranschaulichung

Zum anderen gibt es Möglichkeiten der Veranschaulichung, die das heutige Angebot an Tonträgern nutzen. Ich denke an die Möglichkeit, *Musik- und Hörszenen* in die Predigt einzuspielen. Bei einer Weihnachtspredigt vor einigen Jahren hatte ich mit dem für die Beschallung verantwortlichen Mitarbeiter besprochen, an einer bestimmten Stelle der Predigt aus Händels ›Messias‹ das Chorstück »Denn es ist uns ein Kind geboren . . .« einzuspielen. An diese Szene knüpfte ich dann an. Wird dieses Medium nicht allzu häufig gebraucht, wird es im Hörer einen bleibenden Eindruck hinterlassen. In der modernen säkularen Musik gibt es oft Textstellen, die geradezu nach einer Antwort vom Evangelium her rufen. Eine entsprechende Hörszene eingeblen-

---

[31] Für den Prediger können Zitatensammlungen, geistliche wie säkulare, hilfreich sein; etwa C. H. Spurgeon, *Ein Gramm Glauben wiegt mehr als Berge von Philosophie,* 5. Aufl., Wuppertal/Kassel 1982; M. Wanner, *Worte für unsere Zeit: 2200 treffende Zitate,* Gießen 1981; S. Rothenberg, *Christsein heute und morgen: Kurztexte und Denkanstöße,* Konstanz 1981; oder auch Chr. Greiff, *ZITATE,* Köln, o. J.

det, könnte als hervorragende Veranschaulichung in einer Jugendevangelisation dienen. Auch *Hörspielszenen* lassen sich ausschnittweise gut verwenden. Bei manchen Themen bietet sich an, daß der Prediger zu Illustrationszwecken eine *Tonbandumfrage* macht – etwa am Samstag in der Fußgängerzone der Stadt –, um sie dann im Sonntagsgottesdienst in einem Hörausschnitt über die Lautsprecheranlage einzuspielen. Ich habe es auch schon erlebt und als sehr passend empfunden, daß die Predigt für eine gesungene *Liedstrophe* unterbrochen wurde (evtl. sogar mehrmals), weil diese Strophe den Predigtinhalt exakt auf den Punkt brachte.

(c) Die optische Veranschaulichung
Schließlich möchte ich noch eine weitere Möglichkeit der Veranschaulichung nennen. Aus der Sonntagsschule und dem Kindergottesdienst weiß man es längst: Mit Gegenstandslektionen, flipcharts, Flanelltafel und Tageslichtprojektor geht es besser! Auch die Industrie drängt – frei nach dem chinesischen Sprichwort: »Ein Bild sagt mehr als 1000 Worte« – darauf, daß Verkaufsvorträge visualisiert werden.[32] Wir gehen kurz auf zwei Visualisierungsmöglichkeiten ein.

– Die *Gegenstandslektion:* Auf die Kanzel mitgebrachte Gegenstände können unvergeßlich biblische Wahrheiten illustrieren. Zu einer Predigt brachte ein Evangelist zwei Luftballons mit auf die Kanzel. Der eine war mit Luft gefüllt, der andere mit klarem Wasser. Während der Ansprache zückte er ein Feuerzeug und hielt die Flamme unter den ersten der beiden. Es knallte, daß auch die letzten Kirchenschläfer hochschrecken. Dann hielt er das Feuer unter den mit Wasser gefüllten Ballon. Alle sahen schon ängstlich oder schadenfroh eine Kanzelüberschwemmung voraus – aber der Ballon blieb rund und ganz. Und dann kam er zur Anwendung und predigte einprägsam über »Christus in uns, die Hoffnung der Herrlichkeit« (Kol 1,27), der in uns wohnt und uns bewahrt bis zum Ziel. Der haltbare gefüllte Ballon blieb den Hörern dabei stets vor Augen und blieb gewiß über die Predigt hinaus unvergessen (obwohl ich in diesem Fall meine Fragen

---

[32] A. Alteneder, *Fachvorträge vorbereiten*, S. 28.

hatte, ob der Kolosservers exegetisch zutreffend ausgelegt worden war. . .). Oder nehmen wir Paulus als Beispiel: Hätte er gepredigt, was er in 1.Kor 13 schrieb, hätte er zur Illustration vielleicht einen scheppernden Gong und eine klingende Schelle (1.Kor 13,1) für seine Hörer mitgebracht. Jedenfalls haben die alttestamentlichen Propheten immer wieder in bestimmten Zeichenhandlungen veranschaulicht, was ihnen zu sagen aufgetragen war. Am bekanntesten ist vielleicht die ›Jochpredigt‹ Jeremias (Jer 27). In jedem Fall sind Gegenstandslektionen nicht nur etwas für Kinder.[33]

– Der *Tageslichtprojektor:* In Schulen und Vortragssälen hat der Tageslichtprojektor längst seinen Siegeszug angetreten. In Predigtgottesdiensten, wie überhaupt in Kirchen und Kapellen, weniger. Dieser praktische Diener des Redners könnte aber auch dem Prediger gute Dienste leisten. Nicht nur, daß damit Predigttext und Predigtgliederung visualisiert werden könnten. In Diagrammen und Tabellen lassen sich auch einfache statistische Entwicklungen zeigen, man kann eine geographische Skizze anfertigen, mit dem Filzstift eine Graphik oder Karikatur auf die Folie zeichnen oder mit aus Papier ausgeschnittenen Schattenfiguren kleine Geschichten entwickeln. Inzwischen lassen sich auch Schrift und Graphiken von Druckvorlagen unschwer auf Folien kopieren und so zu Illustrationszwecken an die Wand werfen. Ich möchte hier nicht für die Technisierung des Gottesdienstes plädieren, meine aber, daß hin und wieder eine gut eingesetzte Illustration mit dem Tageslichtschreiber der Gemeinde sichtbar und einprägsam Wahrheiten veranschaulichen kann, die sie so schnell nicht vergessen wird.

Es stellt sich nun die Frage, wo der Prediger gute Illustrationen finden kann. So banal es klingt: überall! Spurgeon hat seinen Studenten die Aufgabe gestellt, nach Hause zu gehen, sich in der Studierstube einzuschließen und nicht eher herauszukommen, bis sie wenigstens ein halbes Dutzend guter Veranschaulichungen biblischer Wahrheiten unter den Gegenständen ihrer Studentenbude erkannt hätten. Oder er sandte sie zu einem Spazier-

---

[33] Für erste Beispiele von Gegenstandslektionen vgl. G. Williscroft, *Sag' es mit Gegenständen: 30 Objektlektionen,* Erzhausen o. J., 68 Seiten.

gang durch Feld und Wald mit dem Auftrag, von dem, was sie da sahen, ein paar treffende Predigtillustrationen mitzubringen.[34] Hier erweist sich allerdings auch, daß gut predigen harte Arbeit sein kann. Denn wer ein abwechlungsreiches Arsenal von Veranschaulichungen haben will für seine Predigten, muß Menschen und Dinge gut beobachten können, muß nicht nur seine Bibel, sondern auch seine Zeitung, die Geschichte, die Literatur gut kennen und einen Blick haben für Dinge, die Geistliches im Weltlichen anschaulich machen. Gute Illustrationen müssen dann festgehalten und leicht auffindbar abgelegt werden.

Zunächst muß entschieden werden, nach welchem System die Illustrationen aufbewahrt werden sollen. Bloße Sammelleidenschaft, deren Ergebnisse sich zu Bergen türmen, macht allenfalls die Studierstube des Predigers unordentlicher, nicht aber schon die Predigten anschaulicher. Denn es gilt ja, zum rechten Zeitpunkt das passende Beispiel in der Sammlung finden zu können, um es in die Predigt einzubauen. Eine fortlaufende Niederschrift von Beispielen in einem Heft empfiehlt sich meines Erachtens nicht, denn die Sammlung läßt sich dann nicht alphabetisch oder thematisch ordnen, und das Auffinden des Einzelbeispiels wird schwierig. Eine Sammlung in Hänge- oder Aktenordnern oder auf Karteikarten in Postkartengröße bewährt sich in jedem Fall besser.[35] Karteikarten haben einen doppelten Vorteil: Man kann sie bei sich tragen, um Illustrationen, die man findet, sofort niederzuschreiben; und man kann sie gegebenenfalls mit auf die Kanzel nehmen und spart so die Arbeit des Übertragens von der Kartei ins Konzept. Für größere Illustrationsmaterialien kann der Prediger zusätzlich eine Hängeordnerablage schaffen, auf die sich im Karteisystem Verweise finden. Nun können Beispiele notiert, Zeitungsmeldungen ausgeschnitten,

---

[34] C. H. Spurgeon, *Die Kunst der Illustration*, S. 59f.
[35] Künftig wird vermutlich der Computer, der in immer mehr Pastorenbüros Einzug hält, mit den Möglichkeiten umfangreicher Beispieldateien an Bedeutung zunehmen. Als nachteilig gegenüber herkömmlichen Ordnungssystemen dürfte sich aber erweisen, (a) daß die Möglichkeit des suchenden ›Blätterns‹ erschwert wird und (b) alle Informationen Buchstabe für Buchstabe eingetippt werden müssen, während man sonst auch einmal leicht etwas ausschneiden oder kopieren und dann ablegen konnte.

Graphiken kopiert und aufgeklebt werden usw. Im Zeitalter des Siegeszuges der PC's (Personal Computer), die sich auch für den Pastor als nützlich – und bei Gewöhnung als unverzichtbar – erweisen, ist auch die Möglichkeit zu erwägen, Beispieldateien auf Diskette oder Festplatte anzulegen.

Es empfiehlt sich, die Kartei in doppelter Weise anzuordnen:
– Eine Kartei alphabetisch nach Stichworten (›Aberglaube‹, ›Angst‹, ›Auferstehung‹, ›Beten‹, ›Bibel‹ usw.).
– Eine zweite Kartei in der Reihenfolge der 66 Bücher der Bibeil (›1.Mose‹, ›2.Mose‹ usw.).

Beispiele für solch eine Stichwort- und Referenzstellenkartei:

Stellvertretung

s. dazu Heinrich v. Kleist, *Erzählungen*: »Verlobung auf St. Domingo«:

Für den Schweizer Gustav von der Ried geht die Verlobte in Paris auf die Guillotine, um aus Liebe für ihn zu sterben und sein Leben zu retten.

Römer 5,7-8

Christus stirbt für Feinde!
Vgl. dazu die Verlobte, die für ihren Geliebten ihr Leben opfert, in: Heinrich v. Kleist, *Erzählungen*: »Verlobung auf St. Domingo«.

Ein Wort zum Schluß. Eine Illustrationskartei wird dem Prediger nur in dem Maße dienen können, wie er sie pflegt. Hier gilt: »Wer kärglich sät, wird auch kärglich ernten« (2.Kor 9,6). Beständiges Sammeln über Jahre hin zahlt sich aus in einem Fundus von Beispielen, die in der Predigtvorbereitung viel Zeit ersparen können und die Predigt anschaulich machen.

AUFGABEN

Legen Sie sich eine Illustrationskartei an (alphabetisch nach Stichworten und nach biblischen Büchern). Setzen Sie sich das Ziel, in den nächsten vier Wochen 50 Illustrationen verschiedenster Art zu sammeln, um einen Anfangsfundus zu haben.

3.2.5 Die Anwendung in der Predigt

Bibelauslegung in Form der Predigt läßt sich mit einem Pfeil vergleichen:
- Die *Erklärung* des Textes ist der solide Schaft;
- die *Veranschaulichung* gleicht den Federn, die den Pfeil stabilisieren und zu seinem Ziel tragen;
- die *Anwendung* ist die Spitze, die ins Ziel trifft.

Ohne Anwendung bleibt die Predigt stumpf. Es könnte zwar eingewendet werden, auf Anwendung verzichten hieße gerade, Gott und den Hörer ernst zu nehmen – indem man vertraue, daß Gott selbst die Botschaft auf den Hörer anwende, und es dem mündigen Hörer überlasse, wie und wo er die allgemeinen Ausführungen der Predigt auf sich beziehen wolle. Aber Anwendung kann und will ja gar nicht das Wirken Gottes ersetzen. Sie will auch nicht den Hörer aus seiner Verantwortung entlassen. Vielmehr tut die Anwendung nur jenes menschliche Werk, das der Predigt von der Liebe zu Gottes Wort und der Liebe zum Hörer her aufgetragen ist, nämlich die biblische Botschaft konkret ins Leben hineinzusprechen.

Die Anwendung selbst muß zugespitzt und lebensnah sein, das heißt, sie muß den Mut zum Exemplarischen und Konkreten haben. Ein anwendungsmäßiger Rundumschlag nach dem Motto: »Liebe Gemeinde, das Wort, das wir eben gehört haben, will sich auswirken im eigenen Leben, in Ehe, Familie, Schule und Beruf!«, trifft alle und keinen. Besser als solch ein Schrotschuß wäre, wenn der Prediger sich die Mühe machte, beispielhaft und lebensnah zu sagen, wie sich ›das Wort‹ denn nun in ›der Ehe‹ usw. auswirken könnte! Will der Prediger zu viel auf einmal erreichen, erreicht er nichts.

Die pauschale Anwendung bleibt im Grunde abstrakt. Der Hörer müßte sich die Mühe machen, den allgemeinen Appell auf eine bestimmte Situation – vielleicht auf einen ›wunden Punkt‹ – seines Lebens zu beziehen. Diese Übertragung vom Pauschalen zum Konkreten erfordert Anstrengung, die nicht jeder zu leisten bereit ist. Und sie erfordert Zeit – wahrscheinlich mehr, als sie der Hörer hat, der dem bereits zum nächsten Gedanken fortschreitenden Prediger folgen soll. Der gute Prediger wird daher seinem Hörer bei diesem Vorgang der Transformation helfen. Weil er weiß, daß die Übertragung vom Prinzipiellen ins Leben hinein den Hörer überfordert, überträgt er selbst (mit Hilfe einer Veranschaulichung) das Prinzip ins Konkrete und fordert den Hörer dann heraus, sich dieser konkret gewordenen Botschaft zu stellen und sie auf das eigene Leben zu übertragen.

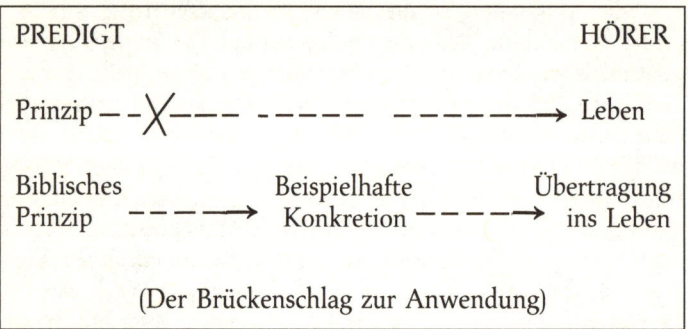

Die Anwendung stellt sich auf die konkreten Hörer ein (s. dazu oben die Ausführungen zur ›Predigtmeditation‹, Abschn. 3.1.1 a+d). Spreche ich anhand von Rö 8,18 gerade über die ›himmlische Herrlichkeit‹ und habe Hörer vor mir, die sich normalerweise wenig um den Glauben kümmern, wird die Anwendung darauf zielen, daß sie diese Herrlichkeit nicht um ihrer Verfallenheit an das Jetzige willen verpassen. Spreche ich über den gleichen Text in einem Seniorenheim vor älteren gläubigen Menschen, wird die Anwendung mehr auf die Freude und Hoffnung zielen, die aus dieser biblischen Perspektive persönlich kommt.

Die Anwendung kennt das Vokabular der suchenden Liebe, aber auch der prophetischen Herausforderung. Sie bringt nahe, lädt ein, plädiert, wirbt, motiviert, fordert heraus, ermutigt, warnt und versucht, den Hörer zu bewegen, sich dem göttlichen Wort persönlich zu stellen. Bei dem allem muß der Prediger aber die Grenze beachten, daß er wohl aufgrund des Wortes rufen kann, die Wirkung selbst aber dem souveränen Handeln Gottes und dem Glaubensgehorsam des Hörers überlassen muß. Letzteres Wissen wird seinem Bemühen um Anwendung jene nötige Zurückhaltung geben, die vor zudringlichem und drängerischem Selbstmachenwollen bewahrt.

AUFGABEN

Zu Psalm 1:

Suchen Sie für eine Hörerschaft, wie Sie sie von Ihrer Gemeinde her kennen, eine Veranschaulichung und konkrete Anwendung zu der Aussage in V. 2: »Er hat Lust zum Gesetz des Herrn«. Schreiben Sie diese (zumindest in Stichworten) nieder.

Zu Epheser 4,1-6:

Suchen Sie für eine Hörerschaft entsprechend Ihrer Gemeinde eine Veranschaulichung und konkrete Anwendung zu der nach V. 2 geforderten »Demut«. Schreiben Sie diese (zumindest in Stichworten) nieder.

3.2.6 Die Übergänge

Alle Elemente der Predigt müssen durch einige überleitende Worte verbunden werden. Dadurch werden harte Neueinsätze vermieden, und der Hörer wird von einem zum anderen Gedanken mitgenommen.

Harte Neueinsätze beeinträchtigen einen organischen Redefluß in der Predigt. Wird beispielsweise an eine Einleitungsgeschichte das Predigtthema unverbunden angefügt, wird es für den Gedankengang des Hörers zum Stolperstein. Eine Überleitung dagegen könnte sich so gestalten: Der Skopus (= die Aussageabsicht) der Einleitungsgeschichte wird in einem Satz zusammengefaßt und somit klar vor den Hörer gestellt. Dann fährt der Prediger fort:

»Die hier aufgeworfene Problematik beschäftigt uns und verlangt Antwort. Im Kolosserbrief, Kapitel 1, Verse 9-12, geht der Apostel Paulus auf eben dieses Problem ein. Er macht dort eines sehr klar: . . . (Es folgt das Predigtthema.) Wollen wir nun auf dieses Wort des Apostels hören . . . (Es folgt die Textlese).« Nicht viel besser als unvermittelte Neueinsätze sind anfängerhaft formulierte Überleitungen: »Ich nenne Ihnen jetzt mein Predigtthema ...«, oder ein steifes: »Soviel zum ersten. Zweiter Gliederungspunkt: ...«. Das sind ›Überleitungen‹, bei denen ein unverdauter Homiletikunterricht nachhallt. Sie wirken schülerhaft. Formalismus kennzeichnet den Inhalt der Worte. Die Elemente sind nicht organisch verbunden.

Die beste Überleitung ist die, die dem Hörer als solche gar nicht auffällt und die ihn doch zielstrebig mitnimmt zum nächsten Gedanken. Besonders an solchen Stellen, an denen der Gedankengang der Predigt eine neuen Richtung nimmt – also beim Übergang von der Einleitung zum Hauptteil, von einem Hauptpunkt der Predigt zum andern, aber auch von einem Untergliederungspunkt zum andern usw. – ist eine geschickte Überleitung wichtig. Sie muß im Vortrag noch durch rhetorische Mittel (wie z.B. eine kurze Pause, Betonung in der Stimme, eine die Aufmerksamkeit konzentrierende Gestik) unterstützt werden. Sonst besteht die Gefahr, daß der Hörer in den alten Bahnen weiterdenkt, den Übergang zu dem neuen Gedankenfeld nicht mitvollzieht und sich dann wundert, wie die neuen Ausführungen des Predigers in den Zusammenhang passen.

So sind die Übergänge in der Predigt nur ein kleines Element, aber sie sind wichtig für die gedankliche Führung des Hörers.

3.2.7 Der Schluß

Als wir die ›Predigteinleitung‹ behandelten, haben wir schon die erfahrungsgemäß zutreffende Aussage von A. Alteneder zitiert: »Ein Vortrag kann mit einem Flug verglichen werden; die Schwierigkeiten liegen beim Start und bei der Landung. Ein Vortrag ohne motivierende Eröffnung und veranlassenden Abschluß muß wohl in allen Fällen als mißlungen bewertet werden.«[36]
Zu Recht legt er auf einen gelungenen Schluß besonderen Wert. In unserer ›Predigtkrawatte‹ (s.o. Abschn. 3.2.1) sollte schon

---

[36] A. Alteneder, *Fachvorträge*, S. 27. – Ganz anders die Predigttheorie der frühen dialektischen Theologie. Vgl. D. Bonhoeffer, *Finkenwalder Homiletik*, Gesammelte Schriften, IV, München 1961, S. 267: In der Predigt »ist der Text Anfang, Mitte und Ende«; mit der Folgerung, S. 268: »Anfang und Schluß als besondere Teile sind im allgemeinen zu verwerfen«.

optisch zum Ausdruck kommen, daß die Predigt zum Schluß nicht einfach abbricht, sondern mit einer Zuspitzung auf den Hörer die Botschaft des Wortes auf den Punkt bringt. Wenn Predigt nicht nur eine Darlegung von Richtigkeiten ist – und sie ist es nicht! –, wenn sie stets ein absichtsvolles Tun ist, das sich aus dem auf Wirkungen angelegten Wesen des Wortes Gottes ergibt (vgl. 2Tim 3,16f) – und sie ist dies! –, dann gehört der veranlassende Schluß wesensmäßig zur Predigt. Der legitime veranlassende Predigtschluß unterscheidet sich von der gesetzlichen Forderung und demagogischen Publikumsbeeinflussung aber notwendig bis in die Formulierungen hinein durch das Wissen, daß weder des Predigers Redekünste noch des Hörers guter Wille menschlich verwirklichen können, was das Wort will. Vielmehr muß Gottes Geist Glauben und Gehorsam, Wollen und Vollbringen dessen wirken, worauf das Wort zielt. So folgt der Predigtschluß in seiner Zuspitzung der Sache nach dem Absichtscharakter des Wortes, jedoch in einer Weise, die sich aus der Gottesfurcht ergibt: aus dem Wissen, daß es dem Menschen – Prediger wie Hörer – nicht gegeben ist, das Werk Gottes selbst zu tun (was alles Gesetzlich-Drängerische ausschließt), daß andererseits aber der im Wort erklärte Wille Gottes grundsätzlich vorrangig sein muß (woraus sich die Dringlichkeit des Predigtanspruchs ergibt).

Wie soll der Predigtschluß sein? In einer kleinen Aufstellung nennen wir einige Punkte, deren Beachtung nützlich sein könnte: Der Predigtschluß

– faßt die Hauptaussagen der Predigt kurz zusammen;
– stellt die Zielaussage des Textes klar vor den Hörer;
– wendet diese zentrale Botschaft des Textes nachdrücklich auf den Hörer an;
– läßt den Hörer folglich nicht im Unklaren, was er entsprechend dem gepredigten Gotteswort glauben, tun, wissen, dankend annehmen, bewahren, korrigieren, ändern soll und darf mit Gottes Hilfe;
– verwendet dazu gegebenenfalls ein treffendes Schlußbeispiel, eine passende Liedstrophe, eine Ermahnung oder Ermunterung und insgesamt kurze, klare Sätze;
– führt keine neuen Gedanken ein;

– mobilisiert als dringliches ›letztes Wort‹ das rhetorische Engagement des Predigers und die letzte Konzentration des Hörers;

– kann schließlich getrost in dem Bewußtsein enden, daß das Wort zwar klar gesagt sein muß, die geistliche Frucht aber nicht in der Hand des Predigers liegt.

Wird das Ende angekündigt, steigt die Aufmerksamkeit des Hörers nochmals an. Diese Aufmerksamkeit muß der Prediger nutzen. Ein Prediger, der offensichtlich ›Bodennebel‹ hat und die ›Landepiste‹ nicht findet, stattdessen zu immer neuen Wiederholungen durchstartet, verliert das Ohr seiner Hörerschaft. Gewiß, jeder Prediger hat gegen Predigtende wohl schon das unangenehme Gefühl gehabt, ›es‹ noch nicht richtig gesagt zu haben. In diesem Fall helfen die Versuche, es beim Predigtschluß nochmals und nochmals besser zu sagen, am allerwenigsten. »Getretener Quark wird breit, nicht stark«, sagt Goethe. Folglich sollte der Prediger, der den Eindruck hat, diesmal dem Text und dem Hörer noch nicht ganz gerecht geworden zu sein, diese Predigt nicht noch durch einen gewundenen Schluß verschlimmern, sondern um so zügiger zum Ende kommen. Zu Recht merkt Manfred Josuttis an: »In Freiheit aufhören zu können, setzt die Lebenshaltung eines doppelten Vertrauens voraus. Es muß nicht alles heute gesagt werden, und es muß nicht alles durch mich gesagt werden.«[37]

Der Predigtschluß muß dem Text entsprechen. Geht es im Text um die Freude, soll am Schluß die Freude leuchten – so ansteckend wie möglich! Keineswegs muß der Predigtschluß den Hörer immer mit einem ›Happy-End‹ befrieden. Je nach Text kann er ihn auch betroffen, aufgerüttelt und sehr besinnlich zurücklassen.

Die Predigt endet mit dem »AMEN«, mit dem der Prediger das Wort bekräftigt und zur Zustimmung einlädt. Es kann sehr gut sein, daß dem Amen ein Schweigen folgt und eine Zeit des stillen Gebets, bevor der Prediger – oder auch in einer öffentlichen Gebetsgemeinschaft die Gemeinde – Gott auf sein Wort

---

[37] M. Josuttis, *Rhetorik und Theologie in der Predigtarbeit: Homiletische Studien,* München 1985, S. 202.

hin öffentlich antwortet. Wenn die Predigt Zentrum des evangelischen Gottesdienstes ist, wird es gut sein, nach der Predigt den Gottesdienst zügig zu schließen. Der Eindruck des gepredigten Wortes soll unverwischt mit dem Hörer in seinen Alltag gehen.

3.3 Die Gestaltung des Predigtkonzepts

Unsere Behandlung der Predigtelemente hatte bisher eine Frage ausgespart: In welcher Form bringe ich die einzelnen Teile der Predigt zu Papier? Nur wenige werden in der Lage sein, sich alle Einzelteile der Predigt (Anknüpfung, Predigtthema, Predigtgliederungspunkte, Auslegungsdetails, Veranschaulichungen, Anwendungen, Predigtschluß) zu merken. Die Hilfe eines Predigtkonzepts ist daher in der Vorbereitung – und dann auch auf der Kanzel – meist unentbehrlich.

Zwei Möglichkeiten des Predigtkonzepts werden im folgenden beschrieben:
- das Predigtmanuskript und
- das Stichwortkonzept.

3.3.1 Das Predigtmanuskript

Das Predigtmanuskript ist eine voll ausgearbeitete und wörtlich niedergeschriebene Predigt. Bei Vorträgen und Predigten wird das ausgeschriebene Maunskript nach wie vor gern verwendet. In der Tat spricht vieles für diese Konzeptform, wenngleich sie in der Ausarbeitung und im Vortrag besondere Anforderungen an den Redner stellt. Nicht nur der Predigtanfänger, dem schriftliche Ausführungen eine gewisse Sicherheit auf der Kanzel geben, schreibt seine Predigt meist aus, sondern der Geübte, der Wert auf präzise Formulierung legt, wird sich immer wieder der Disziplin des schriftlichen Predigtentwurfs unterziehen.

Schreibt man seine Predigt nieder, muß als erstes Gebot gelten: Eine Rede ist keine Schreibe! Ein schriftlicher Entwurf verführt leicht dazu, im Schreibstil eine Art Aufsatz zu verfassen. Dieser Gefahr muß der Prediger grundsätzlich widerstehen. Es empfiehlt sich von daher, bei der Niederschrift die einzelnen Sätze immer wieder laut und betont vor sich hin zu sagen, um zu hören, ob die Formulierungen dem Stil einer lebendigen Rede entsprechen.

So hilfreich es sein kann, in der Predigtvorbereitung ein ausgeschriebenes Manuskript zu erarbeiten, so nachteilig ist es in der Regel, wenn der Prediger meint, einfach vom fertig geschriebenen maschinenschriftlichen Entwurf predigen zu können. Allzuleicht kommt es dann zu einer bloßen ›Vorlesung‹, und das Papier tritt zwischen den Redner und seine Hörer.

Um dieser Gefahr nicht zu erliegen, ist eine Möglichkeit, sich den Wortlaut im einzelnen einzuprägen und ganz ohne Konzept vor die Gemeinde zu treten. Das auswendige bzw. anhand des eingeprägten Inhalts freie Sprechen erfordert aber eine hohe Konzentration und Memorierfähigkeit. Als Hilfe sollte man zusätzlich wenigstens ein Stichwortkonzept mit auf die Kanzel nehmen. Eine gute Möglichkeit ist es auch, das Predigtmanuskript so zu präparieren, daß anhand des Manuskripts doch weithin frei gesprochen werden kann. Dazu empfiehlt es sich, im Interesse der Übersichtlichkeit und der freien, dem Hörer zugewandten Rede folgende Punkte zu beachten:

– Die Schrift auf dem Manuskript muß deutlich und groß genug sein, damit man aufrecht stehend das Geschriebene lesen kann, ohne sich beim Reden über das Redepult beugen zu müssen.

– Es empfiehlt sich, bei einem Predigtmanuskript auf DIN-A 5 Blätter zu schreiben. Liegt auf der Kanzel noch die aufgeschlagene Bibel, wird es mit DIN-A 4 Blättern meist zu eng. Andererseits geraten kleinere Formate allzu unübersichtlich.

– Man sollte Predigtmanuskriptblätter grundsätzlich einseitig beschreiben. Das erspart das sonst nötige Umwenden der Blätter auf der Kanzel, was nicht nur störend für den Hörer wirkt, sondern beim Predigen auch zu der Unsicherheit führt, ob man die gerade vorgetragene Seite schon umgedreht hat oder nicht.

– Gliederungspunkte sollten deutlich sichtbar hervorgehoben sein.

– Beim Sprechen sollte der Prediger beständigen Blickkontakt zu seinen Hörern haben. Um bei dem ständigen Blickwechsel zwischen Hörern und Manuskript nicht in eine falsche Zeile auf dem Blatt zu geraten, sind drei kleine Hilfen nützlich:

1. Bewußt kleine und deutlich abgesetzte Absätze bilden. So findet das Auge immer wieder schnell den Anfang der nächsten Sinneinheit.

2. Jeweils die ersten beiden Worte eines Satzes mit einem Farbstift anstreichen. So findet das Auge leicht den jeweils neuen Satzanfang.

3. Die inhaltlich zentralen Stichworte oder Thesen mit einem Markierungsstift farblich hervorheben. Die so markierten Stellen wirken im Grunde wie ein Stichwortkonzept und verschaffen Freiheit vom Blatt.

– Ein Predigt- oder Redemanuskript sollte man besser nicht zusammenheften. Die Blätter sollten lose sein, damit man beim Vortrag jedes Blatt, mit dem man fertig ist, unauffällig zur Seite ziehen und ablegen kann.

Nochmals: Hat man sich dafür entschieden, die Predigt wörtlich aufzuschreiben, sollte man sie aber keinesfalls bloß ablesen. Das würde der Redequalität und dabei vor allem dem Hörerkontakt sehr schaden. Ein Redner muß seinem Publikum zugewandt sein. Es ist grotesk, wenn er vor allem mit sich und seinen Zetteln beschäftigt ist! Zusätzlich zu den optischen Hilfen, die wir gerade beschrieben haben, kann es von daher dem ›Manuskript-Prediger‹ nicht erspart werden, sich das, was er niedergeschrieben hat, möglichst gut einzuprägen. Praktisch bedeutet das, daß er sich zuhause die aufgeschriebene Predigt einige Male laut und mit Betonung vorträgt. Hat er sich die Predigt gut eingeprägt, nimmt er entweder das optisch gut präparierte Predigtmanuskript oder aber ein kürzeres Stichwortkonzept mit auf die Kanzel. Will man den Wortlaut des ausgeschriebenen Manuskripts im Vortrag beibehalten, wird es nützlich sein, sich durch Übung eine bestimmte Vortragstechnik anzueignen: Man blickt auf das Blatt, prägt sich eine gute halbe Zeile ein, trägt diese vor, während man die Hörer anblickt und sieht dann – noch bevor das eingeprägte Stück ganz zu Ende ist – wieder auf das Blatt, prägt sich die nächste Zeile ein usw. Diese Vortragstechnik, die mit der Fähigkeit unseres Kurzzeitgedächtnisses rechnet, sich für einen Augenblick Dinge optisch einprägen zu können, erlaubt einen ausgezeichneten Hörerkontakt. Allerdings erfordert sie ein wenig Übung.

Ein gut gestaltetes und dann auch gut vorgetragenes Predigtmanuskript weist gegenüber dem Stichwortkonzept einen entscheidenden Vorteil auf. Es zwingt den Prediger schon in der Vorbereitung, präzise und ausgewogen zu formulieren. Abschweifen vom Thema, unnötige Wiederholungen, abgegriffene Formulierungen und überhaupt das Unvermögen, die Sache treffend zu sagen, werden dabei vermieden. Selbst für den Prediger, der in der Regel nur noch das Stichwortkonzept verwendet, wird es ab und zu hilfreich sein, sich der Selbstdisziplin zu unterziehen, eine Predigt Wort für Wort auszuformulieren. Auch wenn ein bestimmter Zeitrahmen unbedingt eingehalten werden muß – etwa bei einer Radiopredigt –, wird die schriftlich abgefaßte Predigt das einzig richtige sein.

3.3.2 Das Stichwortkonzept

Ein Stichwortkonzept unterstützt das freie, dem Hörer zugewandte Reden. Der Prediger ist nicht an vorgegebene Formulierungen gebunden und kann sich leichter von seinem Konzeptblatt lösen als bei einem ausgeschriebenen Manuskript. Dies gibt ihm die Freiheit, sich seiner Hörerschaft zuzuwenden und auf sie zu reagieren. Aus dem Augenblick heraus kann das passende Wort gefunden werden und läßt sich das eine oder andere bei Bedarf noch deutlicher erklären als vorgesehen. Ermüden die Hörer, stellt sich der Prediger darauf ein und weckt neu ihre Aufmerksamkeit. Die gottesdienstliche Situation, die Erwartung der Hörerschaft kann den Prediger stärker zu einer lebendigen Ausdrucksweise inspirieren, als es die Stille der Studierstube bei der Ausformulierung eines Predigtmanuskripts vermag.

Es gibt keine Regel, wie ausführlich ein Stichwortkonzept sein muß. Der eine Prediger kommt mit einem Minimum aus. Er notiert sich ein Stichwort für den Einstieg, das Predigtthema, die Predigtgliederung, wenige eingestreute Notizen zur Auslegung und einen Vermerk über die Zielrichtung des Predigtschlusses. Der andere braucht relativ viele Stichpunkte, hat eine detaillierte Untergliederung, macht sich dazu jeweils Angaben zur Texterklärung, zur Veranschaulichung und zur Anwendung und formuliert Einleitung, Übergänge und Schluß mehr oder weniger vollständig aus.

Je weniger Übung ein Prediger in der freien Rede hat, desto ausführlicher sollten seine Notizen sein. Besonders drei Predigtelemente sollten gut ausformuliert werden:

1. Die Einleitung, denn zu diesem Zeitpunkt der Ansprache hat sich der Prediger noch nicht ›freigesprochen‹ und bedarf der Hilfe zum präzisen und engagierten Beginn;

2. die Übergänge, denn hier kommt es darauf an, die Gedanken des Hörers bewußt vom einen Gedankengang zum andern mitzunehmen; und

3. der Predigtschluß, denn hier gilt es, der Gefahr der Wiederholung zu widerstehen und zielbewußt und zugespitzt dem Hörer die Botschaft mit auf den Weg zu geben.

Ähnlich wie schon das Predigtmanuskript muß auch das Stichwortkonzept übersichtlich angeordnet sein. Die Schrift darf nicht zu klein und unleserlich geraten. Die einzelnen Stichpunkte müssen optisch so klar voneinander abgesetzt sein, daß das Auge, das beim Vortrag kurz auf das Blatt blickt, sofort das Stichwort zum nächsten Gedankengang erkennt. Durch Absätze, Hervorhebungen in der Anordnung, Unterstreichen oder auch durch farbliche Markierungen (z.B. exegetische Notizen rot markieren, Beispiele und andere Veranschaulichungen grün usw.) gewinnt das Konzept an Übersichtlichkeit. Beim Schreiben des Stichwortkonzepts sollte der Prediger alles tun, um das Blatt möglichst hilfreich für den mündlichen Vortrag zu gestalten.

Wer mit Stichwortkonzepten arbeitet, sollte sich allerdings immer wieder selbstkritisch prüfen, ob er mit der Zeit in seinen Formulierungen weitschweifig und undiszipliniert wird, ob er sich genügend klar und genau ausdrückt. Spürt er hier Mängel, sollte er sich immer wieder die Übung des ausführlicheren Ausformulierens auferlegen.

Welche Art von Predigtkonzept das beste ist, läßt sich pauschal nicht sagen. Im Einzelfall ist immer das das beste, das hilft, die biblische Botschaft dem Hörer am klarsten und zugleich lebendigsten zu sagen.

Schemablatt für ein ausführliches Stichwortkonzept

EINLEITUNG:
- Einstieg und Übergang ausschreiben
- Predigtthema nennen
- Vorschau auf Predigtentfaltung notieren
- Übergang zum Hauptteil formulieren

HAUPTTEIL:

1. Punkt:
(Gliederungsformulierung aufschreiben)
    A) Unterpunkt
- Erklären (Stichworte zu den wesentlichen Gedanken der Texterklärung notieren)
- Veranschaulichen (Stichworte zu den Veranschaulichungen notieren)
- Anwenden (Stichworte zur Anwendung notieren)
    Übergang (Zusammenfassung und überleitenden Satz formulieren)
        B) Unterpunkt
        (s. unter 1. A) usw.

2. Punkt:
(Gliederungsformulierung aufschreiben)
    A) Unterpunkt (s.o.)
    Übergang (s.o.)
    B) Unterpunkt (s.o.)

3. Punkt:
(Gliederungsformulierung aufschreiben)
    A) Unterpunkt (s.o.)
    Übergang (s.o.)
    B) Unterpunkt (s.o.)

SCHLUSS:
- In Stichworten eine kurze Zusammenfassung notieren
- Schlußabschnitt der Predigt wörtlich ausformulieren

(Empfehlenswertes Format eines Stichwortkonzepts: DIN-A 5 Format oder Postkartengröße; einseitig beschriftet.)

3.4 Die Kunst der Rede (Rhetorik)

»Tod und Leben stehen in der Zunge Gewalt; wer sie liebt, wird ihre Frucht essen« (Spr 18,21). Mit Aussagen wie dieser deutet die biblische Weisheit auf die Macht des Wortes hin. Die Macht der Zunge, die von einem sündigen Herzen inspiriert wird, ist fatal: »So ist auch die Zunge ein kleines Glied und richtet große Dinge an. Siehe, ein kleines Feuer, welch einen Wald zündet's an!« (Jak 3,5). Für die Wahrheit dieser Aussage legen die Demagogen aller Zeiten, seien es Sektenführer oder Ideologen, unfreiwillig ein beredtes Zeugnis ab!

Im positiven geht es der biblischen Weisheit in erster Linie um die innere Haltung des Redenden und den Inhalt seiner Rede (»Der Weisen Zunge bringt gute Erkenntnis; aber der Toren Mund speit nur Torheit«, Spr 15,2). Zugleich aber ist der Weisheit auch das zur rechten Zeit und in der rechten Art gesprochene Wort wichtig (»Ein Wort, geredet zur rechten Zeit, ist wie goldene Äpfel auf silbernen Schalen«, Spr 25,11). Wenn es um die weise Rede geht, lassen sich Inhalt und Redeweise also nicht trennen (vgl. Spr 15,4, wo die »linde Zunge« – die ein »Baum des Lebens« ist – etwas über die Gestalt und den Gehalt der Rede aussagt).

Es ist von daher zu fragen, ob eine Predigtlehre, die über die rechte Ausrichtung des Wortes Gottes nachdenkt, nicht gut daran tut, auch über die Kunst der Rede zu reflektieren. Könnte dies nicht dem Mißbrauch wehren und einen weisen Gebrauch der Redegabe fördern?

3.4.1 Der Streit um die Rhetorik

Zunächst scheint der Gedanke ganz selbstverständlich, daß sich ein Prediger, der dauernd öffentlich zu reden hat, mit der Kunst der Rede beschäftigt. Leider ist aber die Rhetorik so oft mißbraucht worden, daß sie ins Gerede gekommen ist. Der rechte Gebrauch der Rhetorik in der Predigtlehre muß daher erst begründet werden.

Seit der Antike stand die Kunst der Rede in hohem Ansehen. In Griechenland und Rom hatte sie ihren Platz in der politischen Kultur und vor Gericht. Später – bis hin zu den absoluten Monarchien der frühen Neuzeit – verkümmerte zwar die politische Beredsamkeit, aber in der Predigt der alten Kirche und des Mittelalters, der Jurisprudenz sowie in den Debatten der Gelehrten stand sie weiterhin in Blüte. Doch in der zweiten Hälfte des 18. Jahrhunderts änderte sich das. Eine Rhetorik, bei der Form und Inhalt auseinanderfielen, die daher aufgesetzt und gekünstelt wirkte, geriet unter die Räder des Idealismus. Goethe griff die Rhetorik als schalen Formalismus an und plädierte stattdessen für ein ungekünsteltes Reden, das seine Kraft aus der echten inneren Ergriffenheit des Redenden bezieht:

»Wenn ihr's nicht fühlt, ihr werdet's nie erjagen.

Wenn es nicht aus der Seele dringt
und mit urkräftigem Behagen
die Herzen aller Hörer zwingt...
Sei er kein schellenlauter Tor!
Es trägt Verstand und rechter Sinn
mit wenig Kunst sich selber vor;
und wenn's euch ernst ist, was zu sagen,
ist's nötig Worten nachzujagen?
Ja, eure Reden, die so blinkend sind,
in denen ihr der Menschheit Schnitzel kräuselt,
sind unerquicklich wie der Nebelwind,
der herbstlich durch die dürren Blätter säuselt!«[38]

Etwa gleichzeitig sprach sich Immanuel Kant aus ethischen Gründen gegen die Rhetorik als Rednerkunst (im Unterschied zur Rhetorik als ›Wohlredenheit‹, der Kunst des Wohlformulierens) aus: sie manipuliere den Menschen und bediene sich seiner Schwächen. Reden solle man statt dessen – gewiß wohl formuliert – aus innerer Überzeugung, klarer Einsicht und engagiertem Nachdruck.[39] Damit war die Rhetorik als Kunst der Überredung diskreditiert. Die Demagogie des Nationalsozialismus hat das Ihre dazugetan, sie in Verruf zu bringen. Bis in die 60er Jahre unseres Jahrhunderts hinein spielte sie keine Rolle mehr. Dann weckten die aufkommenden Kommunikationswissenschaften, die Ausbildungsgänge für Verkaufsrhetorik in der Industrie, sowie die mit

[38] J. W. Goethe, *Faust I*, 1. Szene.
[39] Vgl. I. Kant, *Kritik der Urteilskraft*, Werke in sechs Bänden, hg. v. W. Weischedel, Bd. V, Darmstadt 1957, S. 430-431, wo er die »Rednerkunst (ars oratoria) . . . , als Kunst, sich der Schwächen der Menschen zu seinen Absichten zu bedienen . . . , [für] gar keiner Achtung würdig« hält und diese Art Rhetorik als den Versuch wertet, den Hörer »durch den schönen Schein zu hintergehen«.

der Philosophie der ›Neuen Linken‹ verbundene emanzipatorische Rhetorik (Walter Jens) ein neues Aufblühen des Interesses an der Redekunst.

Auf diesem Hintergrund sollte eines klar sein: Eine Rhetorik, die durch äußere Redebrillanz den Mangel an Inhalt und Überzeugung überspielen will, die den Hörer manipuliert statt ihn durch den Gehalt des Gesagten zu gewinnen, hat heute grundsätzlich ausgespielt.

In der Predigtlehre hat die nach dem 1.Weltkrieg aufkommende Dialektische Theologie (Barth, Thurneysen) die Skepsis gegenüber der Rhetorik noch einmal vertieft. Predigt ist, so Barth, »Dienst am Wort *Gottes*: Darin liegt eine Abgrenzung gegenüber allen anderen an sich auch möglichen und weithin auch guten und verheißungsvollen Versuchen menschlicher Rede«.[40] Das Wunder, das Wort Gottes hörbar zu machen und damit den Hörer zu treffen, könne keine menschliche Redekunst leisten.[41] Sie dürfe auch nicht versuchen, dieses Wunder selbst zu bewerkstelligen! Das einzige, was der Verkündiger dürfe und solle, sei, das biblische Wort im Vertrauen darauf zu sagen, daß Gott dabei selbst das Wort ergreife. Von daher wurde dann die Konsequenz gezogen, die Julius Schniewind vielleicht am deutlichsten ausgesprochen hat: »Die Erneuerung unseres Verkündens bedeutet, daß nur noch nach dem Was, nicht nach dem Wie unserer Verkündigung gefragt wird.«[42]

Hier ist gewiß richtiges gesehen. Der Mensch darf nicht versuchen, das zu tun, was nur Gott tun kann. Mit Rhetorik läßt sich das Wirken Gottes am Menschen nicht ›machen‹. Dies kann und soll sie nicht. Nur – ist damit die Rhetorik selbst schon hinfällig? Ist unser Fragen nach dem Wie der Verkündigung schon erledigt?

---

[40] K. Barth, »Die Gemeindemäßigkeit der Predigt« (1935), in: *Aufgabe der Predigt,* hg. v. G. Hummel, Darmstadt 1971, S. 172. Vgl. auch schon E. Thurneysen, »Die Aufgabe der Predigt« (1921), ebd., S. 105-118.

[41] Zu beachten ist, daß die Dialektische Theologie dabei von einem aktualistischen Wort-Gottes-Verständnis ausgeht: Die Bibel ist nicht Gotteswort, sondern sie wird Gottes Wort jeweils nur dann, wenn Gott das Wunder tut und durch dieses Wort zu reden beginnt. Demgegenüber ist zu betonen, daß die Heilige Schrift Gottes inspiriertes Wort ist und dies nicht erst (aktualistisch) werden muß. Und doch muß das Wunder geschehen, daß Gottes Geist Gottes Wort am Menschen wirken läßt, damit geistliche Frucht geschieht. Damit bleibt natürlich die Grundfrage bestehen, die die Dialektische Theologie aufwarf – wenngleich in modifizierter Form.

[42] J. Schniewind, *Die geistliche Erneuerung des Pfarrerstandes,* 2. Aufl., Berlin 1949, S. 7f.

Wenn wir all die Holzwege meiden, auf die man sich im Zusammenhang mit der Rhetorik verirren könnte, läßt sich meines Ermessens doch ein rechter Gebrauch von Rhetorik für die Predigt begründen. Und zwar einerseits von der Schöpfungstheologie und andererseits von der Pneumatologie (der Lehre vom Heiligen Geist) her.

Vom biblischen Schöpfungsverständnis her besteht kein Anlaß, die geschöpflichen Gegebenheiten des Menschen zu verachten. Gott hat den Menschen mit Sprache, mit Hör- und Sehfähigkeit ausgestattet und ihn damit zur Kommunikation befähigt. Die darin liegenden geschöpflichen Möglichkeiten sollen und dürfen in der Kommunikation bestmöglichst genutzt werden. Allerdings müssen wir dabei berücksichtigen, daß die ganze Schöpfung – und damit auch der ganze Mensch – von der Sünde pervertiert ist. Daher kann das jeweils gegebene Geschöpfliche nicht einfach nur mit theologischen Gütesiegeln versehen werden! Konkret: Man kann nicht bloß von den gegebenen Möglichkeiten der Sprache, den Bedürfnissen des Auges und dem vorfindlichen Hörgeschmack ausgehen, um von da aus dann eine homiletische Rhetorik zu entfalten. Alle Möglichkeiten des Geschöpflichen sind immer am Maßstab des Wortes Gottes zu messen. So warnt die Heilige Schrift vor konkreten Gefahren der Zunge (Jak 3) oder vor einer Verkündigung, die den Leuten nach dem jeweiligen Hörgeschmack predigt (2.Tim 4); sie akzeptiert die ›Lust der Augen‹ nicht einfach als schöpfungsgegeben, sondern ordnet sie der Sünde und der Welt zu (1.Joh 2,16); und sie kann – wie vorrangig wichtig auch das Visuelle für die Kommunikation zu sein scheint – festlegen, daß der Glaube aus dem Hören kommt (Rö 10), nicht etwa aus dem Sehen. So zeigt das biblische Wort Gottes auch Grenzen für die Berücksichtigung der empirischen Gegebenheiten und Möglichkeiten des Menschen auf.

Mit diesem ersten Gedankengang sind wir allerdings noch nicht am Ziel. Die Frage ist zunächst, ob der Heilige Geist die geschöpflichen Gegebenheiten des gefallenen Menschen in Dienst nehmen will und kann? Hierzu ist zuerst einmal festzuhalten, daß der Geist nicht im Gegensatz zum Geschöpflichen, wohl aber zu allem Fleischlichen (d.h. der unter der Herrschaft der

Sünde geknechteten Geschöpflichkeit) steht! Dieses ›Fleisch‹ ist unverbesserlich, unbrauchbar für Gott und am Kreuz Christi gerichtet (Rö 6). Kraft der Erlösung, die uns in Jesus geschenkt ist, macht der Geist uns aber frei von der Sündenmacht (Rö 8,1ff) und stellt unsere Glieder in Dienst für Gott (Rö 6,13ff). Wohlgemerkt: unsere Glieder, die Gott geschaffen hat! Nun stehen unsere Zunge, unsere Augen, Ohren, Hände und Gedanken Gott zu Diensten, der sie dafür in Schöpfung und Erlösung bereitet hat. Und wenn Gottes Geist den Menschen zum Dienst begabt, stehen seine Charismen wiederum nicht in Kontrast zu oder abseits von unseren geschöpflichen Gegebenheiten, sondern nehmen das Geschöpfliche in Dienst.[43] So besteht schon, ganz allgemein gesehen, kein Anlaß, den Heiligen Geist grundsätzlich gegen die Berücksichtigung des Geschöpflichen ins Feld zu führen.

Aber es ist – gerade wenn es um den geistlichen Dienst am Menschen geht – noch ein besonderer Gesichtspunkt zu berücksichtigen. Die Frucht des Geistes ist Liebe (Gal 5,22), in erster Linie Liebe! Wenn es nun darum geht, das Wort Gottes – und damit jenes Wort, das grundsätzlich kein Ohr gehört und kein Auge gesehen hat, das Gott aber in diese irdische Wirklichkeit hinein geoffenbart und damit zugänglich gemacht hat (1.Kor 2,9f) – dem Nächsten weiterzusagen, ist es ein Gebot der Liebe, dieses Wort so verständlich, so klar, so anschaulich, so konkret, so unvergeßlich, so dringlich wie möglich weiterzusagen. Wir tun dies aus Liebe heraus in ganzer Hingabe – und zugleich in ganzem Vertrauen, daß Gottes Geist, weil nur er das kann, dieses Wort dem Hörer so ins Herz hineinsagt, daß geistliche Frucht

---

[43] Gerade dies hat Rudolf Bohren in seinem von der Pneumatologie her entworfenen homiletischen Entwurf deutlich herausgearbeitet. Vgl. in seiner *Predigtlehre*, München 1972, S. 74: »Das Predigen, ganz und gar in Gottes Möglichkeit beschlossen, wird im Geist und durch den Geist ganz und gar Sache des Predigers und Sache des Hörers, wird im Geist und durch den Geist zur menschlichen Möglichkeit in Kunst und Technik. Der pneumatologische Ansatz ermöglicht – ohne den theologischen Primat zu leugnen –, dem anthropologischen Aspekt gerecht zu werden.« Für die Indienstnahme des Geschöpflichen durch den Geist nimmt Bohren den Begriff der ›theonomen Reziprozität‹ auf (ebd., S. 76ff), womit er die von Gott ausgehende und auf ihn hinzielende Beziehung oder Dienstgemeinschaft meint, in die der Heilige Geist den Erlösten nimmt.

entsteht. Die Liebe ist daher die Basis für den besten Gebrauch der Rede, dessen wir fähig sind, und damit der Grund für recht gebrauchte Rhetorik in der Predigt. Die Liebe will nicht manipulieren, sie ergötzt sich nicht an leerer Form; sie vernachlässigt den Inhalt nicht und dient nicht dem eigenen Glanz. Sie will helfen, aufrütteln und überzeugen. Sie ist zugleich und untrennbar Liebe zu Gott (und seinem Wort) und Liebe zum Hörer, dem dieses Wort Gottes mit ganzer Hingabe in verständlicher Weise nahegebracht werden soll. Unter diesem Gesichtspunkt der Liebe ist die Rhetorik – im Wissen um die Indienstnahme des Geschöpflichen durch den Heiligen Geist – für die Predigt fruchtbar zu machen.

In der neueren Diskussion finden sich – mit etwas anderer Betonung – Ausführungen zur pneumatologischen Begründung einer empirischen, die Rhetorik und andere Hilfswissenschaften einbeziehenden Homiletik bei J. Rothermundt, *Der Heilige Geist und die Rhetorik: Theologische Grundlinien einer empirischen Homiletik*, Gütersloh 1984, dessen Lehre vom Geist m.E. aber noch der kritischen Überprüfung bedürfte (wie auch sein Sachurteil über manche empirischen Methoden der Kommunikationswissenschaften und der Psychologie). Beachtenswert bleibt der bahnbrechende Versuch von Rudolf Bohren, *Predigtlehre*, 5. Aufl., München 1986, die Homiletik von der Pneumatologie her zu begründen. Rothermundt sieht bei Bohren allerdings die empirisch-rhetorischen Methoden zu wenig beachtet. Sie fänden bei Bohren nur mit einem Lippenbekenntnis Berücksichtigung. In der Predigtlehre von Gert Otto (*Predigt als rhetorische Aufgabe: Homiletische Perspektiven*, Neukirchen-Vluyn 1987), der die Predigt nur als Rede und damit total unter rhetorischen Gesichtspunkten sieht, ist offenbar der Glaube an die Bibel als Gottes Offenbarungswort weithin nicht mehr gegeben, weshalb nun die Rhetorik (offenbar in Gegenbewegung zu der Wort-Gottes-Theologie der sog. Dialektischen Theologie und im Anschluß an die neuere emanzipatorische Rhetorik) zur beherrschenden Kategorie der Homiletik überhaupt wird, während das Bibelwort nur noch einen Faktor neben vielen anderen darstellt, die im Prediger, im Hörer sowie in der Situation gegeben sind und zum Entwurf einer Predigt je etwas beitragen. Die Rhetorik hat dann nicht mehr dienende Funktion für die Predigt. Vielmehr wird die Predigt durch ein säkulares Rhetorikverständnis total beherrscht.

3.4.2 Elemente der Kommunikation

Wer predigt, will kommunizieren. Von daher wird es gut sein, wenn wir uns in Auswahl mit einigen Prinzipien der Kommunikation beschäftigen.

Sehr einfach gesprochen, geht es bei menschlicher Kommunikation um drei Basiselemente: 1) Ein ›Sender‹, der eine Information übermitteln will, enkodiert diese in ein für den Empfänger verständliches Signal; 2) dieses wird auf einem geeigneten Weg dem Empfänger übermittelt; und 3) der Empfänger nimmt es auf und dekodiert es, um die im Signal gegebene Information zu verstehen. ›Kommunikation‹ hat dabei in dem Maße stattgefunden, wie die Bedeutung, die der Empfänger dem Signal entnimmt, mit dem vom Sender beabsichtigen Bedeutungsinhalt übereinstimmt. Umgekehrt: in dem Maße, wie der Empfänger etwas anderes versteht, als der Sender meint, ist echte Kommunikation nicht gelungen.[44] Und solche ›Unfälle‹ geschehen nur zu häufig. Um ein Bild von C.S. Lewis (aus *God in the Dock*) aufzugreifen: Eine Rede zu halten ist so ähnlich, wie eine Herde Schafe die Straße hinunterzutreiben. Wo immer links und rechts Hoftore offenstehen, werden die Schafe sich sicher dort hinein verirren. Von diesen Überlegungen her muß es um der Kommunikation willen das Ziel jedes Sprechers sein, alles zu tun, um dem Hörer genau das verständlich zu machen, was er meint. Klarheit tut not! Und dem Hörer muß es darum gehen, das vom Redner Gesagte so, wie es gemeint war, zu verstehen. Ansonsten wird aneinander vorbeigeredet.

Nimmt man das Phänomen ›Kommunikation‹ genauer unter die Lupe, empfiehlt es sich, zwei Ebenen zu unterscheiden: die Ebene der Kompetenz und die Ebene der Performanz. Auf der Ebene der Kompetenz geht es um das sprachliche und sachliche Können dessen, der kommunizieren will: um den gesamten Vorrat an sprachlichen Mitteln und

---

[44] A. D. Litfin, *Public Speaking*, Grand Rapids 1981, S. 14f. S. auch M. Pschibul, *Mündlicher Sprachgebrauch: Verstehen und Anwenden gesprochener Sprache*, 2. Aufl., Donauwörth 1981, S. 31: »Eine ideale Kommunikationssituation wäre dann gegeben, wenn der Hörer die Information, die ihm der Sprecher vermitteln will, genauso auffaßt und versteht, wie sie der Sprecher meint, wenn sich also Hörerinformation und Sprecherinformation genau gleichen.«

die gesamte Kenntnis zur Sache, die ihm zur Weitergabe zur Verfügung stehen. Aus diesem Reservoir an Kompetenz kann nun für die jeweilige Performanz, d.h. das tatsächliche sprachliche Verhalten im konkreten Kommunikationsgeschehen, geschöpft und ausgewählt werden. Keiner wird zugleich alles Wissen und alle sprachlichen Ausdrucksmöglichkeiten, die ihm zur Verfügung stehen, in einer einzigen Rede anwenden können. Was auf der Ebene der Performanz tatsächlich zur Anwendung kommt, wird durch mehrere Faktoren mitbestimmt:

– durch die kommunikative Intention (was will der Redner warum und wie sagen?),

– durch subjektive und objektive Begrenzungen (etwa die psycho-physische Verfassung des Redners oder auch die zeitliche Begrenzung, die dem Vortrag jeweils gesetzt ist),

– durch sogenannte partnertaktische Überlegungen (was 1. die Fähigkeit umfaßt, sich selbst – die eigenen Motive und Wünsche sowie die eigene Position, aus der heraus man spricht – kritisch wahrnehmen und gegebenenfalls zurücknehmen zu können; und 2. auch die Reflexion des Hörers mit einschließt – seine echten Bedürfnisse, seine Situation sowie seine teils berechtigten, teils vielleicht problematischen Erwartungen),

– und – noch während des Sprechens – durch die sogenannte Präzisionsregelung (womit der Versuch des Vortragenden gemeint ist, redeformend aus der Situation heraus durch die Wortwahl – sei es in der Umformulierung, Ergänzung oder Auslassung bestimmter Worte – oder durch Betonung mit stimmlichen bzw. gestischen Mitteln auf die konkrete Hörerschaft und die Umstände zu reagieren).

Auf der Ebene der Performanz sind also eine ganze Reihe von Faktoren mitbestimmend bei der Kodierung des Textes, d.h. bei der Formulierung der Rede. Diese Faktoren bewirken, daß eine mehrfach gehaltene lebendige Rede zur gleichen Sache in neuen Umständen doch immer wieder ein wenig anders gerät.[45]

Wichtig für die Kommunikation ist die Abstimmung zwischen Redner und Hörer. Wir haben weiter oben (Abschnitt 1.3.3) unter geistlichem Aspekt schon auf das viel diskutierte Problem des selektiven Hörverhaltens bei kognitiver Dissonanz hingewiesen: Der Hörer neigt dazu, einer Information nur das zu entnehmen, was er zu hören erwartet; was von der Erwartung abweicht, wird überhört, umgedeutet oder abgelehnt. Auf dieses Grundmuster muß der Redner sich einstellen. Er darf nicht naiv

[45] Vgl. dazu M. Pschibul, aaO., S. 13-22.

drauflossprechen, als gäbe es solche Verhaltensmuster nicht. Der Prediger hat ein legitimes Spektrum von Möglichkeiten, in der Darbietung dessen, was ihm zu sagen aufgetragen ist, seiner Hörerschaft entgegenzukommen, ohne die Sache preiszugeben. Die ›Sache‹ aber ist, daß er das geoffenbarte Wort unverfälscht zu verkündigen hat – und zwar zur Zeit und zur Unzeit, und sich nicht stattdessen auf das einlassen kann, wonach den Leuten »die Ohren jücken« (2.Tim 4,1-3). Hat der Prediger Dinge zu sagen, die den Überzeugungen seiner Hörer ›gegen den Strich‹ gehen, muß er um so mehr darauf achten, daß die genannten Selektionsmechanismen nicht unnötig Raum greifen. Das kann geschehen, 1. indem er sich bewußt um die hingerichtete Aufmerksamkeit seiner Hörer müht –, denn daß der Hörer klar verstanden hat, was der Redner überhaupt meint, ist eine Grundvoraussetzung für eine fruchtbare Auseinandersetzung mit dem Gehörten; 2. indem der Redner das, was er vorträgt, gut – und das heißt in der Predigt vor allem: biblisch – begründet; und 3. indem er durch die Qualität seines Dienstes zwischen sich und seinen Hörern langfristig ein Verhältnis des Vertrauens aufbaut, das auf dem Wissen der Hörer basiert, daß er seine Aussagen nicht leichtfertig macht, sondern gründlich biblisch verantwortet. Dies wird dazu führen, daß sie zumindest anhand der Schrift zu prüfen bereit werden, ob es sich so, wie gepredigt, verhielte (vgl. Apg 17,11).

Ich meine, die Predigt hat als Kommunikationsmittel eine gute Chance. Bei einer gründlich erarbeiteten Auslegungspredigt liegt die sachliche Aussage in optimaler Klarheit zutage und wird dem Hörer in gutem Aufbau und relevanter Zuspitzung erschlossen. Der Prediger, der seine Hörer kennt, kann sich zuvor auf diese einstellen und im Blick auf sie die Predigt gestalten. Vergleichen wir damit einmal die Kommunikationsstruktur des alltäglichen Gesprächs: Hier wird spontan formuliert; die Gedanken entwickeln sich erst beim Sprechen, und die Sätze – oft durchsetzt von Floskeln, unpräzisen Formulierungen und Neueinsätzen – stellen lediglich einen Prozeß dar, an dessen Ende eine Aussage sichtbar wird. Diese wird dann vom Gesprächspartner selektiv aufgenommen und mit eigener Akzentuierung versehen. Oft gerät das Gespräch auch auf Nebenspuren und muß zurückgelenkt werden.[46] Bei allem, was das Gespräch für sich hat, wird vergleichsweise die gute kommunikative Chance einer klaren Predigt sichtbar. Und auch gegenüber dem präzise formulierten geschriebenen Wort des Buches zeigen sich die besonderen Kommunikationsmöglichkeiten der Predigt klar: Sie erfolgt als gesprochenes Wort in einer ›Live‹-Situation, die dem Prediger und seinen Hörern gemeinsam ist, und die von daher den unmittelbaren Kontext für das Verstehen abgibt; sie bietet die Möglichkeit nicht nur des sprachlichen, sondern auch des stimmlichen und nonverbalen (gestischen) Ausdrucks und bietet damit Chancen zur Verdeutlichung des beabsichtigten Sinnes; und sie kann als lebendiges Wort auf die Rückkoppelung (›feedback‹) von der Hörerschaft her reagieren und damit manches auffangen bzw. situationsgerechter ausdrücken (›Präzisionsregelung‹).

So liegt es am Prediger, Ursachen für mögliche Kommunikationsstörungen und -hindernisse im Auge zu behalten und zu meiden, und andererseits die Chancen einer gut erarbeiteten und lebendig vorgetragenen Predigt als Kommunikationsmedium zu nutzen. Gerade zu letzterem kann die Rhetorik ihren Beitrag leisten.

3.4.3 Des Redners Angst und Emotionen

Heinz Lemmermann überliefert den folgenden Ausspruch: »Das menschliche Gehirn ist eine großartige Sache. Im Augenblick deiner Geburt beginnt es zu arbeiten und hört nicht damit auf, bis du dich erhebst, um eine Rede zu halten.«[47] Plötzlich, noch bevor die Rede beginnt, ist die Angst da. Der Puls steigt, die Hände werden feucht, der Hals scheint wie zugeschnürt und es wird schwierig, einen klaren Gedanken zu fassen. Lampenfieber macht sich breit. Die Londoner ›Sunday Times‹ hat in einem Artikel das Ergebnis einer Umfrage veröffentlicht, bei der 3000 US-Bürger gefragt worden waren: »Vor was haben Sie am meisten

---

[46] Vgl. M. Pschibul, aaO., S. 32 u. 68ff.
[47] H. Lemmermann, *Lehrbuch der Rhetorik: Die Kunst der Rede und der Diskussion*, München 1964, S. 324.

Hände über dem Kanzelrand (Zeichnung: Waechter)

aus: F. K. Waechter, Ich über mich, Nr. 145, ZEITmagazin

Angst?« Die Antworten, bei denen manche mehr als nur eine
Angst nannten, erbrachten folgendes Bild:[48]

1.	Sprechen vor einer Gruppe	41%
2.	Höhen	32%
3.	Insekten und Käfer	22%
4.	Finanzielle Probleme	22%
5.	Tiefes Wasser	22%
6.	Krankheit	19%
7.	Tod	19%
8.	Fliegen	18%
9.	Einsamkeit	14%
10.	Hunde	11%
	(usw.)	

[48] The Sunday Times, London, 7. Oktober 1973.

Es ist erstaunlich: Selten noch hat die Zuhörerschaft einem Redner etwas angetan – jedenfalls sind beträchtlich weniger Rednerunfälle als Verkehrsunfälle bekannt geworden! -, und doch ist die Angst vor dem öffentlichen Reden so weit verbreitet. Und die Angst (ganz nach Wilhelm Busch: »In Ängsten findet manches statt, was sonst nicht stattgefunden hat«) droht leicht zu eskalieren. Da wird unsicher begonnen, der Mund ist trocken, man kann kaum schlucken, und plötzlich reißt die Gedankenschnur ab. Man bleibt stecken.

Wenn es schlimm kommt, ergeben sich dann noch betretene oder erheiterte Reaktionen aus dem Publikum.[49] Und so wird die Angst durch die Symptome und die Folgen der Angst nur noch gesteigert.

Diesem Schicksal ist der Redner allerdings nicht hilflos ausgeliefert. Er kann vieles tun, um der Angst entgegenzuwirken:

– Eine solide (Predigt-)Vorbereitung schützt vor unnötiger Unsicherheit.

– Ein gut ausgearbeitetes und übersichtlich gestaltetes (Predigt-)Manuskript ist eine ausgezeichnete Hilfe gegen das Steckenbleiben und verleiht damit Sicherheit. Schon Spurgeon hat diesen Punkt lebhaft veranschaulicht:

»Manche Seltsamkeiten der Stellungen und Gebärden entstehen, wenn einem das nächste Wort nicht einfällt. Von einem Geistlichen wird erzählt, daß er in einem solchen Fall ein paarmal ungeduldig am Hemdkragen zupfte und sich mit den Fingern ins Haar fuhr, bis es sich sträubte. Ein anderer kratzte sich mit dem rechten Goldfinger im linken Augenwinkel; wenn das nichts half, rieb er sich die Nase heftig mit dem Daumen. Als letztes Mittel spreizte er die Knie auseinander, so daß die Beine eine Ellipse bildeten, fuhr mit den Händen in die Tasche und bog den Oberkörper stark vorwärts. Dann mußte das Wort kommen. Man muß einem Menschen verzeihen,

---

[49] Dazu nochmals Wilhelm Busch:
»Als neulich am Sonntag der Herr Pastor
eine peinliche Pause machte,
weil er den Faden der Rede verlor,
da duckt sich der Küster und lachte.«

was er in der Todesangst tut, aber er soll lieber sorgen, daß er in keine solche Verlegenheit kommt, dann braucht er auch keine Fratzen zu machen.«[50]

– Zehnmal mit tiefer Bauchatmung durchatmen, bevor man auf die Kanzel geht, wirkt schon ausgesprochen beruhigend. Dazu empfiehlt es sich – z.B. während des letzten Liedes vor der Predigt – mehrmals (bei geschlossenem Mund und vorgehaltener Hand!) den Mund- und Rachenraum wie bei herzhaftem Gähnen zu dehnen und zu weiten. Das nimmt die Verkrampfung der Stimmwerkzeuge. Und wenn man bei Aufregung unter trockenem Mund leidet, hilft ein kleiner Schluck Wasser, den man sich bereit gestellt hat.

– Vor der Predigt sollte man, gerade wenn man nervös ist, seine ganze innere Konzentration auf die Botschaft, den Redeinhalt richten, nicht auf die Umstände, die Hörer und die eigenen Gefühle.

– Die einleitenden Sätze sollte man besonders gut ausgearbeitet und dem Gedächtnis eingeprägt haben. Und nun gilt es – Angst hin oder her! – gerade die ersten Sätze besonders konzentriert, frisch und betont zu sprechen. Der ängstliche Redner kann sich damit selber Mut machen und einen ersten guten Kontakt mit seinen Hörern knüpfen. Wer eingangs nur zaghaft die Fühler aus seinem Schneckenhäuschen streckt, kommt nicht in Gang und wird viel länger von der Angst begleitet.

– Und sollte man doch einmal mitten in der Rede steckenbleiben? Dann ist das beste: einfach nichts anmerken lassen! Der Hörer weiß ja nicht, was ich als nächstes sagen wollte (und was mir eben jetzt nicht einfällt). Man kann schlicht nochmals die letzten Sätze mit anderen Worten wiederholen – und oft findet man in diesem Augenblick den Faden schon wieder. Und wenn nicht? Dann orientiert man sich auf seinem Konzept und geht ohne viel Aufhebens zum nächsten Teil der Rede über.

Im übrigen darf man davon ausgehen, daß die Aufregung während des Redens nachläßt. Und überhaupt, bei vielen Rednern nimmt das Lampenfieber mit zunehmender Übung ab oder verschwindet sogar ganz.

[50] C.H. Spurgeon, *Ratschläge für Prediger*, Wuppertal 1962, S. 206.

Nun ist (hoffentlich!) aber die Angst nicht die einzige Gefühlsregung, deren der Redner mächtig ist. Da ist zunächst einmal das grundlegende Temperament des Redners, das es zu beachten gilt. Neben dem homiletischen Ansatz und der theologischen Überzeugung bestimmt den Predigttyp wohl nichts so sehr wie die jeweilige persönliche Wesensart. Läßt man den Dingen ihren natürlichen Lauf, wird die Psyche des Redners das ihre dazu tun, daß die Rede je nach Typ lebhaft oder langweilig, streng oder fröhlich, ja, möglicherweise nicht nur die Form, sondern auch den Inhalt mitprägend: seelsorgerlich oder gesetzlich ausfällt. Rothermundt unterscheidet (in Anlehnung an Riemann und Denecke)[51] vier Predigertypen:

– Den tiefsinnigen Prediger der Erkenntnis, auch ›Kritiker‹ oder ›schizoider Typ‹ genannt (Von der Typenlehre her kennzeichnet ihn Unabhängigkeit, Distanz, Angst vor menschlicher Nähe; er wirkt eher unpersönlich und kühl und flüchtet vom Gefühl ins Verstandesmäßige);

– den einfühlsamen Prediger der Liebe, auch ›Partner‹ oder ›depressiver Typ‹ genannt (Er ist auf andere angewiesen, leidet bei Distanz, idealisiert leicht die anderen, während er eigene Schwächen stark empfindet, ist friedliebend, opferbereit und lehnt gegenteiliges Verhalten ab);

– den verantwortungsvollen Prediger der Ordnung, auch ›Bewahrer‹ oder ›zwanghafter Typ‹ genannt (Er erstrebt das Dauerhafte und findet darin Sicherheit, Veränderungen beunruhigen ihn; er faßt das Leben in Schemata und Regeln, rutscht im Extremfall in die Zwanghaftigkeit ab);

– den wandlungsfähigen Prediger der Freiheit, auch ›Beweger‹ oder ›hysterischer Typ‹ genannt (Er meidet alles Endgültige, das die Freiheit begrenzt, liebt Veränderung und Risiko; Einschränkungen, Traditionen, Ordnungen und feste Pläne liebt er

[51] J. Rothermundt, *Der Heilige Geist und die Rhetorik*, S. 60ff und 150ff, Bezug nehmend auf F. Riemann, »Die Persönlichkeit des Predigers aus tiefenpsychologischer Sicht,« *Perspektiven der Pastoralpsychologie*, hg. v. R. Rieß, Göttingen 1974, S. 152ff, und A. Denecke, *Persönlich predigen*, Gütersloh 1979.

nicht; er läßt sich von spontanen Wünschen leiten und lebt für den Augenblick).[52]

Gewiß kommen diese Typen kaum in reiner Form vor. Aber die aufgrund von Beobachtung entwickelte Typenlehre kann doch dazu dienen, gewisse Grundtypen zu erkennen, die im Blick auf die eigene Person wie auf andere zu klarerer Einschätzung verhelfen. Und – was dann? Muß die eigene Art wie ein Schicksal hingenommen werden und als oberste Instanz Form und Inhalt der Predigt prägen?[53]

Ich meine, es ist gut, die eigene Wesensart zu kennen. Das kann davor bewahren, daß man unbewußt von ihr bestimmt wird – vielleicht noch im guten Glauben, von nichts als der Sache (des Bibeltextes) geleitet zu sein. Man wird seine Wesensart, die man mit all ihren Möglichkeiten bewußt wahrnimmt, dankbar als eine Schöpfungsgabe Gottes annehmen dürfen. Man wird die eigene Art aber zugleich in den Dienst Gottes stellen, indem man sie mit ihrem Potential aber auch mit ihren Begrenzungen dem Wort und Geist Gottes unterstellt. Wo das geschieht, wird das zu predigende Wort den Ausdruck der eigenen Psyche je nachdem weiten oder begrenzen, sie bestärken oder ihr auch einmal kräftig ›gegen den Strich‹ gehen. Dafür Beispiele: Nehmen wir zunächst den »tiefsinnigen Prediger der Erkenntnis« – und zwar

---

[52] Bei den jeweils zum Schluß genannten Bezeichnungen (schizoid, depressiv, zwanghaft, hysterisch) handelt es sich um Begriffe, die aus der Tiefenpsychologie bzw. Psychopathologie genommen sind. Es scheint mir allerdings problematisch, die Wesensart gesunder Menschen von der Pathologie her zu definieren.

[53] Ausgesprochen befremdlich wirkt, daß F. Riemann seine pastoralpsychologische Typenlehre auf dem Hintergrund eines astrologischen Weltbildes mit dem dazugehörigen Schicksalsglauben entfaltet; vgl. sein Buch *Lebenshilfe Astrologie*, München 1976. Trotzdem rechnet er mit Veränderungsmöglichkeiten der Persönlichkeit; s. ders., *Grundformen der Angst*, 330. Tsd., München 1987 (wobei sich aber auch in diesem Buch, S. 11 und 105, die kosmologisch-astrologische Analogiespekulation findet). Es scheint so, als würde in der Typenlehre immer wieder gut beobachtet und geschildert, während die nachgelieferten tiefenpsychologischen Erklärungen für das Geschilderte immer wieder befremden, ob es sich nun um Fritz Riemanns kosmologisch-astrologisches Analogiedenken oder z. B. um die Freud'sche Sexualtheorie zur Erklärung der Hintergründe des zwanghaft-analen Menschen handelt.

den, der sich dieser seiner Eigenart bewußt ist; und nehmen wir an, er hätte über einen Text zu predigen, der in jubelnder Weise das Gotteslob besingt. Vom Typ her würde er gewiß geneigt sein, eine erkenntnismäßige Predigt über Bedeutung, Inhalt und Form des Gotteslobes zu halten. Nun könnte ihm aber bereits die Exegese gezeigt haben, daß es die Intention des Textes ist, zum Lob aufzurufen. Bindet er sich (im Sinne der Auslegungspredigt) wirklich an das Wort, wird er ganz bewußt seine natürliche Neigung zur bloßen Lehrpredigt zurückhalten und die Möglichkeiten seines Wesens hin zu einer motivierenden Verkündigung weiten. Und vielleicht hat er das nächste Mal über einen lehrhaften Paulustext zu sprechen, der ihm wesensmäßig ›liegt‹. Oder stellen wir uns den »einfühlsamen Prediger der Liebe« vor, der angesichts konkreter Mißstände gefordert ist, von der Bibel her ein deutliches (›prophetisches‹) Wort zu sagen. Vom Typ her wird er sich eher sträuben. Aber als Diener des Wortes Gottes wird er sich die Kraft erbitten, klar und doch seelsorgerlich das sagen zu können, was von der Bibel her zu sagen ist. Andererseits, wenn er über einen johanneischen Text der Liebe oder über 1.Korinther 13 zu sprechen hat, wird ihn sein geheiligtes Temperament geradezu wie ein Charisma unterstützen. Die Beispiele ließen sich vermehren.

Grundsätzlich hat jeder Temperamentstyp seine besonderen Stärken und seine eigenen Begrenzungen und Schwächen. Innerhalb dieses Rahmens sollte der Prediger eine ihm persönlich angemessene Rhetorik entwickeln. Wenn wir später (Abschnitte 3.4.5 und 3.4.6) über Stimme, Gestik, Mimik usw. reden werden, muß klar sein, daß es nicht darum gehen kann, eine Einheitsrhetorik für alle Redner zu entwickeln. Warum sollte der einfühlsame »Partner-Typ« sich einen mächtigen, einhämmernden Stimmgebrauch angewöhnen? Warum sollte der ruhige »verantwortungsvolle Prediger der Ordnung« dazu veranlaßt werden, eine überaus lebhafte Gestik zu entwickeln? Und umgekehrt: Müßte man dem lehrhaften »Kritiker-Typ«, der vielleicht zu einem energischen Gebrauch des ausgestreckten Zeigefingers neigt, nicht helfen, eine weniger aggressive Gestik zu entwikkeln? Könnte es nicht manchmal angebracht sein, dem übersprudelnden »Beweger« und »Prediger der Freiheit« zu helfen,

aus: Fred Marcus, Soutane an der Wäscheleine. Eine Liebeserklärung besonderer Art, Würzburg ³1965, S. 8

daß er nicht allzu schnell und undeutlich spricht? So kann innerhalb der Möglichkeiten und Grenzen des jeweiligen psychischen Grundmusters rhetorische Schulung erfolgen.

In jedem Fall wird es wichtig sein, daß der Redner das Ausdruckspotential des eigenen Grundtyps rhetorisch so umfassend wie möglich ausschöpft. Hat der Prediger in der Exegese die Aussageabsicht und Entfaltung seines Predigttextes voll erfaßt, muß er sich mit seiner ganzen Person von dieser Sache ergreifen lassen. Von der Sache bewegt, wird er bewegend von der Sache sprechen können. Es geht hier nicht um aufgesetzte Emotionen oder nur vorgegebenes Gefühl. Es geht aber um ein inneres Beteiligtsein des Predigers, das nach außen hin Ausdruck findet, ohne von Hemmungen, Beklemmungen und der Unfähigkeit, Stimme, Gesichtsausdruck und Hände zur Gestaltwerdung von Gedanken und Empfindungen zu nutzen, behindert zu sein.

Um diesen Abschnitt zusammenzufassen: Laßt uns die Angst ablegen, die uns in unserem Predigen nur hindert, und reden im Dienst der Sache, indem wir uns als die, die wir sind, vom Wort bestimmen und zu innerst bewegen lassen und dieser Bewegung den bestmöglichen Ausdruck verleihen.

223

3.4.4 Rednerpult und Kanzel

Bevor wir zu den schon angedeuteten rhetorischen Ausdrucksmitteln kommen, sollten wir noch ein Wort über Rednerpult und Kanzel sagen. Denn ein unpraktisches Pult oder das Fehlen einer geeigneten Kanzel können den rhetorischen Ausdruck durchaus hindern.

Jeder, der schon in Situationen kam, wo er frei und ohne Pult eine Rede halten mußte, weiß den Wert dieser stummen Diener um so mehr zu schätzen. Ohne sie steht man völlig ›ungeschützt‹ vor den Hörern, ohne die Möglichkeit, sich gelegentlich abzustützen, kann Manuskript und Uhr nicht ablegen und ist so in der Bewegung der Arme und Hände gehindert.

Spurgeon, der, wie er berichtet, viele schlechte Erfahrungen mit ungeeigneten Kanzeln gemacht hat, wollte allerdings lieber ohne Kanzel predigen als mit solch einem hinderlichen Objekt:
»Die Kanzeln sind sehr oft schuld an den unbeholfenen Bewegungen des Predigers. Sie sind eine schreckliche Erfindung. Wenn ich sie nur zerstören und dann wie Josua mit Beziehung auf Jericho sagen könnte: Verflucht, wer sie wieder aufbaut! Kein Anwalt würde von einer Kanzel aus ins Gericht sprechen. Wie könnte er, bis an die Schultern lebendig begraben, eine zündende Rede halten? Um den Klienten wäre es geschehen, wenn der Anwalt in einem solchen Gefängnis steckte.«[54]

Manchmal geschieht es aber auch, daß zwar eine Kanzel vorhanden ist, diese aber so unglücklich gestaltet oder postiert ist, daß sie das Reden eher hindert als fördert. In Oberösterreich predigte ich in einer Kirche, über deren kunstvoll geschnitzter Kanzel ein Kanzeldach angebracht war, an dessen Unterseite sich eine den Heiligen Geist symbolisierende Holztaube befand, die über dem Prediger schwebte. Vielleicht war der ursprüngliche Pfarrherr von kleinerer Statur. Mit über 1,90 m Körpergröße kam man jedenfalls mit der Symbolfigur in Konflikt. Sie schwebte mir nicht über dem Haupt, sondern saß mir in den Haaren. Und so kam es, daß ich die Predigt durchweg in Kniebeuge halten mußte. Kein Wunder, daß sie recht kurz geriet und ich zwischendurch so ab-

---

[54] C. H. Spurgeon, *Ratschläge für Prediger*, S. 205.

gelenkt war, daß ich den Faden verlor. Einer meiner Schüler in der Bibelschule hatte das umgekehrte Problem: Die Kanzel in der Kapelle war eher auf große Redner eingestellt, er selbst war aber von kleinem Wuchs. Bei seiner ersten Übungspredigt konnte er gerade über die Kanzel schauen und wirkte wie eingeschlossen in einem Faß. Nach wenigen Sätzen bat er um einen Schemel; weil ein solcher nicht greifbar war, erhielt er einen stabilen umgedrehten Papierkorb. Der erwies sich aber als so wackelig, daß er die Fassung verlor und schließlich gar nicht mehr weiterpredigen konnte. Ich habe auch schon Kanzeln kennengelernt, deren Ablagebrett so steil angebracht war, daß Bibel und Manuskript jeweils nach unten rutschten. Man kann sich denken, was es für Gestik und Konzentration bedeutet, wenn man beim Reden dauernd darauf achten muß, daß die schriftlichen Unterlagen nicht in der Versenkung verschwinden. Und schließlich gibt es Kanzeln, für deren Benutzung man schwindelfrei sein sollte: Hoch oben und weit entfernt von der Gemeinde schwebt der Prediger über den Häuptern, wie ein Matrose im Mastkorb. Blickkontakt und Mimik werden bei solchen Entfernungen gegenstandslos, und auch das rhetorisch nötige ›Feedback‹ von den Gesichtern der Hörer her findet nicht mehr statt.

Wie sollte eine Kanzel gestaltet sein – und was ist für den praktischen Umgang mit der Kanzel zu beachten?

– Die Ablagefläche der Kanzel sollte groß genug für die aufgeschlagene Bibel und das daneben liegende Predigtmanuskript sein, sollte nur eine geringe Neigung und – wenn möglich – einen einigermaßen rutschfesten Belag haben. (Wenn sich darunter noch ein Ablagefach für das Gesangbuch und an der Seite eine Abstellgelegenheit für ein eventuell nötiges Wasserglas findet, bleibt kaum ein Wunsch mehr offen.)

– Eine etwa auf Nabelhöhe (oder knapp darüber) eingestellte Ablagefläche erscheint mir günstig: Man hat dann Freiheit für die Gestik und kann das Redekonzept doch noch gut lesen, ohne sich herunterbeugen zu müssen. Hinsichtlich der Höhe ist es gut, immer, wenn man auswärts spricht, vor der Veranstaltung eine Stehprobe zu machen, um zu sehen, ob man einen Schemel braucht oder ob ein zu niedriges Brett mit irgendwelchen Hilfsmitteln erhöht werden muß.

– Meist ist auf der Kanzel heute auch ein Mikrophon angebracht. Man sollte dieses noch vor Redebeginn in die richtige Höhe und Richtung bringen, nämlich so, daß es sich auf Mundhöhe befindet und den Blickkontakt nicht stört.

– Die Kanzel darf nicht zu weit von den Hörern entfernt sein, sonst reißt der persönliche Kontakt ab. Sie soll so angebracht sein, daß der Redner möglichst alle Hörer gut sehen kann. (Vorsicht übrigens mit auf die Kanzel gerichteten Lichtstrahlern: Sie können den Redner so blenden, daß er die Hörerschaft nur noch dunkel wahrnehmen kann.)

– Insgesamt: Die Kanzel ist kein Refugium, hinter dessen schützenden Mauern sich der Prediger versteckt, sondern sie ist ein Hilfsmittel, von dem aus er sich um so freier seinen Hörern zuwenden kann.

3.4.5 Sprechtechnik (Hör-orientierte Rhetorik)

Die praktische Rhetorik kann in zwei Bereiche aufgeteilt werden: die hör-orientierte Rhetorik, d.h. den Bereich der Sprechtechnik, und die seh-orientierte Rhetorik, den Bereich der Körpersprache. Der Umfang der jeweiligen Bereiche läßt sich folgendermaßen darstellen:

<table>
<tr><td>

Sprechtechnik
(Hör-orientiert)
– Stimme:
  Atmung
  Artikulation
  Resonanz
  Variation
– Sprache (Stil)

</td><td>

Körpersprache
(Seh-orientiert)
– Erscheinungsbild
  Haltung
  Kleidung
– Gestik
– Mimik
– Augenkontakt

</td></tr>
</table>

226

Wenden wir uns zunächst dem Bereich zu, der auf das Ohr des Hörers zielt. Rhetorisch geht es dabei um den bestmöglichen Gebrauch von Stimme und Sprache seitens des Redners.

(a) Die Stimme
Jedem von uns ist in der persönlichen Begegnung oder beim Zuhören am Radio schon aufgefallen, daß manche Menschen eine ausgesprochen wohlklingende Stimme haben. Andere dagegen klingen wie eine Kreissäge oder erzielen in ihrer monotonen Sprechweise die Wirkung einer Schlaftablette. Ist dies lediglich eine Frage der schöpfungsmäßigen Ausstattung des einzelnen, oder kann man Klang und Gebrauch der Stimme vorteilhaft beeinflussen?

Gewiß ist nicht zu leugnen, daß die Veranlagung und eine entsprechende stimmliche Ausrüstung die ›gute‹ oder ›schlechte‹ Stimme des Erwachsenen mit beeinflussen. Das ist wie beim Singen, wo ja auch nicht jeder ein Caruso wird – selbst bei bester Schulung nicht. Trotzdem sollte nicht verkannt werden, daß der richtige oder falsche Stimmgebrauch von klein auf eine große Rolle spielt bei der Ausprägung der Stimme. Und durch gezieltes Üben kann jeder seine Stimme entscheidend verbessern.

Wir unterscheiden, grob gesprochen, die Rohfassung und die Variation der Stimme. Die Rohfassung der Stimme kommt zustande durch eine Kombination von Atmung (durch die die Stimmritzen im Kehlkopf in Schwingungen versetzt werden), Artikulation und Resonanz.

(1) Das richtige Sprechen beginnt mit dem richtigen *Atmen*. Viele erwachsene Menschen atmen zu flach: Sie stecken sich, sozusagen, nur ein wenig Luft unter das Schlüsselbein und wundern sich dann, wenn sie kurzatmig sprechen und ihre Stimme keine Resonanz entwickelt. Wichtig für die Stimme ist eine tiefe Bauch- und Flankenatmung und eine dynamische Regulierung des Luftstroms durch die Stimmstütze vom Zwerchfell her. Als Baby konnten wir das alles schon einmal bestens – und entsprechend durchdringend war dann auch der Alarmton, den wir von uns geben konnten! Haben wir schon einmal einen Säugling beim Wickeln unbekleidet schreien sehen? Wenn nicht, sollten wir die Anschauungslektion nachholen. Drehen wir den kleinen

Schreier auf den Rücken: Da sehen wir, wie sich sein Bauch mächtig wölbt beim Luftholen; nein, für sein Konzert begnügt er sich nicht mit ein wenig Luft unter den Rippen. Und wenn wir ihn auf den Bauch drehen: Da sehen wir beim Ausatmen, wie die untere Rückenmuskulatur, besonders die mit dem Zwerchfell zusammenhängende Stimmstütze (rechts und links der Wirbelsäule etwa in dem Bereich, wo die untersten Rippen angewachsen sind) beim Ausströmenlassen der Luft kräftig beteiligt ist. Dem Erwachsenen, dem durch falschen Gebrauch die Stimme versagt, wenn er nur zu einer mittleren Menschengruppe reden soll, kann man da nur raten: Werde wie die Kinder – dann wird die Stimme wieder tragen.

Einige Übungen, die man über einen längeren Zeitraum täglich machen sollte, können Atmung und Stimmstütze trainieren helfen:

– 1. Übung: Stemmen sie die Hände in die Hüfte und atmen Sie zunächst tief aus. Verharren Sie im ausgeatmeten Zustand, bis sie das Bedürfnis zum Luftholen verspüren. Dann lassen Sie die Luft in Ihre Lungen strömen, wobei sich das Zwerchfell nach unten (und damit der Bauch nach vorne und die Flanken zur Seite hin) wölbt (2- bis 3mal wiederholen).

– 2. Übung: Stellen sie sich locker hin und nehmen Sie ihre Arme mit abgewinkelten Ellenbogen auf Schulterhöhe, so daß die Hände sich etwa an Ihrem Halsansatz befinden. Nun führen Sie, während Sie langsam und tief einatmen, Ihre Arme über den Kopf ganz nach oben und mit gestrecken Armen weiter nach rechts und links bis Schulterhöhe – so, als wollten Sie jemandem einen großen Ball zeigen. Und während Sie diesen Bogen mit den Armen nun langsam über den Kopf zurück in die Ausgangsstellung bewegen, lassen Sie scharf und gleichmäßig auf »Ssss« die Luft ausströmen. (Auch auf »Tzz«, »Sch« und »Ff« üben!)

– 3. Übung: Atmen Sie mit tiefer Bauch- und Flankenatmung ein, und lassen Sie in langgezogenen und dann auch – das Tempo steigernd – in ganz schnellen kurzen Intervallen die Luft auf »Sss – Sss – Sss« usw. (auch »Sch – Sch – Sch«, »Tzz – Tzz – Tzz«, »Ff – Ff – Ff«) ausströmen. Das klingt dann je nachdem wie eine Dampflokomotive oder wie ein Grillenchor. Achten Sie dabei auf ein kräftiges Anstoßen des Luftstromes vom Zwerchfell her.

Kontrollieren Sie das, indem Sie ihre Handflächen auf Bauch und Rücken (in der Magen- bzw. Nierengegend) legen: Die Muskelarbeit der das Zwerchfell bewegenden Stimmstütze müßte dann deutlich spürbar werden.

– 4. Übung: Versuchen Sie, das folgende Gedicht von Goethe in normalem Tempo, aber in nur einem Atemzug zu lesen:
»Im Atemholen sind zweierlei Gnaden:
die Luft einziehen, sich ihrer entladen;
jenes bedrängt, dieses erfrischt,
so wunderbar ist das Leben gemischt.
Du, danke Gott, wenn er dich preßt,
und dank ihm, wenn er dich wieder entläßt.«
Diese Übung hilft, das Haushalten mit der verfügbaren Luft zu trainieren.

– 5. Übung: Nehmen Sie irgendein Schriftstück zur Hand und lesen Sie es laut. Achten Sie dabei darauf, nur da zu atmen, wo der Sinn es zuläßt. Dies ist zugleich eine Grundregel für richtiges Sprechatmen: Geatmet wird, wo der Sinn des Textes eine Atempause erlaubt.

– 6. Übung: Zum Abschluß üben wir die sogenannte ›Stimmbandmassage‹. Sie tut einerseits den Stimmritzen im Kehlkopf gut und hilft andererseits, ein gleichmäßiges Ausströmenlassen der Luft mit Regulierung vom Zwerchfell her zu üben. Man öffnet dabei leicht den Mund, atmet tief ein, schließt dann mit einem kurzen tonlosen »He« den Kehlkopf und produziert nun bei leichtem, gleichmäßigem Ausatmen mit dem Kehlkopf ein feines Kratzen (ohne Vokal!), als würde eine schlecht geölte Tür ganz langsam und leise knarrend zugehen. Dieses Geräusch soll immer gleichbleibend fein sein. Die Regulierung kommt vom Zwerchfell.

Nach meiner Erfahrung bedarf es häufig einiger Monate mit regelmäßigen Übungen, bis die Stimm- oder Atemstütze vom Zwerchfell her richtig trainiert und aktiviert ist. Denn bei vielen Menschen ist die entsprechende Muskulatur weitgehend verkümmert.

(2) Neben der Atmung spielt die *Artikulation* für den richtigen Stimmgebrauch eine große Rolle. Es geht dabei um die Lautformung und Aussprache. Wer nicht deutlich artikuliert, wird als

Redner nicht verstanden. Von daher lohnt es sich, an einer guten Aussprache von Vokalen (Selbstlauten) und Konsonanten (Mitlauten) zu arbeiten.[55]

Vokale gehen uns insgesamt leichter von den Lippen als die Konsonanten.[56] Wir können Vokale üben, indem wir mit runder, aber lockerer Mundstellung einmal langsam und gedehnt, einmal schnell, aber immer noch deutlich, die Vokale a – e – i – o – u aussprechen. Zu beachten ist dabei, daß »e« und »i« nicht mit zu sehr geschlossenem Mund gesprochen werden; sonst wirken sie gepreßt. Und der Vokalansatz sollte möglichst nicht zu hart gesprochen werden: Man denke sich ein unhörbares »h« vor dem Vokal – aber bitte kein wirklich hörbares »h«! Bei Vokalkombinationen ist es wichtig, den neuen Vokal vom Zwerchfell her anzustoßen (Auch hier wieder kein hörbares »h« zwischen die Vokale setzen!) Letzteres läßt sich gut üben, indem man den Kanon »Dona nobis pacem« (Mozart) singt, ohne die O's und A's durch »h« zu verbinden. Hat man eine bestimmte Dialektfärbung, die sich auf die Vokalartikulation auswirkt (z.B. gerät in Württemberg ein »e« leicht zum »ä«), muß man dem durch gezieltes Üben entgegenwirken.

Mit Ausdauer sollte man Konsonanten üben. Die folgenden Konsonantenübungen wirken sich übrigens zugleich vorteilhaft auf die Entwicklung der Stimmstütze (Zwerchfell) und der Resonanz aus:

– 1. Übung: nehmen Sie sich das Alphabet vor und sprechen Sie jeden einzelnen Konsonanten wiederholt laut und mit kräftiger Unterstützung vom Zwerchfell her. Also: »B^e – b^e – b^e«, »C^e – c^e – c^e«, »D^e – d^e – d^e« usw.

---

[55] Empfehlend hingewiesen sei hier auf das Buch von Bruno Neckermann, *Die gute Aussprache: Ein Übungsbuch für Sprechtechnik und Phonetik*, 2. Aufl., Düsseldorf/Wien 1979. Hier finden sich neben vielen Einzelübungen auch die Regeln für die ›richtige‹ Aussprache. Wir selbst können die Regeln hier nicht im einzelnen behandeln.

[56] Die Vokale sind uns gewissermaßen ursprünglich zu eigen. Man kann geradezu sagen: Am Anfang war der Vokal! Denn das erste Schreien des Säuglings ist vokalisch. Erst später im 1. Lebensjahr beginnt das Kleinkind an Konsonanten zu üben (»Papa«, »Mama«, usw.).

– 2. Übung: Nehmen Sie einen beliebigen Text (z.B. den vorliegenden Satz) und sprechen Sie alle vorkommenden Einzelkonsonanten und Konsonantenkombinationen wiederholt und sehr übertrieben deutlich aus. Also (wir beginnen oben mit dem Wort »Nehmen«): »N – n – n« (bitte so stark sprechen, daß die Nasenwurzel vibriert und Kopfresonanz spürbar wird!); »hm – hm – hm«, »nS – nS – nS« usw. Üben Sie auf diese Weise wenigstens alle Konsonanten(kombinationen) einer halben Druckseite.

– 3. Übung: Nehmen Sie einen beliebigen Text und lesen Sie ihn zunächst mit übertrieben langsamer Aussprache, dann im intensiven Flüsterton und schließlich sehr deutlich mit übertriebener Schnelligkeit.

(3) Wichtig ist weiterhin die *Resonanz*. Denn ohne die nötige Stimmresonanz wird man beim Laut-Sprechen sehr schnell den Kehlkopf überanstrengen bzw. bereits Mühe haben, sich (vom Stimmvolumen her) einer bloß mittelgroßen Gruppe verständlich zu machen. Man hat den Eindruck, daß viele Menschen nur mit dem Hals bzw. Kehlkopf sprechen, und so der Stimme der Resonanzboden fehlt. Kommen wir in diesem Zusammenhang noch einmal auf das schreiende Baby zurück. Man wundert sich, welch einen Ton solch ein kleines Wesen von sich geben kann. Aber kein Wunder, neben der Bauchatmung nutzt es auch seine kleinen Resonanzräume optimal: Während vom Zwerchfell her Spannung da ist (Atemstütze), bleibt der Brustkorb locker und unverspannt, Mund und Rachenraum sind weit geöffnet und die Kopfresonanz wird voll genutzt. Und so kann es (leider, würden manche Eltern sagen) ausdauernd schreien, ohne heiser zu werden.

Grundlage für eine gute Brustkorbresonanz ist dreierlei: die Bauchatmung, die Stimmstütze vom Zwerchfell her und das unverkrampfte Lockersein der Muskulatur rund um den Brustkorb. So kann der Brustkorb als Resonanzboden frei schwingen. Achten Sie bei den folgenden beiden Übungen einmal darauf, ob Ihr Brustkorb gut mitvibriert:

– 1. Übung: Bei geschlossenem Mund, aber geweitetem Rachenraum und lockerem Brustkorb brummen Sie wiederholt ein langgezogenes »Hhmm« vor sich hin.

– 2. Übung: Mit lockerem Brustkorb und deutlicher Spannung vom Zwerchfell her singen Sie (auf einem eher tiefen Ton) abwechselnd ein langgezogenes »Hhaa« und »Hhoo«.

Zur Brustresonanz kommt die Kopfresonanz. Die Schädeldecke ist ein ausgezeichneter Resonanzboden (was sich gut mit einer an die Schädeldecke gehaltenen Stimmgabel zeigen läßt). Damit die Kopfresonanz sich entfalten kann, ist es wichtig, die Mund- und Rachenhöhle nicht geschlossen und verkrampft, sondern locker, weit (wie beim Gähnen) und offen zu halten.

– 1. Übung: Artikulieren Sie mit kräftiger Unterstützung vom Zwerchfell her ein intensives »Hnn« (oder auch »L«).

– 2. Übung: Sprechen Sie intensiv und mit Zwerchfell-Unterstützung das Wort »Gong«. Stellen Sie sich dabei vor, daß Sie sich das Wort gewissermaßen von Ihrem Zwerchfell bzw. Kehlkopf her an Ihre innere Schädeldecke werfen. (Sie können diese Vorstellung noch durch eine entsprechende Handgeste unterstützen.)

– 3. Übung: Machen Sie die beiden vorgenannten Übungen, indem Sie das »Hnn« bzw. »Gong« jeweils einmal nur mit Kehlkopf und das nächste Mal mit Kopf- und Brustresonanz sprechen. So sollte Ihnen der Unterschied zwischen resonierendem und nicht resonierendem Sprechen deutlich bewußt werden. Üben Sie so lange, bis Sie den Unterschied spüren.

(4) Nun sollte – bei fleißiger Übung – die Rohfassung der Stimme so entwickelt sein, daß Ihnen die Stimme als ein verläßliches Werkzeug zum öffentlichen Sprechen zur Verfügung steht. Die Möglichkeiten dieses Werkzeuges können und sollen nun so lebendig wie möglich genutzt werden. Konkret heißt das: die Stimme vielfältig und dem jeweiligen Inhalt angepaßt zu variieren.

Zur *Variation* der Stimme gehören folgende Aspekte: Ausdruck, Rhythmus, Melodie, Tempo und Volumen. Der wäre ein Narr, der die variationsreichen Möglichkeiten der gesprochenen Sprache wie Brachland ungenutzt liegen und verkommen ließe! Schon Nietzsche hat klar und richtig erkannt:

»Das Verständlichste an der Sprache ist nicht das Wort selber, sondern Ton, Stärke, Modulation, Tempo, mit dem eine Reihe von Worten gesprochen wird – kurz: die Musik hinter den Worten, die Leidenschaft hinter der Musik, die Person hinter dieser Leidenschaft, alles das also, was nicht geschrieben werden kann.«[57]

(a) Sprechen mit Ausdruck: Unsere Stimme soll für das, was wir sagen wollen, ein zuverlässiger Diener sein, dem es gelingt, jedem Inhalt den nötigen Ausdruck zu verleihen. Was hielten wir von einem Redner, der monoton von der Freude spricht? Was von einem, der angesichts eines Trauerfalls die Ergriffenheit nicht ausdrücken kann, sondern mit kaltem Ton versucht warme Worte zu sagen? Wohlgemerkt, es geht hier nicht um künstlich aufgesetzte Gefühlsmaskerade, sondern um die Fähigkeit, inneren Empfindungen und den zu vermittelnden Inhalten den angemessenen stimmlichen Ausdruck zu verleihen. Es geht um ein sachlich und stimmlich in sich stimmiges Sprechen mit Gefühl.

Um mit gutem stimmlichem Ausdruck sprechen zu können, muß man nicht gleich Schauspielunterricht genossen haben. Und doch macht auch hier die Übung den Meister. Denn wie der angehende Pianist seine Fingerfertigkeit über Jahre trainieren muß, bleibt auch dem angehenden Redner das Üben ausdrucksvollen Sprechens nicht erspart. Einige wenige Übungen seien genannt; sie können beliebig ergänzt werden.[58]

– 1. Übung: Sprechen Sie das Wort »eventuell« mit folgenden Gefühlsbetonungen: Bestimmt, nachdenklich, fragend, humorvoll, unsicher.

– 2. Übung: Sprechen Sie die Frage: »Kommen Sie?« nacheinander auf folgende Weise:

Fragend   (Sie wollen eine Antwort erhalten.)
Ablehnend   (Sie hoffen, daß er nicht kommt.)
Freudig   (Sie zeigen, daß Sie sich wirklich freuen.)
Befehlend   (Er soll folgen.)
Verärgert   (Hier geht es gar nicht darum, daß er ›kommt‹.)

– 3. Übung: Üben Sie, folgende Sätze ausdrucksvoll zu sprechen

---

[57] Zitiert bei I. Schweinsberg-Reichart, *Vorlesen – Erzählen*, 2. Aufl., Heidelberg 1975, S. 50.
[58] Die hier genannten Übungen sind (mit leichten Änderungen) entnommen aus P. Ebeling, *Das große Buch der Rhetorik*, 3. Aufl., Wiesbaden 1985, S. 146 u. 148.

(später vielleicht sogar mit Gestik und Mimik vor dem Spiegel):

»Es gibt was Feines!«

»Wie bitte, mein Kind?«

»Oh, wie kalt!«

»Du bist so hübsch!«

»Ich will Dich nie wiedersehn!«

»Nein, so geht es wirklich nicht!«

»Ich bin das nicht gewesen!«

»Kommen Sie doch einfach alle mit!«

»Das ist mir ganz egal!«

»Also, ich bin da skeptisch . . .«

»Also, jetzt mal bitte nicht so schnell!«

(b) Sprechen mit Rhythmus: Stellen Sie sich einen Redner vor, der alle Silben eines Satzes gleichmäßig lang ausspricht! Das Ergebnis wäre eine unerträgliche Monotonie. Der Sprechrhythmus, der gemäß den Gesetzen der betreffenden Sprache kurze und lange Silben gebraucht, bringt Leben in die Rede. Es gilt hier vor allem, nicht in einen für die betreffende Sprache unnatürlichen Rhythmus zu verfallen. Von der Rhythmik her ist in der öffentlichen Rede gerade so zu sprechen wie im persönlichen Gespräch auch.

(c) Sprechen mit Melodie: Auch für die Satzmelodie gelten die normalen Gesetze der jeweiligen Sprache. So sprechen beispielsweise Engländer oder Franzosen sehr viel melodiöser als wir Deutschen. Aber auch unsere Sprache ist nicht notwendig monoton, sondern kennt den Wechsel von Hoch und Tief im Satz. Grundregeln sind etwa, daß sich am Ende eines Fragesatzes die Stimme hebt, während sie sich am Ende eines Aussagesatzes senkt. Prediger, die beim öffentlichen Reden am Satzende die Stimme nicht senken, verfallen in den sogenannten ›Kanzelton‹. Dies klingt pathetisch und unecht, denn die Stimme bleibt dauernd in einer abgehobenen Höhe. Aber nicht nur in dem großen Bogen vom Satzanfang zum Satzende findet sich eine Melodie, sondern bei lebendigem Sprechen oft schon in einem einzigen kurzen Wort. Sprechen Sie z.B. einmal den folgenden Satz zunächst monoton: »Ja, kommen Sie doch!«

Und jetzt legen Sie allein schon in das »Ja« eine Melodie, die freundlich mit hoher Stimmlage beginnt und noch im gleichen

Wort die Stimme tiefer gleiten läßt, während das ». . . kommen Sie . . .« wieder höher beginnt. Ausdruck und Melodie gehen hier Hand in Hand.

(d) Das Tempo beim Sprechen: Auch im Blick auf das Sprechtempo weiß der gute Redner sachgemäß zu variieren. Manches wichtige Wort wird bewußt langsam und mit Bedacht ausgesprochen. Wo spannend erzählt wird, muß sich das Tempo steigern. Diese Dynamik von Schnell und Langsam muß geübt werden. Am besten mit einer lebhaften Erzählung aus der Literatur oder auch aus einem Kinderbuch. Wir sollten solch eine Geschichte zur Hand nehmen und mit bewußter Tempovariation laut lesen. Ein kleiner Punkt scheint mir hier noch wichtig – ein Punkt, den gute Redner beherrschen, während schlechte ihn scheinbar nie lernen: Wir müssen beim Reden den Mut zur Pause haben! Wenn etwas Wichtiges ausgesprochen ist – oder bevor die eigentliche Pointe kommt – sollten wir den Redefluß in gespannter Konzentration für einen Augenblick unterbrechen. So kann das Gehörte einwirken – bzw. die Aufmerksamkeit des Hörers wird auf das, was folgt, gesammelt. Wer dauernd wie ein Maschinengewehr spricht, ist noch lange kein guter Redner. Erst die Variation macht den Meister.

(e) Das Volumen beim Sprechen: Ich habe beide Arten von Volumen-Extremisten schon gehört: den Dauer-Leiseredner – und den, der fast dauernd überlaut schrie (vielleicht in der Meinung, dadurch besonders dynamisch zu wirken). Das richtige Maß liegt hier aber weder im Extrem noch einfach in der Mitte, sondern in der Variation. Wo der Redner sich sachlich engagiert, sollte er auch hinsichtlich der Lautstärke aus sich herausgehen. Und wo es persönlich oder traurig wird – vielleicht auch einfach, wo die Aufmerksamkeit auf etwas Wichtiges gelenkt werden soll, wird leiseres Sprechen besonders angemessen sein. Als Regel für alle Fälle sollte allerdings gelten, daß man nie so laut sprechen soll, daß das Volumen auf die Hörer aggressiv und unangenehm wirkt; und daß man nie so leise sprechen soll, daß etwa die älteren Zuhörer nicht mehr verstehen, was gesagt wird. Gerade beim Leisesprechen soll die Stimme doch tragend und – in der Aussprache – deutlich bleiben. Und beim lauten Sprechen muß mit Stimmstütze und guter Resonanz gesprochen werden, damit nicht der Eindruck des Schreiens entsteht und der Kehlkopf überanstrengt wird.

Wer es versteht, Ausdruck, Rhythmus, Sprechmelodie, Tempo und Volumen sachgemäß zu variieren, dem stellt unsere menschliche Stimme ein fast unerschöpfliches Reservoir zur Gestaltung und Darbietung der verschiedensten Redeinhalte zur Verfügung. Bis in Nuancen hinein kann damit dem Hörer in eingehender Weise nahegebracht werden, was es zu übermitteln gibt. Die Stimme ist ein unendlich vielseitiges Instrument, mit dem der Redner aus Liebe zum Hörer umgehen lernen sollte.

– Übung: Abschließend versuchen wir nun, unter Berücksichtigung all dessen, was wir zur Stimme (Atmung, Artikulation, Resonanz, Variation) gesagt haben, einen Bibeltext laut vorzulesen – etwa die Geschichte vom liebenden Vater (Lk 15,11-32). Denn nicht erst bei der Rede, sondern schon bei der Textlese zeigt sich, ob jemand seine Stimme rhetorisch gut in den Dienst der Sache zu stellen versteht.

(b) Die Sprache

Nun besteht eine gute Sprechtechnik nicht nur aus dem richtigen Stimmgebrauch. Genauso wichtig wie der Umgang mit der Stimme ist der Umgang mit der Sprache. Es geht dabei um die Fähigkeit, eine Sache treffend zu formulieren, um den Sprachstil.

Folgende Elemente, die insgesamt einen guten sprachlichen Ausdruck kennzeichnen, können wir nennen:

– Die sachliche und sprachliche Kompetenz, d.h. 1) die sachliche Beherrschung des Gegenstands, über den man reden soll, und 2) das Reservoir an sprachlichen Ausdrucksmitteln, um dem Gegenstand gerecht zu werden.

– Die Angemessenheit der Wortwahl, d.h. (auf der Ebene der Performanz) die Fähigkeit, aus den verfügbaren sprachlichen Mitteln die auszuwählen, die zugleich der Sache und der konkreten Hörerschaft am angemessensten sind.

– Die Klarheit des Ausdrucks, d.h. das Vermögen des Redners, seine Sache so durchsichtig und verständlich wie möglich zu sagen.

– Die Anschaulichkeit der Darstellung, d.h. die Kunst, Abstraktes lebendig werden zu lassen, erzählen zu können, die rich-

Die Sprache der Predigt sei einfach! (Zeichnung: Küstenmacher)

aus: Werker Küstenmachers Himmlische Bilderbögen über Gottes Bodenpersonal, München 1982

tigen Veranschaulichungen zu finden und mit Worten dem Hörer die Sache vor Augen zu malen.[59]

– Die Fähigkeit, mit Sprachfiguren umzugehen, d.h. die Kunst der zugespitzten Formulierung, der übertragenen Rede, der feinen Untertöne und Nebenbedeutungen (also der Ergänzung der denotativen Wortbedeutung durch eine konotative), des Humors, der Ironie, der einprägsamen Wiederholung von Spitzensätzen, des Arbeitens mit Kontrasten, mit den Mitteln der Steigerung, usw., zu verstehen.

[59] Meine Erfahrung als Homiletiklehrer an Bibelschulen war, daß oft die Schüler, die Erfahrung in Kinderarbeit (Sonntagschule, Kinderstunden) hatten, am anschaulichsten predigen konnten. Empfehlend hinweisen möchte ich auf das Buch von W. Wanner, *Erzählen kann jeder: Zauber des Erzählens – Technik des Erzählens*, Gießen/Basel 1982.

– Und schließlich die gut abgestimmte Kohärenz der Sprache, d.h. die Übereinstimmung von eigener Persönlichkeit, Sache und sprachlichem Ausdruck zu erzielen. Denn wenn die Sprache nicht zur Persönlichkeit paßt, wirkt sie künstlich und aufgesetzt; und wenn Persönlichkeitsausdruck und Sprache der Sache nicht angemessen sind, wird dies die Kommunikation stören.

Nun wird man gute sprachliche Fähigkeiten nicht von heute auf morgen entwickeln können. Am Sprachstil zu arbeiten ist vielmehr ein Langzeitprojekt. Ich sehe drei Ebenen, auf denen dabei gearbeitet werden kann:

– die Ebene des Lesens: daß der Redner anhand von guter Literatur, speziell aber durch das Lesen besonders gut gelungener Reden[60], sein Sprachempfinden fördert;

– die Ebene des Hörens: daß der Redner bewußt anderen Rednern – bei Vorträgen oder Bundestagsdebatten am Fernsehen – zuhört, mit der Fragestellung, warum das, was er gerade hört, nun besonders gut oder schlecht wirkt;

– die Ebene des Arbeitens am eigenen Redemanuskript: daß der Redner am eigenen ausgearbeiteten Vortragstext feilt, ihn (unter oben genannten Gesichtspunkten) mehrfach überarbeitet und so zur Vortragsreife bringt.

3.4.6 Körpersprache (Seh-orientierte Rhetorik)

Wer unter einer Predigt sitzt, bekommt nicht nur etwas zu hören, sondern – zum guten oder bösen – immer auch etwas zu sehen. Vielleicht sieht er einen versteinert wirkenden, wie ›festgemauert in der Erden‹ dastehenden Redner. Dann wird auf ihn das, was er da zu sehen bekommt, nicht gerade motivierend wirken. Denn Statuen kann er auch im Museum sehen; dazu muß er sich nicht unter die Kanzel setzen. Es kann aber auch sein, daß er einen Prediger sieht, dessen ganzes Erscheinungsbild anziehend auf den Hörer wirkt, der mit Gestik und Mimik das unter-

---

[60] Vgl. z. B. Redesammlungen wie *Berühmte politische Reden des zwanzigsten Jahrhunderts*, hg. v. K. H. Peter, München o. J.; oder auch Predigtbände (wobei nicht alle veröffentlichten Predigten rhetorisch gut sein müssen).

streicht, was er sagt, und der in einem lebhaften Blickkontakt zu seiner Gemeinde steht. Dann wird diese Körpersprache wie ein Verstärker wirken für das, was zugleich in Worten formuliert wird. Denn die durch das Auge aufzunehmende nonverbale Kommunikation wirkt stärker, als manche Redner glauben, die ihre ganze Aufmerksamkeit nur dem vorzutragenden Redetext widmen. Einen Grundsatz sollte sich deshalb jeder Redner gut merken: Wenn der Hörer etwas anderes sieht, als er hört, glaubt er dem, was er sieht.

(a) Das Erscheinungsbild
Noch bevor der Redner den Mund aufmacht, erhält der Hörer einen ersten Eindruck von ihm durch das Erscheinungsbild. Dazu trägt vor allem zweierlei bei: die *Haltung* und die Kleidung des Redners.

– Die *Haltung:* Schon beim Gang zum Rednerpult signalisiert seine Haltung Sicherheit, Erwartung, Freude, Bestimmtheit – oder aber Unsicherheit, Müdigkeit, Langeweile usw. Dabei drückt der Körper spontan das innere Empfinden des Betreffenden aus. Denn, so stellt Samy Molcho richtig fest:
»Der Körper ist der Handschuh der Seele, seine Sprache das Wort des Herzens. Jede innere Bewegung, Gefühle, Emotionen, Wünsche drücken sich durch unseren Körper aus. Was wir Körperausdruck nennen, ist der Ausdruck innerer Bewegungen.«[61]
Ob ich mit verhaltenem Schritt oder mit Schwung und festem Tritt zur Kanzel gehe, hat einen durchaus unterschiedlichen Signalwert. Unverkrampftes aufrechtes Stehen mit beiden Beinen auf dem Boden vermittelt Sicherheit und Harmonie. Angestaute Luft im Brustraum, zurückgezogene Schultern und ein starr zurückgenommener Hals verraten eher eine innere Blockade und Anspannung. Das zurückgezogene Becken zeigt Reserve; die eingesunkene Brust und hängende Schultern sprechen von Inaktivität. Dagegen vermittelt Stehen in einer dem Hörer zugewandten Haltung mit unverkrampftem Muskeltonus Offenheit und Kon-

[61] S. Molcho, *Körpersprache*, München 1983, S. 20f.

zentration. Wer eine Hand in die Tasche steckt, kann lässig wirken; er kann aber auch, wenn seine Hände dauernd den Schutzraum der Tasche suchen, eine gewisse Unsicherheit signalisieren.

So kommuniziert der Redner mit seinen ›Zuschauern‹ stets auf der nonverbalen Ebene – vielleicht ohne sich dessen bewußt zu sein. Es wird für ihn aber gut sein, sich der eigenen Körpersprache bewußt zu werden. Wir müssen die Signale unseres Körpers wie kleine Herolde betrachten, die vor und bei unserem Sprechen jeweils etwas ankündigen. Wer hätte es schon gerne, wenn jemand vor seiner Rede ankündigen würde: »Was jetzt kommt, ist langweilig!«, oder: »Der Redner, der gerade das Wort ergreift, ist sich seiner Sache selbst nicht sicher!« Wenn wir solche Ankündigungen durch andere Leute nicht lieben, sollten wir dafür sorgen, daß wir diese Meldungen nicht selbst durch unsere Haltung vermitteln.

Im Zeitalter der Videotechnik kann es sehr nützlich sein, wenn wir uns selbst einmal anhand einer Aufzeichnung beim Predigen oder Vortragen sehen können. Dies kann außerordentlich heilsam sein und dazu helfen, die nonverbale Kommunikation mit der verbalen in Übereinstimmung zu bringen.

– Die *Kleidung:* Auch die Kleidung des Redners oder Predigers spricht ihre Sprache. In gewisser Hinsicht haben es da die Pfarrer leicht: Ihr immer gleichbleibender Talar erspart ihnen die Frage nach der angemessenen Kleidung. Allerdings hat auch der Talar – je nach Hörerschaft – seine Aussage: Für den einen spricht er von kirchlicher Feierlichkeit, für den anderen – vielleicht den Außenstehenden – eher von ewiger Gestrigkeit; und dem dritten signalisiert diese Amtstracht die harte Grenze zwischen Amtsträger und Laien. Steht man in der theologischen Ausbildung junger Leute, zeigt sich das Kleidungsproblem von einer ganz anderen Seite: Sie können oft nur schwer einsehen, warum man – wenn es von Herzen kommt – nicht mit Jeans, Clogs und offenem Hemdkragen predigen können sollte. Schon eine Krawatte verdächtigen sie als bürgerliche Verkleidung. Sie machen leicht ihr ›Selbstverständnis‹ von einem bestimmten Modestil abhängig und empfinden sich schon als ›unehrlich‹, wenn sie sich auf der Kanzel anders kleiden sollen als im Alltag. Daß sich auch in der Kleidung eine dem Anlaß angemessene Feierlichkeit und Schönheit ausdrücken könnte, liegt dann ebenso außerhalb des Gedankenkreises wie das Berücksichtigen der Hörerschaft mit ihren Erwartungen. Aber was ist gewonnen, wenn ich durch die Art, wie ich mich kleide, mir zwar selbst ›meine Identität‹ bestätige, zugleich aber von Anfang an eine Barriere zwischen mich und meine Hörer stelle, die ich doch gewinnen will? Wäre es hier nicht angebracht, »den Juden ein Jude und den Griechen ein Grieche« zu werden, statt die Kleiderfrage zur persönlichen Bekenntnisdemonstration hochzustilisieren? Das gilt ja auch umgekehrt: Wenn ich in einer Jugendevangelisation junge Leute ansprechen will, die dem Evangelium fernstehen, muß ich natürlich nicht erst durch einen schwarzen Anzug und Krawatte Distanz zu ihnen schaffen, sondern ich kleide mich der Situation angepaßt. Denn die Erwartungen dieser Jugendlichen sind gewiß andere als die einer durchschnittlichen Sonntagmorgen-Hörerschaft im Gottesdienst. Wer nicht einsieht, daß Kleider ihre jeweilige Zuordnung und ihren Signalwert haben – wer also im Trainingsanzug zum Konzert, in der Badehose auf der Bank, im blauen Monteuranzug als Arzt oder im Smoking auf der Kanzel erscheint – hat das ABC der nonverbalen Kommunikation und der auf die Sache und den Hörer abgestimmten Rhetorik noch nicht verstanden.

(b) Die Gestik

Ich erinnere mich noch gut an eine Begebenheit in der Bibelschule. Eine Schülerin hatte ihre erste öffentliche Redeübung hinter sich. Jetzt schaute sich die Klasse das Videoband an. Alle sahen, wie sie mit beiden Händen standhaft das Pult festhielt, als wollte dieses weglaufen; und wenn sie es einmal losließ, hielt eine Hand die andere krampfhaft fest, so daß die Handknöchel hervortraten und die Fingernägel ganz weiß aussahen. Von Gestik keine Spur! Natürlich wurde das bemängelt. Jetzt aber wurde die Schülerin lebhaft: »Ich kann einfach nicht gestikulieren – mir liegt das nicht!«, sagte sie – und unterstrich diese Klage mit einer geradezu südländischen Gestik. Sie war ganz verdutzt, als die Klasse schallend lachte. Und dann fiel ihr selbst auf, daß sie jetzt, wo sie an ihrem Platz saß und aus spontaner innerer Bewegung heraus sprach, eine ganz natürliche Gestik gebraucht hatte. Nur beim öffentlichen Reden hatten Nervosität und Hemmung jede Gestik einfrieren lassen.

Im Grunde muß der Redner zunächst einmal nur lernen, die Verlegenheit abzulegen, die seine Hände und Arme erstarren und einen Halt oder ein sicheres Versteck suchen läßt. Wenn er dann mit Engagement und Betonung spricht, wird sich eine natürliche ›kleine‹ Gestik von ganz alleine einstellen. Die ›kleine‹ Gestik vollzieht sich zwischen Ellenbogen- und Schulterhöhe. Selbstverständlich ist diese dann noch entwicklungsfähig bis hin zu der ›großen‹ Gestik (von der Schulterhöhe an aufwärts), die für eine große Zuhörerschaft nötig ist.

Hier sollen nur einige praktische Hinweise erfolgen:

– Wichtig ist zunächst einmal, die Kanzel loszulassen bzw. die Hosentasche als sicheren Hafen für die Hände preiszugeben und die Hände in eine lockere Ausgangsstellung (etwa in Magenhöhe) zu bringen. Nun kann das Gestikulieren beginnen.

– Die Gestik soll das, was gerade gesagt wird, unterstreichen und anschaulich machen. Erfolgt die Gestik nicht völlig simultan mit dem Wort, wirkt sie unnatürlich und aufgesetzt.

– Besonders ausdrucksvoll ist eine beidhändige Gestik. Viele Redner neigen leider dazu, nur mit der rechten Hand zu gestikulieren.

– Ein Gestikulieren nach vorne, auf den Hörer hin, wirkt leicht aggressiv. Ebenso der steil ausgestreckte und auf die Hörerschaft einstechende Zeigefinger oder die geballte Faust. Angenehm wirkt eine in die Breite gehende Gestik, besonders wenn sie mit der ganzen offenen Hand erfolgt. Aber auch nach oben und unten kann problemlos gestikuliert werden.

– Bestimmte Gesten haben eine besondere Signalwirkung. So ruft der nach oben gestreckte Zeigefinger zur Aufmerksamkeit; er kann auch, mit einer entsprechenden Handbewegung, zur Warnung dienen. Die sogenannte ›Feinhalte‹ (wobei sich die Fingerkuppen des nach oben gehaltenen Daumens und Zeigefingers berühren) hilft, die Gedanken der Hörer auf einen bestimmten Punkt zu konzentrieren. Die Faust wirkt drohend. Die weit geöffneten Arme wirken einladend. Die an die Wangen gelegten Hände können Angst oder Erschrecken ausdrücken; und die dem Hörer entgegengestreckten Hände (mit Fingerspitzen nach oben

aus: Fred Marcus, Soutane an der Wäscheleine. Eine Liebeserklärung besonderer Art, Würzburg ³1965, S. 9

und Handteller dem Hörer zu) signalisieren Abwehr, während die ausgestreckten Hände mit den offenen Handflächen nach oben eine entgegenkommende Geste sind.

Insgesamt wird es hilfreich sein, wenn der Predigtanfänger sein ausgeschriebenes Manuskript zuhause immer wieder mit Betonung liest und dabei ganz bewußt eine den Inhalt verdeutlichende und unterstreichende Gestik übt. Auch des verpönten Übens vor dem Spiegel braucht sich der Anfänger nicht zu schämen. Denn es geht letztlich um ein Liebeswerk, das in der echten Situation dann dem Hörer helfen soll, das, was er hört, zugleich zu ›sehen‹, damit sich ihm die Botschaft um so besser einprägen kann.

(c) Die Mimik

Gerade am Gesicht zeigt sich die Wahrheit des Satzes, daß unser Körper der Handschuh der Seele ist. Ernst, Strenge, Güte, Freude, Glück, Trauer, Bestürzung, Gleichgültigkeit – all das und viel mehr kann man einem Menschen am Gesicht ablesen. Dazu kommt, daß sich der Blick des Zuhörers meist dem Gesicht des Redenden zuwendet. Das ist schon bei der persönlichen Un-

243

terhaltung so, wo wir einander ins Gesicht schauen – anstatt den Körper unseres Gegenübers zu mustern oder einfach wegzuschauen. So kommt dem Gesichtsausdruck im Rahmen der nonverbalen Kommunikation eine besondere Bedeutung zu.

Auch hier geht es nicht darum, eine künstliche Maskerade aufzuziehen. Das Anliegen ist vielmehr, daß der Redner – und auch der Prediger! – lernt, so hinter der Sache zu stehen, die er vertritt, und sich persönlich damit so zu identifizieren, daß seine Rede von innen heraus nicht nur Stimme und Sprache, sondern auch Gestik und Mimik betimmen. Wie sollte man mit unbewegtem Gesicht eine Sache sagen können, für die man zu innerst engagiert ist und die einen bewegt? Gehindert wird eine ausdrucksvolle Mimik beim Redner entweder dadurch, daß er nicht zutiefst gepackt ist von seiner Botschaft, daß er durch Nervosität gehemmt ist, oder daß er es nie gelernt hat, seinem inneren Empfinden Ausdruck zu geben. Wer aber mit allem, was er ist und hat, Kommunikator der ihm anvertrauten Botschaft sein will, wird das, wofür er steht, auch mit seiner Mimik ausdrücken.

Ich meine, wir sollten uns gleich einmal zwei Aufgaben stellen: Zum einen sollten wir uns vornehmen, bei Rednern und guten Kommunikatoren (sei es ›in Natur‹ oder am Bildschirm) bewußt auf die Mimik zu achten, um von ihnen zu lernen. Und zum andern sollten wir uns einen Spiegel vornehmen und einmal probieren, ob es uns gelingt, Freude und Trauer, Ernst und Eindringlichkeit auf unserem Gesicht ablesbar zu machen. Dazu wird es nötig sein, entsprechende Texte zu lesen, deren Inhalt uns aus dem Herzen gesprochen ist. Daß einem ausdrucksvollen Gesicht, das Inneres zu kommunizieren versteht, mit der Zeit vielleicht ein paar Falten mehr zuwachsen als einer glatten aber ausdrucksschwachen Modemaske, soll uns dabei nicht stören.

(d) Der Augenkontakt

Rhetorisch gesehen hat der Augenkontakt des Redners mit seinem Publikum eine doppelte Funktion. Zum einen stellt er den persönlichen Kontakt her. Wenn sich der Redner ausschließlich in sein Manuskript vergräbt, so daß er vermutlich gar nicht merken würde, wenn die Hörer leise den Saal verließen, oder wenn er seinen Blick immer nur hoch über die Köpfe der »sehr geehrten Hörer« zur Saaldecke hin schweifen läßt, wird das Publikum den Eindruck gewinnen: »Der meint uns gar nicht; der spricht überhaupt nicht zu uns!« So, wie wir es dem Kind als einen Akt der Höflichkeit beibringen, jemanden, den es grüßt, anzuschauen, muß es sich auch der Redner zur Pflicht machen, mit seinen Hörern einen beständigen Blickkontakt zu halten. Zum andern fördert der Augenkontakt die für die Kommunikation so wichtige Rückkopplung (Feedback) zwischen Redner und Publikum. Sieht er auf den Gesichtern seiner Hörer lauter Fragezeichen, weiß der Redner, daß er die Sache noch einfacher erklären oder noch besser begründen muß. Nimmt er im Publikum Müdigkeit wahr, wird er lebendiger sprechen, ein Beispiel einfügen oder gar eine Pause ansetzen. Sieht er dagegen aufmerksame oder gar gefesselte Minen, kann er schließen, daß sein Vortrag ankommt. Ein lebendiger Vortrag ist eben doch etwas anderes, als das Abspulen eines Tonbandes. Der Redner kann auf Zustimmung, Skepsis oder Unaufmerksamkeit seiner Hörer reagieren. Er empfängt durch das, was er sieht, selbst Botschaften – und stellt sich in dem, was er sagt (und wie er es sagt), darauf ein.

Verschiedene Dinge sind nun ganz praktisch im Blick auf den Augenkontakt zu berücksichtigen:

– Man sollte nie einen bestimmten Hörer mit den Augen fixieren. Jedem Hörer wird es unangenehm sein, wenn ihn der Redner ununterbrochen anstarrt.

– Man sollte sich beim Reden nie durch Dinge, die man sieht, ablenken lassen. Wer über den Hut irgendeiner Dame in der fünften Reihe nachzudenken beginnt oder über die offensichtliche Abwesenheit eines Hörers, den man erwartet hatte, grübelt, wird in der Redekonzentration gestört.

– Man sollte nicht nur einen Teil des Publikums ansehen, sondern die gesamte Hörerschaft im Blickfeld haben.

– Man sollte sich vor dem Vortrag vergewissern, daß nicht zu tief stehende Scheinwerfer den Redner blenden, so daß er seine Hörer nicht mehr sehen kann.

– Man sollte beim Reden den Blick in ruhiger Weise auf Gesichtshöhe über seine Hörer zur rechten und zur linken, vorne, hinten und in der Mitte schweifen lassen. So hat man das ganze Publikum angenehm im Blickfeld.

Mit diesen Hinweisen schließen wir unsere Ausführungen zur Rhetorik ab. Wer als Redner die ihm mit Stimme, Sprache, Gesicht und Händen gegebenen Schöpfungsgaben zu nutzen weiß, wer unter Berücksichtigung kommunikativer Erfahrungswerte seine Sprechtechnik und Körpersprache zu verbessern und in den Dienst der Sache zu stellen versteht, die er weitersagen möchte, wird seinen Hörern einen Dienst der Liebe erweisen.

3.5 Möglichkeiten der Auslegungspredigt

Vielleicht fragt sich der Hörer jetzt, am Ende dieses Buches, ob sich das Prinzip der Auslegungspredigt nur in der Form des Vers-für-Vers-Auslegung einer kürzeren Perikope verwirklichen läßt. Die Antwort darauf ist: Nein! Die apostolische Mahnung: »Predige das Wort!« und die damit gegebene Verpflichtung zu gründlicher Bibelauslegung kann sich in verschiedenen Formen ausdrücken. Wir wollen im folgenden einige solcher Möglichkeiten bedenken.

3.5.1 Die Textpredigt

Die Textpredigt ist gewissermaßen der Normalfall der Auslegungspredigt. Der Begriff ist allerdings etwas irreführend, denn jede schriftgemäße Predigt legt einen ›Text‹ aus. Vielleicht sollte man statt ›Textpredigt‹ besser ›Perikopenpredigt‹ sagen, denn es geht um das Predigen anhand eines begrenzten Textes, d.h. einer Perikope. Die Übungsbeispiele in diesem Buch hatten es immer mit Textpredigt in diesem Sinn zu tun, gleich ob es sich um einen Psalmtext oder einen paulinischen Brieftext handelte.

Und doch kann auch die Textpredigt sehr unterschiedliche Anforderungen an den Ausleger stellen, je nachdem, um welche Art von Text es sich handelt.

(a) Die Predigt über Gesetzestexte
Oft sehen sich Prediger besonderen Problemen gegenüber, wenn sie über das Alte Testament predigen sollen. Wie soll man vor ei-

ner christlichen Gemeinde heute über ein Wort predigen, das einst dem alten Bundesvolk Israel gesagt wurde? Geht es dann gar um einen Text direkt aus dem Gesetz Mose, wird die Verlegenheit noch größer. Soll einfach ›Gesetz‹ gepredigt werden, wie es wörtlich dasteht? Oder soll man alles vergeistigen?

Diese Fragen können nur von klaren hermeneutischen Überlegungen her entschieden werden, und zwar von der Erkenntnis her, wie sich Alter und Neuer Bund heilsgeschichtlich zueinander verhalten und was das Neue Testament zum Gesetz lehrt.

Sehr eingehend hat sich Martin Luther mit der Frage nach der Predigt über das Gesetz des Mose befaßt. In seinem »Sermon wie sich die Christen in Mosen sollen schicken« (1526)[62] stellt er zunächst einmal folgende heilsgeschichtlichen Grundsätze auf:

»Das Gesetz Mosis geht die Juden an, welches uns forthin nicht mehr bindet. Denn das Gesetz ist allein dem Volk Israel gegeben, und Israel hat es angenommen für sich und seine Nachkommen, und die Heiden sind hie ausgeschlossen... Darum dieser ganze Text geht die Heiden nicht an. Das sage ich um der Schwarmgeister willen. Denn ihr seht und hört, wie sie den Mosen lesen, ziehen ihn hoch an, und bringen hervor, wie Moses das Volk mit Geboten habe regiert... Moses ist ein Mittler und ein Gesetzgeber gewesen des jüdischen Volks allein, denen hat er das Gesetz gegeben. Man muß also den Rottengeistern das Maul stopfen, die da sagen: Also spricht Moses, da stehet's im Mose geschrieben, und dergleichen. So sprich du: Moses geht uns nicht an. Wenn ich Mosen annehme in einem Gebot, so muß ich den ganzen Mosen annehmen; also würde daraus folgen, wenn ich Mosen zum Meister und Gesetzgeber annähme, so müßte ich mich lassen beschneiden, die Kleider waschen nach jüdischer Weise, und also essen und trinken, mich kleiden, und solches Wesen alles halten, wie den Juden im Gesetz geboten war. Also wollen wir Mosen nicht halten noch annehmen. Moses ist todt, sein Regiment ist aus gewesen, da Christus kam; er dient weiter hierher nicht (Sp. 6). Die Heiden sind dem Mose nicht schuldig, gehorsam zu sein; Moses ist der Juden Sachsenspiegel. (Sp. 9) Man muß mit der Schrift säuberlich handeln und fahren. Das Wort

---

[62] Wir zitieren im folgenden nur mit Angabe der Seitanzahl aus der in der Neuauflage wieder weiten Kreisen zugänglichen Walch'schen Gesamtausgabe: *Dr. Martin Luthers Sämtliche Schriften*, hg. v. J.G. Walch, Bd. III: *Auslegung des Alten Testaments* (Forts.), Nachdr. d. 2. überarb. Aufl., Groß Oesingen 1986.

ist in mancherlei Weise geschehen von Anfang. Man muß nicht allein ansehen, ob es Gottes Wort sei, ob es Gott geredet habe, sondern viel mehr, zu wem es geredet sei, ob es dich treffe oder einen andern.« (Sp. 12f)

Trotz dieser heilsgeschichtlichen Einsicht legt Luther das Gesetz aber nicht beiseite, sondern er legt es für die Gemeinde aus. Warum? Darauf Luther: »Möchte nun einer sagen: Warum predigst du denn Mosen, so er uns nicht angeht? Antwort: Dazu will ich Mosen behalten und nicht unter die Bank stecken, denn ich finde dreierlei in Mose, die uns auch nützlich sein können.« (Sp. 8)

1) Er will jene Gesetze halten, die nicht nur bei Mose vorkommen, sondern zugleich jedem Heiden durch das ›Naturgesetz‹ eingegeben sind. Dies sind im wesentlichen die 10 Gebote. Die übrigen Gebote des Gesetzes bieten ihm nur lehrreiche Exempel:

»Denn was Gott vom Himmel gegeben hat den Juden durch Mosen, das hat er auch geschrieben in aller Menschen Herzen, beide der Juden und Heiden, allein, daß er's den Juden, als seinem eigenen erwählten Volke, zu einem Ueberfluß, auch mit einer leiblichen Stimme und Schrift hat schreiben und verkündigen lassen. Also halte ich nun die Gebote, die Moses gegeben hat, nicht darum, daß sie Moses geboten hat, sondern daß sie mir von Natur eingepflanzt sind, und Moses allhie gleich mit der Natur übereinstimmt. Aber die andern Gebote in Mose, die allen Menschen von Natur nicht sind eingepflanzt, halten die Heiden nicht, gehen auch sie nicht an, als von Zehnten und andern, die doch auch schön sind. Ich wollte, wir hätten auch sie, wie ich gesagt habe.« (Sp. 10)[63]

»Ich wollte wohl gerne, daß die Herren regierten nach dem Exempel Mosis, und wenn ich Kaiser wäre, wollte ich daraus ein Exempel nehmen der Satzungen; nicht, daß mich Moses sollte zwingen, sondern daß mir's frei wäre, ihm nachzuthun, und ein solch Regiment zu führen, wie er regiert hat.« (Sp. 8)

2) Luthers zweiter Grund hat mit den auf's Neue Testament hinzielenden Verheißungen des Alten Bundes zu tun:

[63] Ich möchte hier nur schon anmerken, daß mir Luthers Kategorie des ›Naturgesetzes‹ beim Heiden in dieser umfassenden Füllung theologisch eher problematisch erscheint. Das »in's Herz geschriebene Gesetz« ist m. E. kein heidnischer Allgemeinbesitz, sondern eine an Heidenchristen in Erfüllung gegangene Verheißung des Neuen Bundes (Rö 2,14ff; vgl. 2. Kor 3,3ff; Jer 31,33; Hes 11,19; 36,26). Daß es auch bei Heiden ein allgemeines Wissen um gut und böse gibt (Rö 1,32), ist dagegen eine Tatsache, die im Sündenfall begründet liegt (1. Mo 3,5).

»Zum andern finde ich in Mose, welches ich aus der Natur nicht habe; das sind nun die Verheißungen und Zusagen Gottes in Christo.« (Sp. 10)
Hier findet er persönliche Verheißungen, die ihn in seinem Glauben stärken. Ausdrücklich nennt er 1.Mo 3,15; 12,3; 22,18; 5.Mo 18,15f.

3) Schließlich nennt er noch ein drittes Stück:
»Zum dritten lesen wir Mosen von wegen der schönen Exempel des Glaubens, der Liebe und des Kreuzes in den lieben heiligen Vätern, Adam, Abel, Noah, Abraham, Isaak, Jakob, Mose, und also durch und durch. Daran wir lernen sollen, Gott zu vertrauen und ihn zu lieben. Herwiederum auch sehen wir die Exempel des Unglaubens der Gottlosen, und des Zorns Gottes . . .« (Sp. 16).

Von Luther her möchte ich folgendes festhalten. Heilsgeschichtlich ist zwischen Israel und Gemeinde zu unterscheiden. Das Gesetz würde Israel gegeben. Die neutestamentliche Gemeinde erhielt die Offenbarung des Neuen Bundes.[64] Was Norm für die Gemeinde ist, zeigt das Neue Testament. Trotzdem ist das alttestamentliche Gesetz nicht einfach gegenstandslos für uns. Es kann und soll darüber gepredigt werden, denn:
– es enthält Aussagen, die (jetzt einmal ganz unabhängig von dem m.E. problematischen Naturrechtsgedanken) die Gemeinde sachlich genauso angehen oder ihr zumindest Prinzipien des Willens und Handelns Gottes zeigen,
– es enthält Verheißungen, die bis in die Gemeindezeit gelten
– und es enthält in seinen erzählenden Teilen lehrreiche Beispiele für die Gläubigen aller Zeiten.
Wir müssen diese Punkte aber noch näher begründen. Zunächst: Das Neue Testament sagt deutlich, daß das ganze, von

---

[64] Vgl. die Aussage des Paulus in 1. Kor 9,20f: »Denen, die unter dem Gesetz sind, bin ich wie einer unter dem Gesetz geworden – obwohl ich selbst nicht unter dem Gesetz bin –, damit ich die, die unter dem Gesetz sind, gewinne. Denen, die ohne Gesetz sind, bin ich wie einer ohne Gesetz geworden – obwohl ich doch nicht ohne Gesetz bin vor Gott, sondern bin in dem Gesetz Christi . . .« Für den Christen gilt das messianische Gesetz, das ›Gesetz Christi‹. In diesem Sinne verstehe ich auch Mt 5,17ff: Jesus wehrt sich zunächst dagegen, daß man das von Gott gegebene alttestamentliche Gesetz nach menschlichem Belieben auflöst (V. 17a u. 18-20); zugleich aber macht er deutlich, daß er in Ergänzung des Alten Testaments das messianische Gebot bringt (V. 17b u. 21ff bis Ende Bergpredigt).

Gott inspirierte Alte Testament für uns nützlich ist zur Lehre, zur Zurechtweisung, zur Besserung, zur Erziehung in der Gerechtigkeit, um uns zu brauchbaren Gottesmenschen zu machen (2.Tim 3,16f). Was aber konkret und unmittelbar für uns heute gilt, müssen wir von den Aussagen und Geboten des Neuen Testaments her sehen. Sagt das Neue Testament das gleiche wie das alttestamentliche Gesetz (z.B.: daß wir nicht stehlen sollen), kann ich dies bei der Predigt über den entsprechenden Gesetzestext klar verkündigen. Verfügt das Neue Testament etwas anderes, muß ich dies in meiner Predigt deutlich machen, nachdem ich erläutert habe, was der Sinn der alttestamentlichen Aussage ist. Die Anwendung muß dann aber neutestamentlich ausfallen. Schweigt das Neue Testament zu dem Thema, werde ich doch von dem alttestamentlichen Gebot, das ich auslege, Prinzipien ableiten können für die Gemeinde – allerdings unter Berücksichtigung der allgemeinen neutestamentlichen Lehre. Hier gilt das allgemeine Prinzip von Rö 15,4: »Denn was zuvor geschrieben ist, das ist uns zur Lehre geschrieben, damit wir durch Geduld und den Trost der Schrift Hoffnung haben.«

Finde ich im Alten Bund eine Verheißung, die von ihrem Zusammenhang her auch auf uns zielt, werde ich sie unschwer auf die Gemeinde anwenden können. Und wenn es um Erzählungen aus alttestamentlicher Zeit geht, die Gott uns in seinem Wort überliefert hat, werden wir zunächst im alttestamentlichen Kontext erklären müssen, warum sich das alles so zugetragen hat bzw. wie es in seiner Zeit zu verstehen ist, und dann von der neutestamentlichen Lehre her entscheiden müssen, inwiefern uns die Geschichte »zum Vorbild geschehen« ist (1.Kor 10,6).

Einige Beispieltexte können uns hier zur Verdeutlichung dienen.

– In 5.Mo 5,12 wird Israel als Summe des Gesetzes folgendes gesagt: »Nun, Israel, was fordert der Herr, dein Gott, noch von dir, als daß du den Herrn, deinen Gott, fürchtest, daß du in allen seinen Wegen wandelst und ihn liebst und dem Herrn, deinem Gott, dienst von ganzem Herzen und von ganzer Seele.« Dies ist deutlich ein Gebot, das Israel gegeben ist. Und doch ließen sich – wie jedem Bibelkenner ersichtlich ist – zu jedem einzelnen Punkt entsprechende Anweisungen im Neuen Testament finden. Auch von Menschen, die durch den Glauben Glieder der neutestamentlichen Gemeinde geworden sind, fordert Gott nichts anderes. Und entsprechend können wir in unmittelbarer Anwendung über diesen Text predigen. Allerdings müßte z.b. die Aussage, daß wir »in allen seinen Wegen« wandeln sollen, inhaltlich vom neutestamentlichen Gebot her gefüllt werden.

– Blättern wir weiter im 5. Mosebuch, finden wir in Kapitel 18,15 die Verheißung: »Einen Propheten wie mich wird dir der Herr, dein Gott, erwecken aus dir und aus deinen Brüdern; dem sollt ihr gehorchen.« Vom Neuen Testament her kennen wir die Erfüllung dieser Zusage (Joh 6,14; 7,40; Apg 3,22; 7,37). Jesus ist der Verheißene. Seinem Wort – dem »Gesetz Christi« (Gal 6,2) – sollen wir gehorchen. Entsprechend wäre zu predigen.

– Andere Beispiele finden wir in 5.Mo 22. Dort wird in den Versen 5-8 verfügt, a) daß Frauen keine Männerkleider und Männer keine Frauenkleider tragen sollen (V. 5); b) daß bei einem Vogelnest nicht die Jungen samt der Mutter genommen werden dürfen, sondern wenigstens die Mutter geschützt werden soll (V. 6-7); und c) daß jemand, der ein Haus mit Dachterrasse baut, darauf ein Geländer anbringen soll (V. 7). Der Bibelleser muß nun zunächst einmal verstehen, worauf diese Gebote zielen. Ich meine, man könnte alle drei Einheiten unter dem Thema zusammenfassen: »Gott schützt seine Schöpfung!« Er möchte die schöpfungsmäßigen Unterschiede zwischen Mann und Frau nicht verwischt haben; er will, daß wir die von ihm geschaffenen Tierarten schützen; und er will, daß das Leben von Menschen durch vorsorgliche Maßnahmen geschützt wird. Und weil Schöpfungsordnung und Schöpfungserhaltung Themen sind, die nicht spezifisch nur Israel unter dem Gesetz angehen, sondern auch im Neuen Testament aufgegriffen werden (vgl. Mt 19,4ff; 1.Kor 11,3.14f), kann sehr wohl – und sogar in ausgesprochen aktueller Weise – über den genannten Abschnitt und die daraus sich ergebenden Prinzipien in der neutestamentlichen Gemeinde gepredigt werden. Was aber, wenn im gleichen Kapitel (22,20f) gesagt wird, daß ein Mädchen, das bei seiner Heirat nicht mehr Jungfrau ist, gesteinigt werden soll? Hier wäre zweierlei zu sehen: Die neutestamentliche Gemeinde bildet kein irdisches Staatswesen und hat daher auch – abgesehen von Maßnahmen der Gemeindezucht (Mt 18,15ff; 1.Kor 5,1ff) – keinen Strafgesetzvollzug aufgetragen bekommen. Andererseits gilt Geschlechtsverkehr außerhalb der Ehe auch im Neuen Testament als Sünde (»Unzucht«), die Gott richten wird. Wer also über 5.Mo 22,20f predigt, muß zunächst auslegen, was hier zu alttestamentlicher Zeit gemeint war, und muß dann vom Neuen Testament deutlich machen, daß die gleiche Sache zwar in gleicher Weise als Sünde zählt, daß aber nicht die Steinigung, sondern ein seelsorgerliches Handeln im Sinne der Gemeindezucht angesagt ist.

Bewußt sind jetzt die Prinzipien der Predigt über Gesetzestexte etwas ausführlicher dargelegt worden, denn vieles, was hier gesagt ist, gilt grundsätzlich für die Predigt über das Alte Testament. Häufig haben Prediger Angst, über das Alte Testament zu reden. Ihre Unsicherheit führt dann dazu, daß der Gemeinde ein großer Teil der Offenbarung Gottes vorenthalten wird. Diese Hemmung muß durchbrochen werden. Denn nach wie vor ist das Alte Testament als Wort Gottes nützlich zur geistlichen Erbauung und Zurüstung.

(b) Die Predigt über poetische Texte

Weite Teile der Bibel, besonders des Alten Testaments, sind sprachlich gesehen Poesie. Im Alten Testament gibt es überhaupt nur sieben Bücher, die keine Poesie enthalten (3. Mose; Ruth; Esra; Nehemia; Esther; Haggai; Maleachi). Bekannt und beliebt aufgrund ihrer dichterischen Sprachschönheit sind die Psalmen. Aber auch die Weisheitsliteratur (Hiob, Sprüche, Prediger, Hohelied) ist poetisch. Und sowohl in den historischen Büchern (z.B. 1.Mo 4,23-24; 49; 2.Mo 15; Ri 5; 2.Sam 1,19-27) als auch in großen Teilen der Propheten finden sich poetische Texte. Im Neuen Testament sind es dann vor allem Lieder und hymnische Stücke, die die Schönheit und Sprachgewalt dichterischer Sprache aufweisen (z.B. Lk 1,46-55; 1,68-79; 2,14; 2,29-32; Eph 5,14; Phil 2,5-11; Kol 1,15-20; 1.Tim 3,16; 2.Tim 2,11-13; Offb 4,8.11; 5,9f.12f; 7,15-17; 11,17f; 15,3f; 18,2.8.14-24; 19,6-8).

Ein poetischer Text fordert zunächst nicht den Prediger, sondern den Exegeten heraus. Die Strukturen und Stilfiguren der biblischen Poesie stellen besondere Anforderungen an die Verstehensbemühungen des Auslegers. In diesem Zusammenhang sei der Leser nochmals auf den Abschnitt 2.4.4 (»Gattungs- und Stil-analyse«) hingewiesen, besonders auf die Ausführungen zu den Stilfiguren der Bibel (2.4.4 d). Denn wer das Prinzip des Parallelismus nicht versteht, wer nicht weiß, wie verschiedene bildhafte Ausdrucksweisen zu deuten sind, kann mit biblischer Poesie nicht sachgemäß umgehen. Umgekehrt: Wer die sprachlichen Gesetze der Poesie kennt, wird in der Regel auch den Inhalt eines poetischen Textes verstehen und darüber predigen können.

Wie schon der Exeget, muß auch der Prediger bei dichterischer Sprache nicht nur auf die Sachaussage des Textes achten, sondern auch auf den Gefühlsausdruck und die Empfindungsintensität einer Aussage. So ist ein Hymnus wie Kol 1,15-20 nicht nur eine Fundstätte dogmatischer Aussagen über Christus, sondern zugleich eine tief empfundene Anbetung angesichts dessen, was er ist und tut. Es muß der Predigt gelingen, beides – die Sachaussage und den empfindungsmäßigen Ausdruck – dem Hörer zu vermitteln.

Und noch eines. Dichterische Sprache ist schön. Wie nun geht der Prediger mit der Schönheit dieser Sprache um?[65] Wird das ästhetisch gestaltete Offenbarungswort in seinem Munde aller Schönheit entkleidet, oder gelingt es ihm, etwas vom Ausdruck dieser Sprache in seine Predigt zu überführen? Nun sind Prediger nur in Ausnahmefällen begnadete Dichter. Eins aber müßte möglich sein: Daß der Prediger sich innerlich ergreifen läßt von dem, was da poetisch gesagt ist und wie es gesagt ist; und aus dieser vom Text bestimmten Ergriffenheit heraus sollte er die Worte seiner Predigt formen. So müßten die Hörer etwas von der ursprünglichen Schönheit biblischer Dichtung vernehmen können.

---

[65] Dieser Frage hat besonders Rudolf Bohren seine Aufmerksamkeit gewidmet; vgl. R. Bohren, *Daß Gott schön werde: Praktische Theologie als theologische Ästhetik*, München 1975.

(c) Die Predigt über prophetisch-apokalyptische Texte

Was sind Besonderheiten der Textpredigt über prophetische und apokalyptische Texte?[66] Wir fragen hier bewußt nach den ›Besonderheiten‹. Denn biblische Prophetie und Apokalyptik weisen in sich vielerlei Textgattungen auf, die in diesem Buch andernorts besprochen werden und den Ausleger vor keine besonderen Probleme stellen, wie z.B. Prosagattungen verschiedener Art, dabei auch Erzähltexte sowie poetische Gattungen.

Um über prophetische Texte richtig predigen zu können, ist zunächst die exegetische Frage zu klären, worauf sich die jeweilige Prophetie inhaltlich bezieht. Häufig sagt der Prophet den Willen Gottes in eine ganz konkrete geschichtliche Situation hinein an; was er sagt, nimmt Bezug auf zeitgenössische Vorgänge. In solchen Fällen muß dieser geschichtliche Kontext klar erkannt werden, um die Botschaft des Propheten zu verstehen. In einem zweiten Schritt ist zu fragen, welche Anwendungen sich – neutestamentlich! – von jenen situationsbezogenen Aussagen für uns heute ergeben. In anderen Fällen sagen die Propheten den Plan und Willen Gottes für die Zukunft an.[67] Der Ausleger und Prediger muß sich nun (im Sinn von 1.Ptr 1,11) fragen, »auf welche und was für eine Zeit der Geist Christi deutete, der in ihnen war«. Geht es um ein geweissagtes Ereignis, das noch zur Zeit des Propheten eintreten sollte? Oder um eine Erfüllung vielleicht Jahrhunderte später in der Geschichte des alten Israel? Werden hier Dinge angekündigt, die sich mit dem Kommen Christi erfüllt haben? Oder gar Ereignisse, die auch für uns noch zukünftig sind? Nur wer diese Fragen im gesamtbiblischen Kontext zutreffend beantworten kann, wird in der Lage sein, schrift-

---

[66] Wir behandeln Prophetie und biblische Apokalyptik hier in einem Zusammenhang. Apokalyptik wird dabei als eine Sonderform der Prophetie verstanden, die jedoch durchaus sprachliche und inhaltliche Eigenheiten aufweist. S. dazu H. Stadelmann, »Biblische Apokalyptik und heilsgeschichtliches Denken«, *Epochen der Heilsgeschichte*, Hg. ders., Wuppertal 1984, S. 86-100.

[67] Wer die Bibel nicht als Gottes Wort versteht, wird allerdings bezweifeln, daß es echte Zukunftsprophetie gibt. Mit solchem weltanschaulich bedingten Vorurteil streitet er aber gegen das biblische Selbstverständnis und wird das Bibelwort in seiner Wirklichkeit nicht sachgemäß erfassen.

gemäß über einen entsprechenden biblischen Text zu predigen. Andernfalls gerät die Predigt leicht zur ›falschen Prophetie‹.

Spezielle Probleme stellt die biblische Apokalyptik (z.B. das Buch Daniel oder die Johannesoffenbarung). Diese Gattung ist vor allem wegen ihres reichen Gebrauchs an Symbolen und nichteigentlichen, bildhaften Ausdrucksweisen schwierig. Die symbolische Sprache zielt aber auf konkrete geschichtliche Ereignisse der Vergangenheit, Gegenwart oder Zukunft – ja, es kommt auch vor, daß historische Vorgänge der Zeitgeschichte zum Typus für künftiges Geschehen werden. Der Ausleger muß sich nun um ein genaues Verständnis dessen bemühen, was konkret gemeint ist. Dabei hilft, daß die Symbole häufig im Zusammenhang des Buches oder der apokalyptischen Literatur erklärt werden (s. z.B. die Erklärung des ›Tiers aus dem Meer‹, Offb 13,1ff, in Offb 17,7ff). Oft wird nur der Vergleich verschiedener guter Kommentare weiterhelfen.

Trotz der Mühen, die das im einzelnen mit sich bringen mag, sollte in der christlichen Gemeinde die Predigt über das prophetische und apokalyptische Wort nicht verstummen. Denn nach wie vor liegt Gottes Verheißung auf dem Prophetenwort: »Ihr tut wohl, daß ihr darauf achtet als auf ein Licht, das da scheint an einem dunklen Ort, bis der Tag anbreche und der Morgenstern aufgehe in euren Herzen« (2.Ptr 1,19).

(d) Die Predigt über Erzähltexte

Große Teile des Alten und Neuen Testaments erzählen uns die Geschichte Gottes mit seinem Volk. Wie soll man nun über diese Erzähl- oder ›Narrativ‹-Texte predigen? Soll lediglich nacherzählt werden? Genügt es, durch geschichtliche Erklärungen zu erläutern, was damals geschah? Oder sollte man zur Methode der ›Vergeistigung‹ Zuflucht nehmen, d.h. alle wesentlichen Einzelzüge der Geschichten ins Geistliche hinein übertragen, um so den Narrativpassagen einen erbaulichen Sinn zu entlocken? Alle diese Wege sind schon begangen worden, aber sie genügen der Aufgabe nicht bzw. werden dem Wort Gottes nicht gerecht. Verantwortliche Bibelauslegung kann weder der frommen Phantasie einen Freibrief erteilen, noch kann sie den biblischen Text bloß wie ein Dokument von gestern betrachten. Was geschehen ist, ist »uns zum Vorbild geschehen« (1.Kor 10,6). Und was Gott uns aus der Fülle vergangener Ereignisse in prophetischer Historiographie – d.h. in einer von Gott her gewerteten Geschichtsschreibung – überliefert hat, zeigt uns geradezu beispielhaft, was für unser eigenes Leben vor Gott wichtig ist.

Bei der Narrativpredigt geht es deshalb darum, den Erzähltext so auszulegen, daß dem Hörer deutlich vor Augen steht, was sich damals zugetragen hat, wie dieses Geschehen im biblischen Bericht gewertet wird und welche Prinzipien daraus für die heutige heilsgeschichtliche Situation abzuleiten sind. Dabei können die genannten Elemente durchaus ineinander liegen und müssen nicht etwa im Dreischritt von historischer, theologischer und anwendender Auslegung getrennt dargeboten werden. Man kann – bei genügender historisch-exegetischer Vorarbeit – durchaus so erzählen, daß schon in der Erzählung das Geschehene für den Hörer voll verständlich wird. Und man kann auch das theologische Verständnis der Ereignisse geradezu nacherzählend herausarbeiten und so die Anwendung auf den Hörer transparent werden lassen.

Wie aber entdeckt man nun das theologische Verständnis und die gültigen Prinzipien einer Erzählung? Zunächst muß man den Stand heilsgeschichtlicher Offenbarung kennen, der zur Zeit des Geschehens galt. Dies gibt den theologischen Rahmen ab, innerhalb dessen der biblische Erzähler berichtet. Und nun müssen wir aufmerksam hören, was der Autor uns sagen möchte durch seine Geschichte. Aufschluß darüber geben uns der Kontext des entsprechenden biblischen Buches, bestimmte Betonungen, die Auswahl und Anordnung des Materials, gewisse wertende Hinweise oder auch das positiv oder negativ dargestellte Resultat des Geschehens. Die so herausgearbeitete innerbiblische Wertung der Geschichte wird zur normativen Basis für die Anwendung der so gefundenen ethischen oder lehrhaften Prinzipien.[68] Allerdings muß die Anwendung immer berücksichtigen, was heilsgeschichtlich für den Hörer, der zur neutestamentlichen Gemeinde gehört, gilt. Das muß die neutestamentliche Offenbarung zeigen.

---

[68] Hilfreiche exegetisch-homiletische Hinweise für den Umgang mit Erzähltexten bietet W. Kaiser, *Toward an Exegetical Theology*, Grand Rapids 1981, S. 197-210.

Wer biblische Erzähltexte predigt, sollte nicht vergessen, daß der Hörer einer lebendigen Erzählung viel besser folgen kann, als einem abstrakten Vortrag. Die damit gegebene Chance kann der Prediger wahrnehmen und Erzähltexte wirklich erzählen, statt sie auf dürre, theoretisch vorgetragene Prinzipien zu reduzieren. Die Einzelzüge der Erzählung dürfen dabei aber nicht zu bloßen Phantasieprodukten geraten. Das lebendige Schildern dessen, was geschehen ist, sollte sich vielmehr aus genauen historischen Recherchen innerhalb der Exegese ergeben. Was nun als solide geschichtliche Beobachtung herausgearbeitet ist, muß mit Liebe zur Schilderung des Einzelzugs, als Nacherzählung eines lebendigen Geschehens mit Aktion und Reflektion, mit Rede und Gegenrede vergegenwärtigt werden. Und im Erzählen wird dem Hörer die Botschaft der Geschichte nahegebracht, so daß er erkennt: Was da geschehen ist, geht mich selbst an. Der erzählte Gegenstand in der Narrativpredigt gewinnt so – zum Nacheifern oder auch als Warnung – Vorbildcharakter für den Predigthörer und berührt damit sehr unmittelbar sein Leben. So sind auch die Erzählpassagen der Heiligen Schrift »nütze zur Lehre, zur Zurechtweisung, zur Besserung, zur Erziehung in der Gerechtigkeit . . .« (2.Tim 3,16).

3.5.2 Die Buchpredigt

Wer sie noch nicht gehört hat, hält sie für unmöglich; aber wem sie gelungen ist, der weiß, welche Durchblicke sie schenkt. Die Rede ist von der ›Buchpredigt‹. Sie ist als eine Form der Auslegungspredigt gewissermaßen eine Erweiterung der Textpredigt. ›Buchpredigt‹ bedeutet, innerhalb der Zeit einer normalen Predigt die Botschaft eines ganzen biblischen Buches zu entfalten und auf den Hörer anzuwenden.

Vielen Gemeindegliedern fehlt heute eine vertiefte Bibelkenntnis. Angesichts dessen und angesichts der biblischen Herausforderung, »den ganzen Ratschluß Gottes« zu verkündigen, haben wir in diesem Buch bereits vorgeschlagen, entsprechend einer alten reformierten Praxis biblische Bücher in fortlaufenden Reihen von Textpredigten zu behandeln. Dieses gründliche Vorgehen, Perikope um Perikope, beansprucht allerdings viel Zeit.

Und so kann es als Ergänzung hilfreich sein, hin und wieder eine Art Überblickspredigt über ein ganzes Bibelbuch zu bringen. Insbesondere können auf diesem Weg kürzere biblische Bücher behandelt werden, über die sonst vielleicht nie oder nur selten gepredigt wird.

Eine Buchpredigt ist da möglich, wo ein biblisches Buch durchgehend eine bestimmte Thematik behandelt. Dies ist besonders bei biblischen Gelegenheitsschriften der Fall, wie bei den neutestamentlichen Briefen oder den Schriften der Kleinen Propheten. Aber auch größere geschichtliche Werke verfolgen zumeist einen ganz bestimmten Zweck und haben von daher ein durchgehendes Thema. Das läßt sich beispielsweise bei den Evangelien zeigen (vgl. Joh 20,30-31). Schwieriger wäre es dagegen, über das Buch der Sprüche eine zusammenhängende Predigt zu halten, besonders angesichts der vielen thematisch nicht verbundenen Einzelsprüche in Kapitel 10-22. Trotzdem habe ich auch selbst schon versucht, über ein weisheitliches Werk wie das Buch Hiob eine Buchpredigt zu halten, in der die Gesamtbotschaft des Buches sowie ihre Entfaltung im Erzählrahmen und in den Positionen Hiobs und seiner einzelnen Freunde herausgearbeitet wurde.

Wer eine Buchpredigt halten will, muß das betreffende Bibelbuch gut kennen. Er darf nicht in all den Einzelheiten des Buches umherirren wie in einem Dschungel, sondern muß dahin gekommen sein, daß er das Gesamtthema des Buches und dessen Entfaltung in den einzelnen Teilen klar erkannt hat und übersichtlich wiedergeben kann.

Vom Grundanliegen her ist die Buchpredigt nicht qualitativ, sondern nur quantitativ unterschieden von der auslegenden Textpredigt über eine kleinere Perikope, nur daß der ›Text‹ jetzt eben ein ganzes Buch umfaßt. Folgende Punkte sind dabei besonders zu berücksichtigen:

– Für die Wahl des Buches ist die Länge der Zeit zu berücksichtigen, die in der Predigt zur Verfügung steht – denn ob ich 20 oder 40 Minuten Zeit habe, macht bei der Buchpredigt doch einen spürbaren Unterschied.

– Das Gesamtthema des Buches wird zunächst als ›Textthema‹ herausgearbeitet und dann griffig als ›Predigtthema‹ formuliert. Aus der Entfaltung des Themas in den einzelnen Teilen des Buches ergibt sich sodann die Gliederung. Es empfiehlt sich dabei, das Buch in seiner fortlaufenden Entfaltung auszulegen und auf eine künstliche thematische Aufsplitterung des Buches in der Predigt zu verzichten. Der Hörer kann dies leichter nachvollziehen, und das Buch wird ihm auf diese Weise inhaltlich vertrauter.

– Natürlich ist es in einer Buchpredigt nicht möglich, den ganzen Text zu lesen und auf alle Einzelheiten einzugehen (es sei denn, der Predigt läge das Buch Obadja oder der 3.Johannesbrief zugrunde). Der Prediger muß sich vielmehr auf die Entfaltung der großen Zusammenhänge konzentrieren und für die einzelnen Gliederungspunkte zur Textlese sorgfältig solche Abschnitte auswählen, die die zentralen Gedanken gut zum Ausdruck bringen. Wesentlich ist dabei, daß die Gedankenentfaltung des Textes zuverlässig und für den Hörer nachvollziehbar nachgezeichnet wird. Der Hörer soll dem Prediger gut durch das Buch folgen können. Was gesagt wird, soll sich für ihn klar ersichtlich aus dem Text ergeben.

– Durchgängig ist bei der Buchpredigt der Gefahr zu widerstehen, einen bloß bibelkundlichen Vortrag zu halten. Gewiß, es geht auch darum, daß der Hörer Botschaft und Inhalt eines Buches klar versteht. Aber es geht zugleich noch um mehr: daß er diese Botschaft als Botschaft Gottes für sich verstehen lernt und dadurch angesprochen und herausgefordert wird. Am Schluß sollte der Hörer wissen, mit welcher Absicht Gott dieses Buch seinem Volk im biblischen Kanon gegeben hat und er sollte diese Botschaft für sich persönlich gehört haben. Auf dieses Ziel hin wird gepredigt, im Vertrauen darauf, daß Gott selbst durch sein Wort den Hörer erreicht.

3.5.3 Die Lebensbildpredigt

Die Bibel mißt geistlichen Vorbildern große Bedeutung bei. Jakobus fordert seine Leser auf, sich das Leiden der Propheten zum Vorbild dienen zu lassen (Jak 5,10). Ähnlich wird auf die Vorbildfunktion der Glaubenshelden des Alten Bundes in Hebräer 11 hingewiesen. Petrus, der den irdischen Jesus noch selbst kannte, schreibt später seinen Gemeinden, Christus habe den Gläubigen »ein Vorbild hinterlassen« (1.Ptr 2,21). Und er fordert die Gemeindeältesten auf, ein »Vorbild der Herde« zu werden (5,3). Der Apostel Paulus bietet sich selbst als Vorbild an (Phil 3,17; 2.Thess 3,9) und fordert seinen Mitarbeiter Timotheus auf, der Gemeinde zum Vorbild zu werden (1.Tim 4,12; vgl. Tit 2,7).

Wenn das Leben und Verhalten von Personen, die uns die Bibel schildert, von so großem geistlichem Wert ist, muß dies seine Konsequenzen für die Predigt haben. Gott hat uns in seinem Wort nicht ohne Absicht positive und negative Beispiele menschlichen Verhaltens überliefert. Wo uns die Bibel die Geschichte einer Person mitteilt, geschieht dies nicht einfach aus biographischen Dokumentationsabsichten und nicht bloß um der Geschichte willen. Sondern auch hier gilt: ». . .dieses ist euch zum Vorbild geschehen« (1.Kor 10,6). Per Kontrast können wir lernen von Simson, Bileam, Judas und ähnlichen Gestalten; und ein positives Vorbild ist uns gegeben in Gottesmännern wie Abraham, Mose, Jonathan, David, Petrus, Paulus, Maria, Barnabas und vielen anderen. Es scheint mir daher außerordentlich sinnvoll, im Rahmen einer Auslegungspredigt über das uns überlieferte Gesamtbild solch einer biblischen Gestalt zu predigen.

Grundsätzlich gilt für die Lebensbildpredigt all das, was wir zur Textpredigt über Erzähltexte bereits ausgeführt haben. Folgende Punkte sollen noch besonders hervorgehoben werden:

– Eine Lebensbildpredigt kann man nur über eine Person halten, über deren Leben die Bibel genügend berichtet. Über den ›reichen Jüngling‹ (Mk 10,17ff) kann man also nicht im Sinne einer Lebensbildpredigt sprechen, sondern nur in Form einer Textpredigt über die entsprechende Perikope.

– Umgekehrt: Über manche Personen (wie etwa Mose, Jesus, Paulus) berichtet die Heilige Schrift so umfassend, daß es schwierig wird, in einer einzigen Predigt allen Aspekten gerecht zu werden.

– Eine nach den Prinzipien der Auslegungspredigt gestaltete Lebensbildpredigt sollte versuchen, wirklich die Gesamtbotschaft, die uns die Bibel über diese Person mitteilen will, zu vermitteln. Die Leitfrage ist: Was will uns Gott insgesamt durch Leben und Wirken dieser Person sagen?

– Dabei gilt es, realistisch zu predigen. Die Bibel zeichnet keine Idealbilder fern der Lebenswirklichkeit! Sie berichtet offen über Licht- und Schattenseiten, selbst von Gottesmännern. Entsprechend muß sich der Prediger davor hüten zu idealisieren. David etwa wird uns nicht nur durch seine geistlichen Siege zum Vorbild, sondern gerade durch seine Gottesliebe trotz allen Versagens.

– Die Gesamtbotschaft, die uns die Bibel durch das Vorbild eines Menschen vermittelt, wird in einem Textthema zusammengefaßt und dann homiletisch in ein Predigtthema umformuliert.

– Die Gliederung ergibt sich aus den verschiedenen Berichten, die uns die Bibel aus dem Leben der betreffenden Person bietet. Die Anordnung der Gliederungspunkte kann dabei – je nachdem, wie die Person in der Bibel dargestellt ist – entweder chronologisch-biographisch oder thematisch sein. Bei chronologisch-biographischer Darstellung wird das Leben im Nacheinander der Ereignisse (also gewissermaßen »von der Wiege bis zur Bahre«) beschrieben. Bei der thematischen Darstellung werden – je nachdem – verschiedene Episoden unter einen sachlichen Gesichtspunkt zusammengestellt. Beide Wege haben sich als geeignet erwiesen, das, was die Bibel berichtet, auszulegen und darzustellen.

– Dem Hörer soll lebendig vermittelt werden, inwiefern die biblische Person für ihn ein (positives oder negatives) Beispiel darstellt. Gerade in der Lebensbildpredigt fällt die Anwendung nicht schwer, denn das, worauf es ankommt, wird ja anhand eines praktischen Vorbilds vor Augen gemalt und damit anschaulich gemacht.

– In den USA habe ich einige Male sogar eine besondere Form der Lebensbildpredigt kennengelernt: die biblische Dramapredigt. Das Eindrucksvolle war dabei, daß der Prediger gewissermaßen in die Rolle der Person geschlüpft war, deren Leben er biblisch auslegte. Die Predigt nahm dabei die Form des Berichtens und Reflektierens eines unmittelbar Beteiligten an. Besonders eindrucksvoll bleibt mir jene Szene in Erinnerung, wo der Prediger anhand von 2.Sam 12 und·Ps 51 die Gewissensqualen und endliche Buße Davids nach dem Fehltritt mit Bathseba schilderte. Es war, als wäre man bei jenem Bußkampf selbst dabei ge-

wesen. Und dabei wurde doch nicht einfach phantasievoll ausge-
schmückt, sondern im Grunde in der Form des Monologs des Betroffenen fortlaufend ausgelegt, was die entsprechenden Schriftworte sagen. Am Ende der Predigt kniete der Prediger, der uns
hier David so nahe brachte, nieder und betete den Psalm 51. Und
ich nehme an, keiner der Zuhörer wird jene Botschaft so schnell
wieder vergessen haben. Allerdings wird es nicht jedem Prediger
gegeben sein, exegetische, homiletische und dramatische Fähigkeiten zu solch einer gelungenen Synthese zu vereinen.

Erfahrungsgemäß wird die Gemeinde dankbar sein, wenn ihr
immer wieder einmal anhand eines Lebensbildes geistlich der
Spiegel vorgehalten wird. Diese lebendige Art zu verkündigen,
sollte kein Prediger unerprobt lassen.

3.5.4 Die schriftgebundene Themapredigt

›Themapredigten‹ sind häufig das genaue Gegenteil einer Auslegungspredigt. Da wird problemorientiert ein Thema aufgegriffen, das gerade aktuell ist, die Problematik wird entfaltet, persönliche Erwägungen dazu angestellt – und am Schluß mündet
die ›Predigt‹ in ein Bibelwort, das in Beziehung zur behandelten
Thematik gesetzt wird. Ich selbst habe meine Zweifel, ob ein solches Vorgehen als ›Predigt‹, d.h. als Auslegung und Verkündigung des Wortes Gottes bezeichnet werden darf.

Bei der schriftgebundenen Themapredigt geht es dagegen um
Auslegungspredigt. Es geht um die Entfaltung eines biblischen
Themas. Warum sollte es nicht möglich sein, einmal nicht nur
über einen Einzeltext, sondern in einem umfassenden Überblick
über ein Thema wie »Die neutestamentliche Taufe« zu predigen?
Erweist sich das Thema als zu umfassend, kann es auch in einer
thematischen Predigtreihe behandelt werden, wie z.B. »Das bi-
blische Verständnis von Ehe und Familie«. Statt eine Thematik
gesamtbiblisch zu behandeln, kann man sie auch auf das Neue
Testament, die Briefe eines der Apostel oder auf ein bestimmtes
Buch beschränken. Man kann etwa über die »Voraussetzungen
für die missionarische Ausbreitung des Wortes Gottes nach der
Apostelgeschichte« predigen oder über »Die Gaben des Heiligen
Geistes bei Paulus«.

Eine schriftgebundene Themapredigt, die sich den Prinzipien der Auslegungspredigt verpflichtet weiß, ist keine leichte Sache. Denn es soll ja wirklich zuverlässig die *biblische* Aussage zum Thema entfaltet werden! Und nur allzu leicht kann es dabei zu einer einseitigen Auswahl der Schriftaussagen und in der Folge zu einer einseitigen Auslegung kommen. Dadurch, daß der Ausleger selbst die relevanten Schriftaussagen zusammenstellen muß, ist die Gefahr des Subjektivismus größer, als bei einem vorgegebenen, zusammenhängenden Bibeltext. Die eigene geistliche Prägung, der Umfang der eigenen Bibelkenntnis oder auch eine aktuelle Frontstellung können die Zusammenstellung von Schriftaussagen zu einem bestimmten Thema stark beeinflussen. Dieser Gefahren muß sich der Ausleger bei der Themapredigt immer bewußt sein. Und er sollte exegetisch, biblisch-theologisch und dogmatisch gut gerüstet sein, bevor er sich an eine Themapredigt wagt – damit diese wirklich ›schriftgebunden‹ bleibt. Grundsätzlich jedenfalls gilt: Wer neben dem exegetischen auch den systematisch-theologischen bzw. dogmatischen Umgang mit der Bibel als legitime Zugangsweisen zur Heiligen Schrift ansieht – und diese Legitimität sollte wahrhaftig nicht infrage gestellt werden! –, muß in der Predigtlehre grundsätzlich auch die biblische Themapredigt als legitime Form der Auslegungspredigt akzeptieren.

Praktisch ist auf folgende Punkte besonders zu achten:

– Der Ausleger muß innerhalb des gesteckten Rahmens (gesamtbiblisch, neutestamentlich, auf einen bestimmten biblischen Autor oder ein biblisches Buch bezogen) all die Texte, die zu seinem Thema sprechen, in ihrem Kontext in der ursprünglichen Wortbedeutung verstanden haben.

– Durch die Untersuchung dieser Texte kommt er zu einem biblisch begründeten Lehrverständnis, das er als eine einheitliche Themaaussage formulieren kann.[69]

---

[69] Vorausgesetzt ist hier, daß die Bibel – bei allen unterschiedlichen Betonungen je nach Zusammenhang – innerhalb dessen, was in einem bestimmten heilsgeschichtlichen Rahmen gilt, keine in sich widersprüchlichen Aussagen macht, sondern zu einer bestimmten Thematik einheitliche – wenn auch komplexe – und in sich schlüssige Auskünfte gibt.

– Die Gliederung ergibt sich aus den unterschiedlichen Einzelaspekten der biblischen Aussage zum Thema.

– Im Blick auf die Predigt muß dann – je nachdem, wie umfassend das Thema gewählt ist – zu jedem Gliederungspunkt eine repräsentative Auswahl an Textstellen getroffen werden, die als Schriftgrund für die Auslegung gelesen werden. Solch eine Auswahl ist nötig, weil die Predigt ja nicht zu einer alle Details umfassenden theologischen Vorlesung geraten soll. Aber gerade bei dieser Auswahl darf es zu keinen Verkürzungen und Entstellungen der biblischen Botschaft kommen.

– In der Predigt selbst ist das, was die Bibel oder der entsprechende Bibelteil über das Thema sagt, sorgfältig und für den Hörer nachvollziehbar auszulegen, zu veranschaulichen und anzuwenden. So wird eine bestimmte biblische Sachaussage zur persönlichen Herausforderung für den Hörer.

3.5.5 Besondere Formen der Verkündigung

Auf drei besondere Formen der Verkündigung wollen wir im folgenden noch kurz eingehen: die Bibelarbeit, die Kasualpredigt und die evangelistische Ansprache.

(a) Die Bibelarbeit

In Bibelstunden und in gemeindlichen Mitarbeiterrüsten, aber auch bei theologischen Konferenzen als biblische Einstimmung in den Tag spielt die ›Bibelarbeit‹ eine besondere Rolle. Unter dieser Bezeichnung begegnen uns allerdings durchaus unterschiedliche Formen der Bibelauslegung. Es gibt kein fest definiertes Verständnis dessen, was eine ›Bibelarbeit‹ ist.

Ich selbst kann nicht sehen, inwiefern sich eine Bibelarbeit im Ansatz von einer gründlichen Auslegungspredigt unterscheiden soll, zumal es doch auch hier darum geht, das Wort Gottes aufgrund exegetischer Vorarbeit für den Hörer auszulegen und es auf ihn anzuwenden.

In der Art der Weitergabe des Wortes setzt die Bibelarbeit jedoch eigene Akzente. Wesentlich ist dabei, daß sie den Text stärker mit dem Hörer erarbeitet. In der Regel kann sie voraussetzen, daß der Teilnehmer einer Bibelarbeit auch selbst seine Bibel zur

Hand hat. Und so ergibt sich die Möglichkeit, dem Hörer Fragen oder gar Aufgaben zu stellen. Die Bibelarbeit eröffnet zugleich die Chance, dem Hörer, der ja als Mit-Arbeiter gesehen wird, Einblicke in die Werkstatt der Exegese zu geben, verschiedene Auslegungsmöglichkeiten abzuwägen und ihn an die Anwendung heranzuführen.

Eine Bibelarbeit kann als solche durchaus monologisch sein. Das Erarbeiten kann ja ›vor‹ dem Hörer geschehen, gewissermaßen in Predigtform. Und doch bietet sich häufig die dialogische Form mehr an, d.h. das Erarbeiten des Bibelwortes im ständigen oder zumindest immer wieder eingestreuten Gespräch mit dem Hörer.

Ansonsten gilt, was zur Predigt auch gesagt wurde: Die Basis ist das Wort Gottes; der Weg ist die Erarbeitung, Veranschaulichung und Anwendung dieses Wortes; der Adressat ist der Hörer, dem in seine konkrete Situation hinein das Wort auszurichten ist.

(b) Die Kasualpredigt

Besondere Anforderungen an eine schriftgemäße Verkündigung stellt die Kasualpredigt, d.h. die Predigt, die anläßlich eines besonderen Falles (lat. *casus*) – oder volkskirchlich gesprochen: bei bestimmten ›Amtshandlungen‹ – zu halten ist: also anläßlich einer Taufe, einer Trauung, einer Beerdigung oder einer besonderen Feier.

Die verschiedenen Kasualanlässe, die uns in der Gemeinde begegnen können, sind sehr unterschiedlich begründet. Manche ›Fälle‹ sind unmittelbar in der Schrift verwurzelt (Taufe, Abendmahl, Diensteinführung), andere ergeben sich aus christlicher Pietät (Trauung, Begräbnisfeier); wieder andere sind in das Ermessen des Predigers und der Gemeinde gestellt (Kindersegnung, Jubiläen, Einweihungen). Wolfgang Trillhaas meint dazu: »Was ein ›casus‹ ist, das bestimmt sich ganz und gar vom Menschen her, von seiner Erlebniswelt aus.«[70] Ich hätte da allerdings meine Zweifel, ob das »ganz und gar« stimmt. Wo eine Amtshandlung biblisch-seelsorglich gesehen nicht zu begründen ist, sollte die Kirche auf entsprechende Handlungen verzichten, wenn sie sich

---

[70] W. Trillhaas, *Evangelische Predigtlehre*, 5., neubearb. Aufl., München 1964, S. 162.

265

nicht als bloßer Zeremonienmeister der Welt unglaubwürdig machen will. Das kirchliche Segnen der Kanonen, das katholische Segnen von Pferde- und Rinderauftrieben, oder pfarrherrliche Kurzansprachen vor dem Anzapfen des Fasses im Bierzelt können m.E. nur als Entgleisungen und warnende Beispiele gesehen werden.

Kurt Marti[71] hat die Entartung der Kasualpraxis einmal in einem Gedicht mit spitzer Feder analysiert:

>Die Glocken dröhnen ihren vollsten Ton
und Photographen stehen knipsend krumm.
Es braust der Hochzeitsmarsch von Mendelsohn.
Ein Pfarrer kommt. Mit ihm das Christentum.

Im Dome knien die Damen schulternackt,
noch im Gebet kokett und photogen,
indes die Herren, konjunkturbefrackt,
diskret nach ihren Armbanduhren sehn.

Sanft wie im Kino surrt die Liturgie
zum Fest von Kapital und Eleganz.
Nur einer flüstert leise: Blasphemie!
Der Herr. Allein, ihn überhört man ganz.<

Und keiner hat die notvolle Kasualpraxis der Volkskirchen so eindringlich kritisiert wie Professor Rudolf Bohren. Er schreibt:

>Wir bescheinigen fortwährend, und zwar an allen entscheidenden Punkten des Lebens, dem Menschen seine Christlichkeit und Kirchlichkeit und dispensieren ihn damit vom Kerygma, von der Koinonia und von der Diakonia der Kirche. Damit wird die Kasualpraxis zur Feindin des Kerygmas, sie wird zur unmöglichen Möglichkeit, zur Sünde.

Es ist sinnlos, über die Wirkungslosigkeit der Predigt zu jammern, die Gemeinschaftslosigkeit und Anonymität der Gemeinden zu beklagen, den Mangel an diakonischem Einsatz zu bedauern und dabei durch den Vollzug der Amtshandlungen urbi et orbi darzutun, daß im Grunde Predigt nicht vonnöten, Glaube überflüssig, Gemeinschaft ein Hobby und Diakonie ein Spleen sei. Die Kasualpraxis macht Kerygma, Koinonia und Diakonia zu Adiaphora, nützlich für geistlichen Rasensport der Sanftmütigen, für das rauhe Leben in dieser Welt aber unverbindlich und für das ewige Leben, das es vielleicht geben mag, offenbar nicht notwendig. Wer amtshändlerisch sich bedienen läßt, liegt richtig; denn er wächst christlich auf, heira-

---

[71] K. Marti, *Kirchenbote des reformierten Volkes des Aargau*, Nr. 4(1959), S. 27.

»...wollt ihr die Ehe nach Gottes Verheißung führen, bis... ach, sucht euch was aus.«

tet christlich und liegt endlich christlich im Grabe. Der Ritus macht den Christen. Indem er sich dem Vollzug der Amtshandlungen unterzieht, ist er ex opere operato Christ. Die Mechanik der Amtshandlungen produziert fortlaufend Christen, die ohne Christus leben. Die Amtshandlungen bauen und erhalten eine fiktive Kirche.«[72]

Ob bei solcher Kasualpraxis, die hier durchaus nicht übertrieben, sondern realistisch dargestellt ist, eine Kasualpredigt im rechten Sinne überhaupt noch gelingen kann, ist mehr als fraglich.[73]

---

[72] R. Bohren, *Unsere Kasualpraxis – eine missionarische Gelegenheit?*, 3., ergänzte u. erw. Aufl., Theologische Existenz Heute, 147, München 1968, S. 24f. Der Leser möge das allzu lange Zitat verzeihen; und doch scheint es mir wichtig, dieses Wort eines Pfarrers und Professors für Praktische Theologie ungekürzt und zusammenhängend zu hören.

[73] Dazu noch einmal R. Bohren, aaO., S. 23f: »Ich glaube nicht, daß die Kasualpraxis vom Kerygma der Kasualrede her gesunden kann. Die Kasualpraxis ist als Praxis unwahrhaftig geworden und muß daher als Praxis geändert werden. Solange die Praxis so ist, wie sie ist, so lange können wir so textgemäß reden, wie wir wollen, wir werden grundsätzlich nicht textgemäß verstanden werden . . . Dem schlichtesten Amtshändler geht es ja grundsätzlich ›zuerst und beherrschend um evangelische Verkündigung‹! Warum vermag sich diese Verkündigung bei den Amtshandlungen nicht durchzusetzen? Doch darum, weil die Kasual*praxis* heute ein anderes Evangelium verkündigt als die Kasualrede.«

Bei allen Kasualien sollte man strikt den folgenden Grundsatz beachten: Der Fall wird unter das Wort gestellt, nicht das Wort unter den Fall. Kasualansprachen müssen Verkündigung des Wortes Gottes sein, nicht bloße Verzierung für irgendeine Sitte. In dieser Hinsicht hat Trillhaas recht, wenn er schreibt: »Die Rede bei Taufe und Hochzeit, Krankenabendmahl und Begräbnis ist nur als Predigt zu rechtfertigen.«[74] Um es plastisch zu sagen: Der Kasus soll nicht selbst, alles übertönend, das Wort ergreifen; vielmehr soll das Wort Gottes klar und bestimmend in die Situation des Kasus hineinsprechen.

Das Problem ist nun, daß dem oft eine ganz andere Erwartungshaltung der Hörer entgegensteht, speziell in einem volkskirchlich geprägten Kontext:

»Verlangt wird im Normalfall nicht das Wort des Evangeliums, sondern die Handlung. Dem Pastor aber geht es um die Ausrichtung des Evangeliums. Weil das Reden des Pfarrers zur Handlung gehört, läßt man ihn reden... Weil man die Handlung des Pfarrers will, nimmt man vieles, was der Pfarrer sagt, gutmütig in Kauf.«[75]

Hier darf sich der Prediger nicht von der Erwartungshaltung der Hörerschaft bestimmen lassen, sondern er muß – zur Zeit und zur Unzeit – dem Wort treu bleiben.

Der Unterschied zur ›normalen‹ Predigt ist, daß dem Verkündiger von vornherein in geradezu beherrschender Weise eine Einzelsituation (der ›Fall‹) vorgegeben ist. Gewiß, auch bei der normalen Gemeindepredigt steht dem Ausleger schon anläßlich der Textsuche die Gemeindesituation vor Augen. Aber insgesamt geht die Dynamik stärker vom Wort aus hin zur Situation (vor allem, wenn nach vorgegebenen Perikopenreihen oder fortlaufenden Textreihen gepredigt wird). In der Kasualsituation, dagegen, kommt dem Prediger von einem sehr begrenzten Ereignis aus eine starke Eigendynamik an Herausforderungen, Erwartungen, Bedürfnissen und – echten oder vermeintlichen – Gelegenheiten entgegen, denen er als Diener des Wortes (!) und nicht etwa als Diener der Menschen zu begegnen hat. Als Diener des

[74] W. Trillhaas, aaO., S. 162.
[75] R. Bohren, *Unsere Kasualpraxis...*, S. 18.

Wortes ist er angesichts der Einzelsituation seelsorglich, missionarisch und prophetisch gefordert. Seelsorglich, weil es der Kasus mit sich bringt, daß meist in besonders frohe oder besonders leidvolle Situationen des Lebens hineingesprochen werden muß.[76] Missionarisch, weil häufig gerade bei den sogenannten ›Amtshandlungen‹ viele Fernstehende – seien es Verwandte, Gäste oder die Öffentlichkeit – angesprochen werden können (die allerdings zumeist gar nicht vorhaben, sich wirklich ansprechen zu lassen).[77] Prophetisch, weil der Prediger als Anwalt des Wortes Gottes – ohne die seelsorgliche und missionarische Dimension seines Dienstes vernachlässigen zu müssen – in die Situation hinein unverfälscht und unbestechlich das Wort Gottes auszulegen hat, und dieses Wort die Situation ins Licht Gottes stellt und falschen Erwartungen durchaus zuwiderläuft.[78] Diesen Herausforderungen muß der Prediger nun mit dem lebendigen und freien Wort der Bibel begegnen, das wirken will und das sich nicht in gesellschaftliche Erwartungen oder traditionelle Formen wie in einen Karton einpacken läßt.

Zur Praxis der Kasualpredigt als Auslegung des Wortes Gottes nenne ich folgende Punkte:

– Das Wort bestimmt den Inhalt einer Kasualpredigt. Der Kasus bietet den Anknüpfungspunkt und markiert den Zielbereich des Wortes.

– Weil auch die Kasualpredigt Auslegungspredigt ist, darf es zu keiner inhaltlichen Umbiegung des Textes auf den Kasus hin kommen. Vielmehr spricht das auszulegende Wort in schriftgemäßer Anwendung in die Situation des Kasus hinein.

---

[76] Von daher ergibt sich übrigens pastoraltheologisch der Grundsatz: Zu jeder Kasualpredigt gehört zuvor ein Besuch bzw. ein persönliches Gespräch!

[77] H. W. Dannowski, *Kompendium der Predigtlehre*, Gütersloh 1985, S. 85, wehrt sich allerdings dagegen, die ›Amtshandlungen‹ unter evangelistisch-missionarischem Aspekt zu sehen: »Die Kasualien sind keine missionarische Gelegenheit. . . Sie sind ein Stück Wegbegleitung, mitten in die Umbrüche des Lebens hinein.«

[78] Als Beispiel dieser prophetischen und zugleich seelsorglichen Dimension der Kasualpredigt sei hier an die Aufsehen erregende Ansprache erinnert, die Bischof Ulrich Wilckens im Oktober 1987 anläßlich der Beisetzung von Ministerpräsident Uwe Barschel gehalten hat.

– Ist der Kasus biblisch begründet (z.B. Taufe), kann die auslegende Predigt den Kasus erklären und deuten. Die Kasualpredigt ist insofern Deutepredigt.

– Eine andere Möglichkeit ist, daß die Predigt den Menschen durch die Auslegung der Schrift auf den rechten Empfang der Kasualhandlung (z.B. vor der Abendmahlsfeier) oder den rechten Vollzug eines mit dem Kasus eröffneten Weges (z.B. Ehe oder Dienst) vorbereitet. Die Kasualpredigt ist insofern Vorbereitungspredigt.

– Insofern die Kasualpredigt den Menschen in Situationen besonderer Erschütterung oder Freude sowie an Wendepunkten seines Lebens anspricht, hat sie von der Schrift her Ermutigung, Trost und Ermahnung (Paraklesis) bzw. Wegweisung (Nouthesia) zu geben. Sie ist insofern seelsorgliche und auch prophetische Verkündigung.

– Wo Menschen in Kasualsituationen anwesend sind, deren Leben noch nicht durch das geglaubte Evangelium erfaßt ist, verhallt alle Deutung in der Bedeutungslosigkeit, entbehrt alle Vorbereitung der Basis und gerät aller seelsorgliche Zuspruch zur bloß mitmenschlichen Zuwendung. Ist diese Situation gegeben, gilt es das Evangelium auszulegen. Die Kasualpredigt ist insofern dann evangelistische Predigt.

– Die Kasualpredigt muß nicht immer alle genannten Elemente enthalten. Sie muß aber immer gezielt angewendete Auslegungspredigt sein.

– Oft empfiehlt es sich, in der Einleitung – die dann unter Umständen etwas länger gerät als üblich – an den Kasus anzuknüpfen und damit die Lage darzustellen, in die hinein nun das Wort gesagt wird. Aber auch in der Anwendung im Verlauf der Predigt ist der Kasus immer präsent.

– Als Diener des Wortes ist uns nicht die Verherrlichung von Menschen, sondern die Verherrlichung Gottes aufgetragen. Dies ist besonders bei Ansprachen anläßlich von Trauerfeiern oder Jubiläen gut zu merken. (Selbst die Volksweisheit mahnt hier zur Mäßigung: »Niemand ist so schlecht wie sein Ruf – und so gut wie sein Nachruf!«) Wo Schmeichelworte und eine Diskrepanz zwischen Wort und Wirklichkeit in die Predigt Einzug halten, wird die Glaubwürdigkeit des Evangeliums verraten.

(c) Die evangelistische Ansprache

Was hier zur evangelistischen Ansprache zu sagen ist, kann und will keine eigentliche Homiletik der Evangelisationspredigt ersetzen.[79] Im Zusammenhang dieses Kapitels beschränken wir uns auf die Frage nach dem Verhältnis von evangelistischer Verkündigung und Auslegungspredigt.

Der Ruf zur Textgebundenheit evangelistischer Predigt wird immer wieder laut. Für Bonhoeffer ergab sich diese Forderung aus der Einsicht in die notwendige Begründung des Bußrufs im biblischen Evangelium.[80] Poetsch stellt zwar grundsätzlich fest: »Die Verkündigung des Evangeliums hat unter allen Umständen Vorrang«[81], möchte diesen Grundsatz aber nicht gegen die Textbindung der Evangelisationspredigt ausspielen. Vielmehr sieht er »große Vorteile« in der textgebundenen Verkündigung: Bewahrung vor Lieblingsthemen, immer neue Auseinandersetzung mit der helfenden Wahrheit der Bibel, Korrektur durch die Heilige Schrift. Zumindest möchte er gewährleistet sehen, daß die Ansprache der Intention eines zugrunde gelegten Schriftwortes entspricht, auch wenn nicht der gesamte Bibeltext ›in extenso‹ be-

---

[79] Seit der Finkenwalder Homiletik Dietrich Bonhoeffers (vgl. *Gesammelte Schriften*, Bd. 4, =. Aufl., München 1975, S. 273ff) vermißt man leider in Büchern zur Predigtlehre eigene Abschnitte über die evangelistische Predigt; vgl. aber immer Th. Sorg. *Grundlinien biblischer Verkündigung*, Gießen 1984, S. 16–31. Auf folgende Aufsätze und Studien zum Thema sei hier ergänzend hingewiesen' R. B. Kuiper, *Bod-Centred Evangelism*, Grand Rapids 1961; J. Hansen u. Chr. Möller, *Evangelisation und Theologie: Texte einer Begegnung*, Neukirchen-Vluyn 1980; Chr. Möller, »Von der Eindeutigkeit der Verkündigung im Namen Jesu. Zur evangelistischen Dimension kirchlichen Handelns«, *ThBeitr.*, 13 (1982). S. 158–177; H.L. Poetsch. *Grundsätze evangelistischer Verkündigung*, Groß Oesingen 1981; O. Riecker, *Das evangelistische Wort*, 2. Aufl., Neuhausen-Stuttgart 1974; G. Röckle, »Homiletische Überlegungen zur evangelistischen Predigt«, *ThBeitr.*, 17 (1986, S. 137–144; A. Schulte, *Evangelisation – praktisch*, Moers 1979; M. Seitz, »Missionarische Existenz der Gemeinde in der Volkskirche: Evangelisation und Gemeindebau«, *ThBeitr.*, 13 (1982), S. 150–157.

[80] D. Bonhoeffer, *Gesammelte Schriften*, Bd. 4, S. 273: »Die Bekehrungspredigt hat ihren festen theologischen Grund im Bußruf des Evangeliums. Für sie ist es erst recht wichtig, daß es bei der Textpredigt bleibt.«

[81] H. L. Poetsch, *Grundsätze...*, S. 54, im Kontext des Kapitels über »Thematische oder Textgebundene Verkündigung?« (aaO., S. 54-57).

handelt wird. Und auch Röckle vertritt den Grundsatz: »Evangelistische Verkündigung legt die Heilige Schrift aus«, den er aus
der Emmausgeschichte (Lk 24) ableitet und der ihm geeignet erscheint, den Evangelisten vor »tödliche(r) Routine« und »Lieblingsgedanken« zu bewahren.[82]

Eine ganz andersartige These stellt Christian Möller auf, der
sich offenbar nicht auf die bloße Gegenüberstellung ›Text oder
Thema‹ festlegen lassen will: »Während die gottesdienstliche
Predigt einen biblischen Text auslegt und dabei vielleicht auf ein
Thema zu sprechen kommt, geht evangelistische Rede von ei-
nem Thema aus und kommt vielleicht zu einem biblischen
Text.«[83] Für ihn geht es also mehr um die unterschiedliche Ak-
zentuierung von ›Text als Ausgangsbasis‹ (Gottesdienst) und
›Text als Zielpunkt‹ (Evangelisation).

Zum Schluß des Überblicks noch eine Stimme aus der Praxis.
Der Evangelist Leo Janz gab mir in einem Brief folgende Auskunft zu seinem Vorgehen:

»Am liebsten predige ich von einem Bibeltext und lege ihn
dann aus mit einem entsprechenden Thema. Mit anderen
Worten, einen exegetisch ausgelegten Text, auch bei einer
evangelistischen Ansprache, sehe ich als am wirkungsvollsten
an. Doch ist es nicht ausgeschlossen, daß auch besondere Themen, die mit mehreren Bibelworten beleuchtet werden, gut
ankommen und selbstverständlich auch ein Teil meiner Verkündigung sind.«[84]

Wenn wir nach der neutestamentlich-apostolischen Praxis des
Evangelisierens fragen, ergibt sich uns in Grundzügen folgendes
Bild: Gegenstand der evangelistischen Verkündigung war Christus[85] bzw. das Wort des Evangeliums[86] – wobei das ›Evangelium‹ Christus, seinen Tod und seine Auferstehung als Rettungsmacht Gottes vor dem Gericht zum Inhalt hat.[87] Durch das ver-

---

[82] G. Röckle, »Homiletische Überlegungen . . .«, S. 140. Leider widmet Röckle
der Begründung und Entfaltung dieser These nur knappe neun Zeilen.

[83] Chr. Möller, »Von der Eindeutigkeit der Verkündigung . . .«, S. 161.

[84] Brief von Leo Janz an den Vf., Lörrach, den 9. Dez. 1980.

[85] Apg 5,42; 8,35; 11,20; 17,18; vgl. Gal 1,16; Eph 3,8.

[86] Apg 8,4; 14,7.

[87] Vgl. Gal 1,7; 1. Kor 15,1-8; Rö 1,16f; aber auch Rö 2,16.

kündigte Evangelium sammelt Gott seine Erwählten in der Kraft des Geistes durch den Glauben (2.Thess 2,13f). Wie nun wurde dieses Evangelium verkündigt? Drei Begebenheiten in der Apostelgeschichte können uns dies verdeutlichen. Als Paulus in der Synagoge von Antiochien einer Hörerschaft das Evangelium bezeugt, die mit der Heiligen Schrift vertraut ist, geht er in seiner Predigt von alttestamentlichen Belegstellen bzw. der biblischen Geschichte aus (Apg 13,16-41). Anders in Lystra: Dort hat er es mit einfachen ›Barbaren‹ zu tun, die die Bibel nicht kennen, und geht in seiner Ansprache von allgemein bekannten Phänomenen wie Sonne, Wind, Regen und Wachstum aus (Apg 14,15-17). Und auch im gebildeten, aber heidnisch-religiösen Athen spricht er ausführlich über Gegenstände, die allgemein bekannt sind, wie den örtlichen Kultus oder die Aussage eines griechischen Schriftstellers (Apg 17,22-31). Der unterschiedliche Anknüpfungspunkt liegt auf der Hand: Bei Menschen, denen die Bibel als Autorität vertraut ist, wird auf der Grundlage der Bibel evangelisiert; wo diese Grundlage fehlt, wird thematisch begonnen. In jedem Fall aber kommt der Apostel auf Christus bzw. die Umkehr zu ihm zu sprechen – wobei noch zu berücksichtigen ist, daß Paulus seine Reden nicht immer in Ruhe zu Ende führen konnte (Apg 13,26ff; 14,15f; 17,30f).

Praktisch ziehe ich aus dem Gesagten folgende Schlußfolgerungen:

– Der Evangelist muß ein umfassendes und exegetisch begründetes Verständnis des Evangeliums haben.

– Spricht er zu Hörern, die (schon oder noch) um die Bibel als Wort Gottes wissen, kann er in seiner evangelistischen Predigt einen geeigneten, d.h. das Evangelium enthaltenden Text auslegen. Hier gelten alle Grundsätze einer aktuellen Auslegungspredigt.

– Spricht der Evangelist zu völlig Außenstehenden, ist eine andere Situation gegeben. Hier empfiehlt sich die thematische Anknüpfung, d.h. die Behandlung eines Themas, das für den Hörer bekannt bzw. interessant ist und das die Gelegenheit bietet, als Zielpunkt das Evangelium zu entfalten.

– Gerade in der Darlegung des Evangeliums darf es aber zu keinen unsachgemäßen Verkürzungen kommen, damit nicht

›ein anderes Evangelium‹ laut wird, das in die Irre führt. Nimmt man Rö 1-8 als Muster für den sachlichen Umfang dessen, was ›Evangelium‹ ist, wird deutlich, daß zum Evangelium ein klares Verständnis

a) des Zornes Gottes über die Sünde des Menschen,

b) der Grundlage und Mittel der Rechtfertigung des Sünders und

c) der Folgen der Rechtfertigung für das Leben des Gerecht- fertigten gehört.

– Wichtig für die Zuspitzung der evangelistischen Verkündi- gung ist, daß sie in einen evangeliumsgemäßen Ruf zur Umkehr mündet.[88]

---

[88] Zur theologischen Begründung einer evangeliumsgemäßen Umkehrpredigt s. H. Burkhardt, *Die biblische Lehre von der Bekehrung*, 2. Aufl., Gießen/Basel 1985.

Schlußwort: Mut zur biblischen Verkündigung!

»Predige das Wort (und zwar das von Gottes Geist eingegebene und deshalb zu geistlicher Erneuerung und Zurüstung wirksame Wort); stehe dazu zur Zeit und zur Unzeit . . .!« (2.Tim 4,2; vgl. 3,16f). So hatten wir es eingangs dieses Buches bei der Grundlegung unseres Predigtverständnisses gehört. Seither haben wir viele Einzelheiten durchdacht. Sie alle sollten dazu beitragen zu verstehen, was es heißt, das Wort Gottes gründlich und aktuell für den Menschen des 20. Jahrhunderts auszulegen.

Wer allen Ausführungen gefolgt ist, weiß spätestens jetzt, daß biblische Predigt keine leichte Sache ist. Erinnern wir uns an das Wort von Spurgeon, das diesem Buch vorangestellt ist: »Der ernste Beruf des Predigers fordert alles und das allerbeste, was ein Mensch geben kann.« Predigen fordert aber nicht nur das beste. Vielmehr ist dem Prediger das beste anvertraut, was ein Mensch je weitergeben kann: das Leben schaffende, Hoffnung gebende – vor allem aber: uns Gott selbst offenbarende Wort der Bibel!

An dieses Wort sind wir gewiesen: »Ein Prophet, der Träume hat, der erzähle Träume; wer aber mein Wort hat, der predige mein Wort recht. Wie reimen sich Stroh und Weizen zusammen? spricht der Herr. Ist mein Wort nicht wie ein Feuer, spricht der Herr, und wie ein Hammer, der Felsen zerschmeißt?« (Jer 23,28f)

In einer Zeit, in der das Vertrauen in die Macht des Wortes Gottes vielen fehlt, in der Seelsorger die Bibel verlassen und ihr (und anderer Leute) Heil in rein säkularen Psychologien suchen, gibt es Prediger, die verzagt aufhören zu predigen.

Erschütternd wirken auf mich die Worte, die Otfried Halver in einer Predigt über Lk 18,1-5 wie in einem Abschiedsbrief äußert:

»Nein.
Ich will nicht mehr predigen. Ich höre auf damit.
Ich denke mir keine neuen Verfahren mehr aus, mit denen ich noch weiter Gott und der Welt vorspiegele, hier sei etwas los, was die Welt verändert.

Der Aufwand lohnt nicht.

Habt keine Angst, ich sage das nicht aus Wut, ich bin nicht resigniert, ich bin nicht verzweifelt. Sondern
der Aufwand steht in keinem Verhältnis zum Nutzen.
Ich werde Menschen suchen, die etwas tun für die Welt,
in der Gott herrscht und nicht der Stärkere.«[89]

Wem das Vertrauen in die Macht der Wirksamkeit des lebendigen Gottes durch sein Wort verloren gegangen ist, wird so handeln. Und er merkt dann nicht mehr, wie Gott selbst ›Menschen sucht, die etwas tun für *die* Welt, in der Gott herrscht . . .‹ – und denen er, wenn er sie gefunden hat, sein Wort in die Hand und seinen Geist ins Herz gibt, um durch die Rettungsmacht des Evangeliums Menschen das Leben zu bringen und dadurch viel tiefgreifendere und dauerhaftere Veränderungen zu bewirken, als sie irgendein idealistisches menschliches Programm je zustande brächte!

So möchte ich Mut machen, die Mühe um das biblische Wort nicht zu scheuen, sondern dieses Wort in gründlicher Auslegungspredigt unermüdlich zu verkündigen. Denn darauf gibt Gott selbst uns die Verheißung:

»Denn gleichwie der Regen und Schnee vom Himmel fällt und nicht wieder dahin zurückkehrt, sondern feuchtet die Erde und macht sie fruchtbar und läßt wachsen, daß sie gibt Samen, zu säen, und Brot, zu essen, so soll das Wort, das aus meinem Munde geht, auch sein: Es wird nicht wieder leer zu mir zurückkommen, sondern wird tun, was mir gefällt, und ihm wird gelingen, wozu ich es sende.« (Jes 55,10-11)

[89] O. Halver, in: *Gottesdienst und Öffentlichkeit*, hg. v. P. Cornehl/H. E. Bahr, 1970, S. 24; zitiert nach R. Bohren, *Predigtlehre*, S. 29.

ANHANG: Beispiele für Gottesdienstordnungen

Vorbemerkung: Dieses Buch über Texterarbeitung und Predigtlehre wendet sich bewußt nicht nur an den Theologen. Deshalb scheint es mir sinnvoll, in einem Anhang wenigstens vier Gottesdienstordnungen zu bieten: für den landeskirchlichen und freikirchlichen Wortgottesdienst, für die gemeindliche Trauung und für die Trauerfeier anläßlich einer Beerdigung. Der Theologe hat diese Dinge in der Regel im Rahmen der Liturgik und der Pastoraltheologie studiert. Aber der Nichttheologe, der im Rahmen eines Gottesdienstes oder einer Kasualhandlung (Hochzeit, Beerdigung) predigen soll, ist oft unsicher im Blick auf die gottesdienstliche Form. Ihm mögen die folgenden Beispiele, die natürlich variierbar sind, Hilfestellung geben.

Anhang 1: Der landeskirchliche Wortgottesdienst[1]

1) Begrüßung der Gemeinde
2) Eingangslied
3) Pfarrer: »Im Namen des Vaters und des Sohnes und des Heiligen Geistes«
   Gemeinde: »Amen«
4) Eingangswort (Pfarrer liest einen Bibelspruch)
   Gemeinde: »Ehr sei dem Vater und dem Sohn und dem Heiligen Geist. Wie es war im Anfang, jetzt und immerdar und von Ewigkeit zu Ewigkeit. Amen«
5) Sündenbekenntnis (Pfarrer betet als Repräsentant der Gemeinde)
   Gemeinde: »Herr, erbarme dich, Christe, erbarme dich. Herr, erbarm dich über uns«
   Zuspruch der Vergebung
6) Lobpreis
   Pfarrer: »Ehre sei Gott in der Höhe«
   Gemeinde: »und auf Erden Fried, den Menschen ein Wohl-

---

[1] Nach der Gottesdienstordnung einer Gemeinde aus dem Bereich der Hessen-Nassauischen Kirche.

gefallen« (anschließend Liedstrophe: »Allein Gott in der Höh' sei Ehr . . .«)

7) Pfarrer: »Der Herr sei mit euch«
   Gemeinde: »und mit deinem Geist«

8) Kollektengebet (Pfarrer betet, Gemeinde antwortet mit »Amen«)

9) Schriftlesung (schließt z.B. mit dem Spruch: »Selig sind, die das Wort Gottes hören und bewahren. Halleluja!«)
   Gemeinde antwortet mit dreifachem »Halleluja«

10) Apostolisches Glaubensbekenntnis

11) Gemeinsames Lied

12) PREDIGT

13) Gemeinsames Lied

14) Fürbittengebet
    und gemeinsames »Vaterunser«

15) Gemeinsames Lied

16) Segen
    Gemeinde antwortet mit dreifachem »Amen«

17) Orgelnachspiel

Anhang 2: Der freikirchliche Wortgottesdienst[2]

1) Orgelvorspiel

2) Eingangsspruch (z.B. »Wir beginnen unseren Gottesdienst im Namen unseres Herrn Jesus Christus«. Es folgt ein Bibelvers)

3) Eingangslied

4) Anbetung

5) Begrüßung (oft mit Vorstellen von Gästen und Weitergabe mitgebrachter Grüße an die Gemeinde)

6) Bekanntmachungen

7) Gemeinsamer Chorus, Liedvortrag oder Chorstück

---

[2] In den evangelischen Freikirchen (wie etwa Evangelisch-freikirchliche Gemeinden, Freie evangelische Gemeinden) herrscht im Blick auf die Gottesdienstgestaltung große Freiheit. Im folgenden nenne ich eine Gottesdienstordnung, wie sie sich in einer Evangelisch-freikirchlichen Gemeinde findet.

8) Schriftlesung (teils werden Psalmen in der Form der Wechselrede gesprochen)
9) Gabensammlung
10) Gemeinsames Lied
11) PREDIGT
12) Gebetsgemeinschaft
13) Evtl. Chorlied
14) Gemeinsames Schlußlied
15) Segen und gemeinsam gesungene Schlußstrophe

Anhang 3: Die gemeindliche Trauung[3]

1) Orgelvorspiel und Einzug des Paares mit dem Pastor
2) Eingangsspruch (mit Bibelwort)
3) Begrüßung (Paar, Angehörige, Gemeinde)
4) Gemeinsames Lied
5) Schriftlesung und Gebet
6) Musikstück (Chor, Solo, Duo o.ä.)
7) TRAUPREDIGT
8) Orgelstück oder gemeinsames Lied
9) Schriftworte zur Ehe (›Ehevermahnung‹)
   (z.B.:) Hört, was Gott, der Herr, von der Ehe sagt: Von Anfang der Schöpfung hat Gott einen Mann und eine Frau geschaffen. Darum wird ein Mensch Vater und Mutter verlassen und wird seiner Frau anhangen und die beiden werden ein Fleisch sein. Was nun Gott zusammengefügt hat, soll der Mensch nicht scheiden.
   Der Mann ist das Haupt der Frau, und die Frau ist des Mannes Ehre. Ihr Männer, liebt eure Frauen und seid nicht bitter gegen sie. Ihr Frauen, unterordnet euch euren Männern in dem Herrn. Denn es ist weder der Mann ohne die Frau noch die Frau ohne den Mann in dem Herrn. Es hat ein

---

[3] Die folgende Ordnung entspricht dem freien Muster einer Evangelisch-freikirchlichen Gemeinde.

jeder seine Gabe von Gott. So dient einander, ein jeder mit der Gabe, die er empfangen hat.

Wandelt im Geist. Die Frucht des Geistes ist Liebe, Freude, Friede, Geduld, Freundlichkeit, Gütigkeit, Glaube, Sanftmut, Keuschheit. Das ist der Wille Gottes, eure Heiligung, daß ihr meidet die Unkeuschheit, und ein jeder wisse seine Ehe heilig zu halten und in Ehren.

Habt einander innig lieb aus reinem Herzen. Einer trage des andern Last, so werdet ihr das Gesetz Christi erfüllen. Vertragt euch untereinander und vergebt einander – wie Christus euch vergeben hat, so auch ihr. Und der Friede Gottes regiere in euren Herzen. Amen.

(Mt 19,4-6; 1.Kor 11,3.7; Kol 3,19; Eph 5,22; 1.Kor 11,11; 1.Kor 7,7; 1.Pt 4,10; Gal 5,16.22f; 1.Thess 4,3f; 1.Ptr 1,22; Gal 6,2; Kol 3,13.15)

10) Gebet
11) Traufragen[4]

(z.B.:) ›Anrede‹. Ihr habt nun aus Gottes Wort gehört, wie ihr nach Gottes Willen eure Ehe führen und miteinander sorgsam umgehen sollt.

In einer Zeit, in der Ehen oft ganz anders geführt, gebrochen und geschieden werden, werde ich euch nun fragen, ob ihr eure Ehe nach Gottes Weisung führen wollt als ein Licht in der Welt.

Ich frage dich, (Bräutigam), vor dem heiligen Gott und vor diesen Zeugen: Willst du mit dieser (Vorname) als deiner Gattin eine christliche Ehe führen, sie lieben mit einer von Gott geschenkten Liebe, die nie aufhört, eurer Ehe in Verantwortung vor Gott vorstehen und (Vorname) als deiner Frau in Treue zugetan sein durch gute und böse Tage, bis an den Tod, so sprich: Ja.

---

[4] Setzen voraus, daß die Ehe bereits öffentlich-rechtlich (wie die Bibel dies – z. B. in der Form des Ehevertrags im Alten Testament – allein kennt) gültig geschlossen ist. Die Ehe wird also nicht erst in der Gemeinde geschlossen. Und die Ehepartner werden deswegen bereits als Mann und Frau angeredet. Sie stellen ihre geschlossene Ehe unter den Segen Gottes und bekennen ihre Absicht, die Ehe im Sinne des Wortes Gottes zu führen.

Ich frage dich, (Braut), vor dem heiligen Gott und vor diesen Zeugen: Willst du mit diesem (Vorname) als deinem Gatten eine christliche Ehe führen, ihn als dein Haupt achten und lieben mit nicht endender Liebe, die Gott schenkt, und ihm in Treue zugetan sein durch gute und böse Tage, bis an den Tod, so sprich: Ja.

So reicht euch nun die rechte Hand und kniet nieder.

(Segensspruch:) Weil ihr euch vor Gott und der Gemeinde christliche eheliche Liebe und Treue gelobt habt, segne ich euren Ehebund im Namen des Vaters, des Sohnes und des Heiligen Geistes. Der Herr gebe euch viel Gnade und Frieden und Liebe.

Was Gott zusammengefügt hat, soll der Mensch nicht scheiden.

12) Gebet (evtl. Fürbittegebet der Väter des Paares)
13) Musikstück (Chor, Solo, Duo o.ä.)
14) Gemeinsames Lied
15) Schlußsegen
16) Orgelnachspiel mit Auszug des Paares hinter dem Pastor her

Anhang 4: Die Trauerfeier und Beerdigung[5]

In der Friedhofskapelle:
1) Orgelvorspiel
2) Eingangsspruch
   (z.B.:) Wir beginnen unsere Trauerfeier im Namen Gottes, des Vaters, des Sohnes und des Heiligen Geistes. Gott, der Vater unseres Herrn Jesus Christus, tröste uns in aller unserer Bedrängnis. Jesus Christus spricht: »Ich bin die Auferstehung und das Leben. Wer an mich glaubt, wird leben, ob er gleich stürbe.«
3) Begrüßung (Trauerfamilie, Angehörige, Gäste, Gemeinde)
4) Gebet
5) Gemeinsames Lied

---

[5] Wieder folgt die Ordnung einem Evangelisch-freikirchlichen Muster.

6) Schriftlesung
   (z.B.:) Ps 23; 25,4-6.16-18.20; 39,5-8.10.13; 73,23-28; 90,1-12; Jes 41,10; 43,1-5a.18-19; 48,17-18; 54,10-14; 55,6-9; Klgl 3,21.26.31. 33.39-41.55-57; Joh 10,27-30; 11,25-27.40; 14,2.3.6; Rö 8,35-39; 14,7-9; 1.Kor 15,19-21.25-26.42-44; 1.Thess 4,13-18; Offb 21,3-7; u.a.
7) Gemeinsames Lied oder Instrumentalstück
8) TRAUERPREDIGT (ca. 15 Min.)
9) Stilles Gebet
10) Musikstück, Chor oder Lied
11) Kurze Bekanntmachungen (z.B. Dank namens der Trauerfamilie für Anteilnahme; Einladung zum Kaffeetrinken nach der Bestattung)
12) Ausgangswort
    (z.B.:) Nun geht hin im Frieden des Herrn. Der Herr behüte dich vor allem Übel, er behüte deine Seele. Der Herr behüte deinen Ausgang und Eingang von nun an bis in Ewigkeit.
13) Schlußstrophe («Unsern Ausgang segne Gott. . .«)
14) Aufbruch zum Grabe: »Laßt uns nun den sterblichen Leib unseres . . . zu seinem Grab geleiten!«
    (Alle stehen und warten, bis die Träger Kränze und Blumen beiseite geräumt haben; dann Auszug: Träger mit dem Sarg / Pastor (evtl. auch vor dem Sarg) / Trauerfamilie / Angehörige / Gäste)

Am Grab:
1) Pastor wartet, bis alle gekommen sind; Niederlassen des Sarges durch die Träger
2) Eingangsspruch (Bibelwort)
3) Stilles und öffentliches Gebet
4) Kurzes Wort des Trostes vom Evangelium her
5) (Ggf. letzte Grußworte mit Kranzniederlegung)
6) Bestattung
   (z.B.:) Der Herr über Leben und Tod hat unseren Bruder . . . aus dieser Zeit abgerufen. Wir legen ihn in sein Grab, damit er wieder zur Erde werde, von der er genommen ist.
   Erde zu Erde, Staub zum Staube (evtl. mit Erdwurf).
   Selig sind, die reinen Herzens sind, sie werden Gott

schauen! Wir setzen unsere Hoffnung auf Jesus Christus, der auferstanden ist von den Toten.

Lassen Sie uns noch einmal in der Stille des Verstorbenen gedenken und zugleich an unser eigenes Sterben denken. (Kurze Pause)

7) Gebet (mit Vaterunser)
8) Segen
9) Evtl. noch ein gemeinsamer Liedvers (»So nimm denn meine Hände . . .«)

Danach tritt der Pastor zur Seite bzw. führt die Trauerfamilie an das offene Grab. Er wartet, bis alle am Grab waren und die Angehörigen getröstet haben. Er bleibt den Betroffenen bis zum Schluß nahe.

II. SACHREGISTER

III. BIBELSTELLENREGISTER (in Auswahl)